Frida Kahlo

Rauda Jamis

Frida Kahlo
Autorretrato de una Mujer

EDiViSiON
COMPAÑIA EDITORIAL, S.A.
MEXICO

GRUPO EDITORIAL DIANA

1a. Edición, Marzo de 1987
16a. Impresión, Noviembre del 2000

ISBN 968-13-1743-2

DERECHOS RESERVADOS ©

Título original: FRIDA KAHLO
Traducción: Stella Mastrangelo
Copyright ©, 1985, Presses de la Renaissance.

Portada:Retrato de Frida Kahlo por Nickolas Muray, 1950.
(Foto: Programa de Documentación CENIDIAP—INBA)

Copyright ©, 1987, coedición: *Editorial Diana, S. A.* — *Edivisión
Compañía Editorial, S. A.* — Roberto
Gayol 1219, México, D. F. C. P.
03100

IMPRESO EN MEXICO — PRINTED IN MEXICO

Quiero dar las gracias calurosamente aquí a quienes me ayudaron a realizar este trabajo. En particular:

Elena Poniatowska,

André Dautzenberg, Gisèle Freund, Carmen Giménez, Alejandro Gómez Arias, Jean van Heijenoort, Maurice Nadeau, Dolores Olmedo, Emmanuel Pernoud, Juan Soriano, Georgette Soustelle, Jean François Vilar.

A Jean-Paul Chambas

Y sin embargo, aunque cada uno trata de escapar de sí mismo como de una prisión que lo encierra en su odio,
hay en el mundo un gran milagro,
yo lo siento: *toda vida es vivida.*

Rainer Maria RILKE,
El libro de la peregrinación.

Mi cuerpo es un marasmo. Y ya no puedo escapar de él. Como el animal siente su muerte, yo siento la mía instalarse en mi vida, y tan fuerte que me quita toda posibilidad de luchar. No me creen, ¡me han visto luchar tanto! Y ya no me atrevo a creer que podría equivocarme, esos relámpagos se van haciendo raros.

Mi cuerpo va a dejarme, a mí, que he sido siempre su presa. Presa rebelde, pero presa. Sé que nos vamos a aniquilar mutuamente, y así la lucha no habrá dejado ningún vencedor. Vana y permanente ilusión de creer que el pensamiento, como sigue intacto, puede separarse de esa otra materia hecha de carne.

Ironía de la suerte: quisiera tener aún la capacidad de debatirme, de tirar puntapiés a ese olor a éter, a mi olor a alcohol, a todas esas medicinas, inertes partículas que se amontonan en sus cajitas —¡ah! son asépticas hasta en sus grafismos ¿y para qué?—, a mis pensamientos en desorden, al orden que se esfuerzan por poner en esta habitación. A los ceniceros. A las estrellas.

Las noches son largas. Cada minuto me asusta, y todo me duele, todo. Y los demás tienen una preocupación que yo quisiera ahorrarles. Pero ¿qué puede una ahorrarle a los demás cuando no ha podido evitarse nada a sí misma? El alba está siempre demasiado lejos. Ya no sé si la deseo o si lo que quiero es hundirme más profundamente en la noche. Sí, quizás sea mejor acabar.

La vida fue cruel al encarnizarse tanto conmigo. Hubiera debido repartir mejor sus naipes. Tuve un juego demasiado malo. Un tarot negro en el cuerpo.

La vida es cruel por haber inventado la memoria. Como los viejos que recuperan los matices de sus más antiguos recuerdos, al borde de la muerte mi memoria gravita alrededor del sol, y él la ilumina. Todo está presente, nada se ha perdido. Como una fuerza oculta que te impulsa para estimularte todavía: ante la evidencia de que no hay más futuro, el pasado se amplifica, sus raíces se fortalecen, todo en mí es rizosfera, los colores cristalizan sobre cada estrato, la más mínima imagen tiende a su absoluto, el corazón late en crescendo.

Pero pintar, pintar todo eso está hoy fuera de mi alcance.

¡Oh! ¡Doña Magdalena Carmen Frida Kahlo de Rivera, Su Majestad la cojita, cuarenta y siete años de este pleno verano mexicano, gastada hasta la urdimbre, el dolor abrumador como nunca, ahora estás en lo irreparable!

¡Viejo Mictlantecuhtli, dios, libérame!

¿De dónde?
Wilhelm Kahlo

América ya es grande. De una grandeza
anónima, de una inmensidad sideral.

Paul MORAND.

"Mi padre, Guillermo Kahlo, era muy interesante y se movía con gracia al caminar. Era tranquilo, trabajador, valiente. . .".

Frida Kahlo.

Se llamaba Wilhelm. Había nacido en Baden-Baden
en 1872, hijo de Jakob Heinrich Kahlo y de Henriette
Kaufman Kahlo, judíos húngaros.

Cuando empieza esta historia, tenía dieciocho años.
Un muchacho no muy alto, flacucho, de carácter más
bien reservado, pero sin duda sensible e inteligente, amante de la música y de la lectura. Tenía la frente alta y ojos
claros inmensos, ojos de esos en que nunca se alcanza a
discernir si están en la melancolía o en el ensueño, presentes o ausentes, en otra parte.

En ese fin de la adolescencia que lo dejaba librado a
la indecisión de un viraje que no sabía en qué sentido tomar, un acontecimiento decidió por él: su madre murió.
Pasó un año, durante el cual Jakob Heinrich Kahlo vol-

vió a casarse. Pero Wilhelm no soportó a su madrastra. Cosa corriente.

Un hilo, en el silencio, estaba a punto de romperse: el lazo que lo unía a su familia se adelgazaba silenciosamente en el dolor de esa muerte. En la niebla del horizonte había un punto pequeñísimo de otro color, el punto de fuga. Había que atraparlo.

El carillón del reloj de pie acababa de dar las siete de la noche cuando Wilhelm entró en el salón donde se hallaba su padre. Un salón de proporciones íntimas, todo maderas, terciopelos, carpetas. Saludó y dio algunos pasos hacia el piano junto a la ventana, deteniéndose a su lado. Sin mirar a su padre, Wilhelm comenzó:

—Quiero irme de aquí.

—Irte, irte. . .

—Sí. Mis estudios en Nuremberg no me sirvieron de nada, demasiado lo sé. Sólo te hicieron perder esperanzas y dinero. . .

Jakob Kahlo guardó silencio. Wilhelm, con el dedo, dibujaba figuras imaginarias sobre la tapa laqueada del piano.

—Igual que la epilepsia —continuó Wilhelm—. No se arregló nada. . . Y esta desaparición. . . De mi madre, quiero decir. . .

—¿Y adónde te irás?

—¡Oh! Lejos de Alemania.

—Ah, conque quieres irte también del país. . . Eso quiere decir que has de elegir otro.

—América.

—Ya hay demasiada gente allá, hijo mío. Un sueño sin esperanzas es un sueño que mata.

Los ojos de Wilhelm Kahlo se agrandaron aún más, como si de repente se reflejara en ellos toda la distancia entre Europa y el otro lado del Atlántico. Se hicieron más sombríos, como si una ola oceánica tiñera sus iris de azul ultramar.

—América es grande —dijo Wilhelm—. No tengo obligación de ir al norte. He estado mirando el mapamundi. Puedo ir hacia el sur. Está México.

Jakob Kahlo escuchaba, atento.

—Lo pensaré —dijo, por fin—. La joyería no es una mina de oro. Haré mis cuentas y veré lo que puedo hacer.

Se levantó del sillón en que estaba sentado, fue hacia la puerta, volvió atrás, en dirección a su hijo.

—Wilhelm, mírame.

En la penumbra, lentamente, la joven silueta se volvió hacia su padre.

—Piensa bien que al irse muy lejos se corre el riesgo de no regresar nunca. Trata de estar seguro de lo que quieres. Seguro.

—Sí.

Diecinueve años en Baden-Baden.

Wilhelm Kahlo salió a caminar un rato por las calles para convencerse, si aún le hacía falta, de que Baden-Baden no era más que eso: un balneario tranquilo y ordenado que vivía aletargado salvo por los visitantes, para quienes todo eran paseos, placeres de vacaciones, preocupaciones referidas únicamente al descanso, a la salud, charlas fáciles. Por otra parte, en todas sus lecturas jamás había encontrado una alusión a Baden-Baden. En alguna canción, quizás, pero el recuerdo se le escapaba.

¡Sobre América había oído decir tantas cosas! La colonia judía que se apiñaba en Hester Street, en Nueva York; la colonia italiana que no sabía qué hacer con tierras que se perdían de vista, en la Argentina. . . ¿Qué era cierto? ¿Qué era falso? ¿Cómo saberlo?

En el fondo, a Wilhelm le importaba poco. Si las calles de Baden-Baden, cualquiera que fuese el itinerario escogido, parecían llevar siempre a una puerta cerrada, aquellos lugares lejanos abrían en su espíritu ventanas donde la luz era un torbellino. Y él se sentía cautivado por ella aun cuando, en ese momento, más que iluminarlo lo cegaba.

En ese deslumbramiento, el nombre "México" se destacaba, mágico y liberador como una contraseña. Percibía colores, imaginaba pieles cobrizas, plantaciones de cactus, ropas y músicas inverosímiles, selvas inexploradas. Pero eso era todo. Su exaltación por la idea de partir no le permitía ordenar sus ideas, los pocos conocimientos adquiridos, y además tenía conciencia de estar aún demasiado impregnado de cultura alemana para poder mezclarse bien en esa llameante maraña que debía esperarlo en la otra orilla.

Pasaron algunos días, en que Jakob Kahlo miraba a su hijo con una mezcla de circunspección y admiración. Un silencio tácito se imponía entre ellos. Una noche, ya tarde, lo llamó para anunciarle que le daría el dinero necesario para el viaje.

Transcurrieron algunas semanas de preparativos, durante las cuales Wilhelm se sentía alternativamente angustiado por la menor cosa que debía hacer y subyugado por la aventura de la que iba a ser protagonista. Jamás dudó de la decisión tomada, pero de repente tuvo la impresión de haber echado a andar a ciegas. Hasta la partida.

Hamburgo. La agitación de la ciudad. El olor del puerto. El equipaje. En los bolsillos algunos trozos de papel donde están garabateados algunos nombres y direcciones: el del amigo de un vecino, el del sobrino de una señora, profesor de música. . . El alboroto en el muelle. La excitación. La confusión de los equipajes amontonados entre cuerdas, hierros, cajas y bolsas de mercancías. Los estibadores. Los gritos.

Partir.

Cuando apoyó el pie en la pasarela del barco, Wilhelm se sintió vacilar.

Entre aclamaciones, llantos, manos y pañuelos agitándose, el barco se separó por fin del muelle. En la cubierta, en medio de la barahúnda, de repente Wilhelm no pensaba en nada: toda la tensión que había precedido a la partida desapareció de golpe. Como un estandarte, sólo la última frase que le había dicho su padre temblaba en la niebla de su cabeza vacía:

—*Ich bin bei dir.**

* "Estoy contigo".

¿De dónde?
Matilde Calderón

Pero yo a Dios me dirigiría, y a Él expondría mi causa.
¡Él, hacedor de cosas grandes e insondables, de maravillas sin número!

La Biblia, Libro de Job, V.

Los aztecas le llamaban Huaxyacac, "lugar donde crecen las calabazas"; los españoles la rebautizaron Oaxaca. Es, al sudoeste de México, una provincia donde las montañas van hacia el mar, el verde linda con el rosa que limita con el malva que llega al azul del Pacífico. Laderas áridas junto a una flora mágica. A veces el sol es tan fuerte que te quema el corazón.

Se dice que las mujeres de Oaxaca son hermosas.

Capital del estado, la ciudad del mismo nombre donde nació, en 1876, Matilde Calderón y González, hija de Isabel González y González, de ascendencia española, y de Antonio Calderón, de raza india.

Oaxaca está salpicada de iglesias, sobre todo verdes, pero también blancas, ocres y doradas, de complicados relieves, cuyos muros encierran baldaquines, vírgenes, coronaciones, nichos, santos, cristos, reliquias, retablos,

20

cirios y oraciones. La embriaguez del barroco. Los instrumentos del culto. La pureza de la fe.

La Virgen de la Soledad es la protectora de la ciudad. Sin embargo, Oaxaca no es una ciudad desierta, sino más bien animada. Y tampoco la casa de los Calderón fue nunca un santuario de soledad: Matilde era la mayor de doce hijos. Ese lugar en la familia le dio cierta fuerza de carácter y le enseñó a enfrentarse a todas las tareas domésticas. Era de espíritu vivo, pero no dispuso de tiempo para instruirse. Recibió la instrucción que necesitaba una joven mexicana para contraer matrimonio en el plazo deseable.

Quizás para compensar su falta de cultura, o simplemente porque lo había heredado de su madre, educada en un convento, Matilde tuvo toda su vida un gran fervor religioso. En cuanto al código moral entonces vigente, también tenía de quién heredar la tendencia a su aplicación estricta: su abuelo materno había sido un general español.

Matilde era muy recta, tanto en sus ideas como en el porte de su cabeza. Era una mujer pequeña, morena, de ojos hermosos y boca muy fina.

"Era como una campanita de Oaxaca. Cuando iba al mercado, ceñía con gracia su cintura y cargaba coquetamente su canasta. Era muy simpática, activa, inteligente. No sabía leer ni escribir: sólo sabía contar el dinero".

Frida Kahlo.

Su padre, Antonio Calderón, fotógrafo de daguerrotipos de oficio, tuvo que partir, por razones profesionales, para instalarse en la capital. Toda la familia se mudó.

Semejante mudanza no era cualquier cosa, era casi una expedición. Pero una familia grande tiene una regla de oro para funcionar: la organización. Gracias a ella todo se hizo posible. Entre los Calderón esa regla se aplicó literalmente, y así fue posible que todo quedara hecho en el tiempo prescrito. Durante un mes no faltaron las ocupaciones, pero no hubo lugar para angustias ni depresiones, lo que evitó complicaciones.

La víspera de la partida, en compañía de su madre, Matilde fue una vez más a rezarle a la Virgen de la Soledad.

Entraron en la iglesia. Aquí y allá, personas arrodilladas confiaban a la Virgen sus tormentos y sus esperanzas. Matilde se separó de su madre y se acercó a la gran Virgen que se hallaba sobre el altar, en una vitrina dorada. Esa Virgen sombría era María después de la muerte de su Hijo, sola y enlutada. Toda de negro vestida, sus terciopelos bordados de flores de lis y volutas de oro, coronada, conmovedora.

El rostro de la Virgen le pareció a Matilde más puro que nunca, y sus ojos bajos le dejaron admirada por su resignación ante el dolor.

Matilde rogó por los suyos, por ella misma; pidió a la Señora de negro que le concediera la expresión de su dignidad en esa tristeza que le causaba la idea de tener que abandonar Oaxaca. Que le impidiera llorar.

Cerró con fuerza los ojos y cuando volvió a abrirlos tuvo la impresión de que la Virgen se había movido ligeramente, de que la perla que colgaba en mitad de su frente se balanceaba en forma imperceptible, de que arrojaba un resplandor destinado solamente a ella, Matilde, para que lo guardara en el fondo de su corazón como una lucecilla que la guiaría por los caminos ignotos de su nueva vida.

Matilde buscó con los ojos a su madre, se arrodilló al lado de ella, unidas las manos sobre el pecho. Y rezaron las dos juntas, en un silencio cómplice.

22

Al levantarse, con frufrú de enaguas, su madre le dio una palmada en el hombro.

—Bueno, vámonos.

Se persignaron y salieron, abriéndose paso entre los mendigos, los vendedores de "milagros" y los niños siempre esperando. El aire estaba cargado de aromas de incienso y de especias.

Cuando iban caminando, su madre le dijo:

—Espero que no te olvides nunca de Nuestra Señora de la Soledad.

—No.

—Cuando seas mayor, verás qué sola se siente una. Entonces te acordarás de ella y en tu interior le hablarás, y ella te ayudará.

—Sí.

—Además, también dicen que cuanto más grandes y llenas de gente están las ciudades, más se corre el riesgo no sólo de perderse, sino de encontrarse muy sola, aunque no lo parezca. . .

Matilde no quería oír hablar de esas cosas. Sentía una especie de miedo contra el que nada podía.

—. . . Y cuando yo ya no esté, algún día, ella seguirá siendo tu madre. Es bueno tener siempre alguien a quien dirigirse.

Matilde esbozó una gran sonrisa. Se sentía reconfortada.

Una unión

La cuita en el corazón del hombre le abate;
mas una palabra buena le alboroza.

La Biblia, Proverbios, 12.

Era la víspera del nuevo siglo cuando Wilhelm Kahlo llegó a México y se instaló en la capital. Ignoraba que entraba en un mundo que desde sus raíces había sido profundamente violento. Y seguiría siéndolo.

El país acababa de vivir las décadas de las luchas de liberación nacional:

Guerra sin tregua ni descanso, guerra
a nuestros enemigos, hasta el día
en que su raza detestable, impía,
no halle ni tumba
en la indignada tierra.
Ignacio RAMÍREZ.

A las primeras siguieron, naturalmente, las luchas por el poder, de las que finalmente salió vencedor Porfirio Díaz. Con el lema "poca política y mucha administración", el dictador logró dar a México una época de paz y prosperidad.

En una estructura favorable como ninguna a los emigrantes, Wilhelm pronto encontró trabajo. Como cajero,

24

primero, en la "Cristalería Loeb", y luego como vendedor en una librería.

Poco a poco se realizaba la integración. Iba adquiriendo las costumbres, la lengua. La vida se organizaba en su totalidad. Pasaba el tiempo.

Alrededor de siete años habían transcurrido desde que Wilhelm, convertido ya en Guillermo, pusiera los pies en esa parte del continente americano, cuando conoció a Matilde Calderón en la joyería La Perla donde ambos trabajaban.

Guillermo, que se había casado en 1894 con una mexicana, se encontró de repente viudo: su joven esposa murió de parto, al dar a luz a su segunda hija.

"La noche en que murió su esposa mi padre llamó a mi abuela Isabel, quien llegó con mi madre. Ella y mi padre trabajaban en la misma tienda. Él estaba muy enamorado de ella, y después se casaron".

Frida Kahlo.

Si Guillermo llevaba un luto reciente, también Matilde llevaba el suyo: había tenido un novio alemán que se suicidó ante sus ojos, dejándole en su ser una marca quemante como un tatuaje. Y casi indecente.

Es probable que su encuentro con Guillermo Kahlo, otro alemán, haya venido inconscientemente si no a reemplazar, por lo menos a calmar el sentimiento de esa otra pérdida. Además, Guillermo Kahlo era un buen partido: tenía un empleo respetable y el encanto, la pátina que Europa daba a sus hijos; una superioridad innegable en la escala de valores mexicana. Pero ¿lo amó Matilde alguna vez? ¿Podía amarlo? El primer hombre nunca murió en ella, y la violencia de su desaparición ancló aún más su recuerdo. Toda su vida conservó ella como un tesoro un libro encuadernado en piel de Rusia donde guardaba las cartas que él le había escrito.

Pero eran cosas de las que habría sido incorrecto hablar. Un recuerdo sucio.

Guillermo amaba sinceramente a Matilde. Le gustaba su garbo, su gracia, sus ojos negros tan vivos y esa piel que la tierra y el cielo de México habían teñido para siempre. Por otra parte, era una mujer recta, firme, lo sentía en cada uno de sus gestos. Le encantaba esa mezcla de sensualidad y rigor que ella exhalaba.

Él sabía de la herida que ella guardaba, compensada por una fuerza natural. Quería a esa mujer.

—¿No va usted a regresar nunca a su país? —le preguntó ella una tarde que había ido a buscarla para dar un paseo por el bosque de Chapultepec.

—¡Oh, no! Ahora mi vida está aquí. He cambiado de país por completo.

—¿Y no extraña usted nunca a Alemania?

—No pienso en eso. Me queda lo mejor: su música, sus libros.

—¿Y su lengua? ¿No siente nostalgia de no hablarla?

—La leo, sobre todo. Pero en ocasiones la hablo, de cuando en cuando, con amigos alemanes.

—Suena muy dura, su lengua.

—Es posible. . . Pero sabe decir muy bien cosas bellas y graves:

> *Weh spricht vergeh*
> *Doch alle Lust will Ewigkeit*
> *Will tiefe, tiefe Ewigkeit.*

Guillermo se detuvo, cerró los ojos, esbozó un movimiento con las manos, como si fuera a seguir recitando o simplemente a hablar, pero las palabras no llegaron.

—Evidentemente, no entiendo nada —dijo Matilde con aire desolado.

Sacudió la cabeza, que exhaló un perfume de violetas. Mientras se arreglaba un mechón desprendido de su chongo, Guillermo continuó:

—Escuche bien, son versos escritos para usted y para mí:

Todo dolor es pasajero
Pero todo goce requiere la eternidad
La profunda, profunda eternidad.

"Para usted y para mí". Matilde quedó pensativa. Sin duda aludía a su esposa muerta, al novio muerto de ella. Intentó repetir los versos: "Todo dolor es pasajero. . ." lo demás se le escapaba.

—Disculpe, ¿es usted creyente? —preguntó ella de pronto.

—Soy judío de nacimiento, ya sabe usted. Pero ateo por convicción. Y romántico por momentos. . .

Adoptó un aire divertido, sonriendo para sí mismo:

—No se preocupe —terminó por decir—: respeto su religión.

—Así lo espero.

Y Matilde Calderón se casó con Guillermo Kahlo. Eso fue en 1898.

Una casa

Los lazos que nos unen a una casa, a un
jardín, son del mismo orden que los del
amor.

Francois MAURIAC.

Al celebrar sus segundas nupcias, Guillermo Kahlo
colocó a sus dos hijas del primer matrimonio, María Luisa
y Margarita, de siete y tres años respectivamente, en un
convento.

Y la nueva pareja Kahlo tuvo una hija, dos, tres, cuatro. El único varón que el cielo les concedió murió al
nacer.

Poco después de volver a casarse, como había cambiado de vida, Guillermo Kahlo cambió también de oficio. Bajo la influencia de su esposa y del padre de ella,
Antonio Calderón, se puso a aprender la fotografía y se
convirtió a su vez en fotógrafo profesional.

Adquirió sin esfuerzo la técnica del daguerrotipo.
Guillermo sabía aprender y adaptarse, y no estaba en su
primer oficio. Poseía además una capacidad de observación exacerbada por su curiosidad de extranjero, por la
fascinación que México ejercía sobre él. Esa nueva ocu-
pación iba a permitirle satisfacer la sed de novedad que
inicialmente le había hecho marchar tan lejos de su tierra. Paso a paso, iba a descubrir lugares poco comunes,
facetas de esa cultura siempre sorprendente para él.

Por ello, naturalmente, Guillermo no pudo encerrarse en uno de esos estudios que había en todas las capitales y que constituían el orgullo de los fotógrafos tradicionales y la alegría de las familias. Esas pequeñas cuevas de Alí Babá, con telones pintados, con paisajes y atuendos que transportan en sueños al Lejano Oriente, nubes movibles y sombrillas de papel de seda, carrozas de utilería, baldaquines, tronos de yeso, animales artificiales, flores de trapo, poses teatrales y generosos esfumados. No es que careciera de imaginación, pero Guillermo la ponía al servicio de otro registro de detalles captados por los juegos de la luz y la sombra, revelados por la exactitud de un encuadre.

El fotógrafo Kahlo, por lo tanto, se dedicó a México, casi exclusivamente a México.

"Su suegro le prestó una cámara y lo primero que hicieron fue salir de gira por la República. Lograron una colección de fotografías de arquitectura indígena y colonial y regresaron, instalando su primer despacho en la avenida 16 de Septiembre".

Frida Kahlo.

La suerte le sonreía a Guillermo. En efecto, en 1904, ya se estaba preparando la celebración del futuro centenario de la Independencia de México. El gobierno de Porfirio Díaz confió a Guillermo Kahlo, por entonces de treinta y dos años, la tarea de reunir una serie de documentos que se publicarían en diversas ediciones conmemorativas del acontecimiento.

El fotógrafo tenía buena reputación, como lo atestigua un periodista que lo conoció en esa época: ". . . sobrio, moderado, poseía esa cualidad tan rara de saber escuchar, comprender lo que se esperaba de él y responder eficazmente, con fotografías ejecutadas con arte".

Por la misma época, la familia crecía, y hubo que pensar en buscar otra casa.

Entre dos viajes de Guillermo, sus horas bajo el sol y las que pasaba en el cuarto oscuro, las mil y una tareas domésticas de Matilde, la pareja conseguía encontrarse algunos momentos a solas. Ninguno de los dos era muy comunicativo, pero a su modo siempre llegaban a decirse lo necesario.

—¿Sabes, Matilde, que voy a ser el fotógrafo oficial del patrimonio cultural mexicano? Voy a terminar por conocer este país mejor que ningún mexicano.

—Es lo que suelen hacer los extranjeros: viajar. Para eso se salieron de su tierra, ¿no?

Guillermo sintió un toque de ironía en la frase de su mujer, pero no le prestó atención; no estaba en su carácter mostrarse polémico ni belicoso.

—Quizá tengas razón —dijo—. Así como cuando me aconsejaste meterme de fotógrafo. . .

¿No había un tono de broma en la voz de su marido? Matilde quiso cerciorarse y le echó una mirada rápida, de lado. No, su rostro estaba serio como de costumbre.

—¿Cuándo vamos a tener tiempo para mudarnos?

—Tiempo y lugar. Y de veras que es necesario.

—¿Puedo decirte una cosa, Guillermo?

—Puedes decirme todo lo que quieras. ¿Desde cuándo pides permiso para hablar?

—No quiero vivir en Tlalpan.

—¿De veras? Pero es más agradable vivir fuera de la ciudad.

—Yo prefiero vivir más cerca del centro.

—Es menos tranquilo.

—Pues por eso mismo.

La frase pareció un argumento incontrovertible.

Guillermo miró a Matilde, que le volvía la espalda, atareada con el fogón, medio en cuclillas, un trapo en la mano izquierda y con la derecha abanicando el fuego para avivarlo.

Comprendía que pudiera sentirse un poco sola cuando él viajaba y que quisiera vivir en un barrio más animado.

Pero, aunque confusamente, comprendía también hasta qué punto la casa era un espacio que pertenecía a las mujeres más que a los hombres. La casa era el dominio de Matilde, por el simple hecho de que ella se ocupaba de la casa prácticamente, más de lo que él lo haría nunca. Esa causa la tenía ganada, sin discusión.

La hacienda se llamaba El Carmen. Propiedad de los carmelitas, estaba situada en la esquina de las que son hoy las calles de Londres y Allende, en Coyoacán.

Fue demolida, y el terreno vendido. Guillermo Kahlo logró adquirir una parcela de ochocientos metros cuadrados, donde hizo construir una casa. El plano inicial era rectangular e incluía algunos espacios interiores al aire libre. Era la "casa azul", un nombre, pero sobre todo una realidad: fue pintada íntegramente de azul, por fuera y por dentro. Casi un sueño. Apenas veinte años después, algunos de sus habitantes la harían célebre, y muchos de sus huéspedes y visitantes. Medio siglo después de su construcción —y algunas modificaciones arquitectónicas— se convertiría en museo.

Pero todavía no llegamos allí.

¡Lo que me he reído! Nunca supieron qué hacer con mi fecha de nacimiento. ¿Nació el 6 de julio de 1907? ¿O el 7 de julio de 1910? Me divertí muchísimo viéndolos discutir.

Todos, pretendidos biógrafos, universitarios, periodistas, estudiantes, amigos, todos se confundían y se sentían obligados a justificarse. A veces se complacían en imaginar que mi vida, relatada por mi boca o no, tenía que ser fábula o mito. Necesitaban convencerse a cada instante de que cada uno de mis actos, cada acontecimiento tenía que participar del "personaje Frida Kahlo". Otros se angustiaban, espantados en su necesidad de ser francos, al no poder encontrar "la verdad". Esos necesitaban la *fecha exacta,* sin la cual su conciencia padecía malestares de almanaque ¡temible vértigo! O bien se ponían de acuerdo —una manera de resolver la cuestión— en considerarme un poco loca, lo que tenía la ventaja de no hacer daño a nadie y tranquilizar a todo el mundo.

Y yo, como un duende. Y yo, traviesa. Y yo, feliz.

Todos olvidan continuamente que en este país, más de la mitad de la población no conoce su fecha de nacimiento, por pura ignorancia o porque todo el mundo danza alegremente al son de los intereses administrativos. . . Y es que yo pertenezco a este país de anarquistas de circunstancias, de enigmáticos, de brujos, de iluminados, de estafadores violentos. Descendiente de mexicas, de tonalpouhques,* para quienes el día y la hora del nacimiento eran función de los augurios que se tramaban entre los astros y los dioses, fuerzas de arriba, fuerzas de abajo, puntos cardinales, malignidad, sacrificios y rituales.

¡Cómo olvidan, extrañamente, que la mayoría de las personas sueña con cambiar de nombre, de cabeza, cuando no de piel, de vida! Entonces yo, pues sí, cambié mi fecha de nacimiento (pero no, jamás, mi nombre, mi piel, mi vida; quiero decir, con esas cosas nunca hice trampa, aunque a veces hubiera cambiado mi piel por cualquier cosa ¡ah! sí, hasta por un elote).

Nací con una revolución. Que lo sepan. Fue en ese fuego donde nací, llevada por el impulso de la revuelta hasta el momento de ver la luz. La luz quemaba. Me abrasó por el resto de mi vida. Adulta, yo era toda llama. Soy de veras hija de una revolución, de eso no hay duda, y de un viejo dios del fuego al que adoraban mis antepasados.

Nací en 1910. Era verano. Muy pronto, Emiliano Zapata, el *Gran Insurrecto,* iba a levantar el sur.

Yo tuve esa suerte: 1910 es mi fecha.

* Especialistas mexicas de la suerte que reservaba cada día.

Frida Kahlo de pequeña

Frieda tiene el mismo número de letras
que F. [Franz] y la misma inicial.

Franz KAFKA.

Cuando Magdalena Carmen Frida Kahlo y Calderón nació en la casa azul de Coyoacán, una mañana de julio (el 6) de 1907, sus abuelos paternos y su abuelo materno ya habían dejado de existir.

Parto completamente normal para la madre: el bebé era hermoso y sano, y no le faltaba nada para ser la tercera hija de Matilde y Guillermo, después de Matildita y Adriana, sus hermanas mayores.

A priori, nada hacía pensar que Frida tendría, más adelante, una vida extraordinaria. Lo único que tenía entonces de particular era su nombre.

Guillermo insistió en que esa niña debía llevar un nombre alemán. Pero en el momento del bautismo el cura se enojó.

—Que quiere que se llame Fri. . . ¿cómo?

—Frieda.

El cura frunció el ceño, con aire absorto. Reflexionaba sobre la mejor respuesta. Finalmente dijo:

—Ese nombre no está en el santoral, lo lamento.

Matilde temblaba a la idea de que su hija se quedara sin bautizar. Para ella, era una cosa impensable: los demonios perseguirían a la pobre niña, que no podría escapar del infierno. No, imposible.

Hubo discusiones, concesiones, y por fin acuerdo.

Guillermo había insistido:

—Yo quiero que se llame Frieda. Escríbanlo a la española si quieren, pónganle antes cinco nombres de santos si es preciso, señor cura, *Friede* en alemán es la paz. Es un nombre muy lindo, ¿sabe usted? Hay fuerza en su sonido y a nadie se le ocurriría dudar del contenido. Es bueno tener un nombre con un significado. Hay países, y también está escrito en algunos libros, donde se dice que el nombre determina la personalidad. Si no tenemos medios para verificar la exactitud de esas consideraciones, nada nos impide pensar que pueden ser ciertas.

—Pero entonces nada le impide llamarla María Paz, por ejemplo —dijo el cura—. No es feo.

La abuela Isabel, quien también estaba presente en la iglesia y tenía a la niña en brazos, trató de moderar las pasiones.

La niña se llamaría Magdalena Carmen Frida. Los dos primeros nombres para el bautismo, el tercero para la vida.

Frida tenía dos meses apenas cuando su madre volvió a quedar embarazada. Once meses después de su nacimiento vino al mundo Cristina.

¡Pobre Frida! No tuvo tiempo de disfrutar de ser la menor. Para ella no hubo exceso de mimos, de ternura ni de manifestaciones de afecto, no hubo admiración superflua de los padres ante la benjamina, ni niñerías exacerbadas por parte de ella.

No por eso fue Frida menos feliz. La confiaron a una nana india que olía a tortillas y a jabón, que no hablaba mucho pero solía cantar canciones de su tierra, Yucatán. Su piel era tan morena como blanca la de Frida, y era tan tranquila como impetuosa se mostraba la niña.

Y además, es bien sabido que los niños criados sin mucho mimo se despabilan más pronto. Y la niña era bien despabilada, en el sentido de que era viva, alerta, traviesa, más bien independiente y por momentos casi solitaria. . .

—hasta donde es posible en una familia con cuatro hijos.

Cristina era menos despierta, en comparación; pero Frida se bastaba por las dos. A su hermanita menor la ayudaba, la protegía, la maltrataba un poquito a veces, se burlaba de ella, jugaba con ella, la adoraba.

Cristina hablaba por onomatopeyas, cosa que irritaba a Frida pero a la vez le permitía constituirse en elemento indispensable de la comunicación entre Cristi y los padres. Escuchaba atentamente los balbuceos articulados y se daba aires de gran intérprete.

Estaban casi siempre juntas, en el patio, en el baño, en la cena. Frida le inculcaba a Cristina cosas de todo tipo, y Cristina era feliz imitando a Frida. Cuando Frida corría por la casa, Cristina la seguía, dando gritos. La primera se escondía, la segunda se escondía también y había que recomenzar el juego. . .

—Frida no lleva muy bien su nombre —le dijo Matilde a Guillermo.

Guillermo, sentado en una silla en la cocina, alzó lentamente la mirada hacia su mujer.

—Ya te dije que, en mi opinión, es un nombre que implica fuerza. Paz no quiere decir tranquilidad vegetativa. Es quizás una capacidad de concentrarse. Un refugio, por último, para una vitalidad excesiva.

Matilde levantó las cejas. Un poco por incomprensión y otro poco por desafío.

—Frida va a ser muy inteligente, ya verás. Ya lo es ahora.

—Hay que tener cuidado con el favoritismo, Guillermo. A los ojos de Dios todos somos iguales.

—Siento el mismo cariño por todas mis hijas. Y también Dios, espero. Pero hay que decir lo que es, y me siento completamente objetivo al decir que Frida es más inteligente que las otras, y lo será más todavía.

—No porque un niño sea más inquieto. . .

—En efecto. Depende de para qué sea su movimiento, en qué sentido va a canalizar su energía.

—Ya lo ves. . .

—Pues Frida utiliza muy bien su potencial.

Matilde se encogió de hombros. No por maldad. Porque, decididamente, ese hombre hablaba demasiado bien para ella. Sus frases siempre parecían pertinentes, mientras que las de ella siempre parecían inconclusas. Pero mientras no se discutiera ni amenazara su autonomía doméstica. . .

Sirvió a su marido. Mientras él separaba las hojas que envolvían los tamales de pollo, humeantes, Matilde lo contemplaba, apoyada en el fogón. Los gestos de Guillermo, incluso al comer, eran increíblemente calmados. Era una costumbre de la casa: Guillermo comía siempre solo, y mientras tanto su mujer lo contemplaba en silencio. Matilde ya había cenado junto con las niñas, o bien lo hacía después. Terminada la comida, el hombre se encerraba en el salón y tocaba el piano un rato, en un viejo instrumento de fabricación alemana. A veces se hundía en un sillón, con un libro en las manos, y se pasaba horas leyendo. También solía recibir a uno o dos amigos con los cuales jugaba interminables partidas de dominó. Ya tarde en la noche, se oía el ruido de las fichas de marfil entrechocando.

De la agonía sin fin que ha sido mi vida, diré: he sido como un pájaro que quiso volar y no pudo.

Y que no podía aceptar su desdicha. Tanto más porque, instintivamente, por un reflejo incontrolable que partía del plexo solar e irradiaba por todo su sistema muscular y nervioso, trataba de alzar la punta del ala, de desplegar el abanico de sus plumas. El impulso vital estaba ahí. El cuerpo no respondía. Las alas, trémulas, no conseguían abrirse, y volvía a caer pesadamente al suelo.

Nada más triste de ver que un pájaro caído en tierra, cuyas alas (allí anormalmente desproporcionadas en comparación con sus patas en miniatura) no le sirven para emprender el vuelo sino para apoyarse, dolorosamente, para caminar. Alas tan ligeras, que un momento antes se confundían con las nubes más bajas, y de pronto se han vuelto tan pesadas que el pavimento de una calle gris plomo o los guijarros del fondo de un patio las imantan sin misericordia.

De niña, un día pedí un modelo de avión en pequeña escala. Y me encontré con un disfraz de ángel, no sé por qué encantamiento (sin duda, alguna idea de mi madre: transformar un avión en ángel, es más católico). Me puse la larga túnica blanca, de corte sencillo (probablemente confeccionada por mi madre, ya no me acuerdo), bordada con estrellitas doradas. En la espalda tenía grandes alas de petate, como tantos juguetes y objetos de todo tipo fabricados en todo México, en todos los países pobres.

¡Qué felicidad, iba a volar!

Pero fue imposible. Seguí desesperadamente pegada al suelo, sin comprender. Mis alas no me elevaban por los aires, pesaban terriblemente. No pude volar, pese a todas las esperanzas contenidas en mi corazón de niña.

Yo miraba a mi alrededor, interrogando con los ojos. Respondían con medias palabras a mis preguntas, a mi angustia. También se reían un poco. Pronto no entendí nada de lo que decían. Los adultos se volvieron aún más grandes de lo que eran en realidad (y yo que tanto deseaba por un momento, con mis alas, con mi vuelo, verlos bajo de mí). Me parecieron incoherentes como seres de pesadilla: sus caras, sus gestos, trozos de sus frases se mezclaban en mi cabeza. Ya no sabía ni quién era yo ni qué estaba haciendo ahí. Todo se nubló a mi alrededor. De todos modos, me puse a derramar un torrente de lágrimas y, detrás de ese velo, me puse a lanzar todas las maldiciones que una niña es capaz de inventar contra las personas que estaban del otro lado del espejo, en su realidad, y que no habían entendido nada.

(Ese episodio de mi vida lo pinté en 1938, en el cuadro titulado "Piden aeroplanos y sólo les dan alas de petate", donde me representé con cara de decepción, teniendo en las manos el aeroplano que soñaba y en la espalda las alas que cuelgan del cielo por unos cordeles, mientras que mi cuerpo está detenido por lazos clavados al suelo).

Como las alas de cera de Ícaro, las mías duraron muy poco. Unas y otras eran pura ilusión.

Sin duda, era señal del destino. Un ensayo de las escenas que me reservaba el futuro, mi rosario de desgracias.

Infancias

(. . .) lo que me hizo adelantar, fue que no conseguían calmarme. Ya se sabe, hay niñitos que son tranquilos, les dan un chocolate y están contentos. Pero otros, en cambio, desde la infancia, quieren siempre otra cosa: lo que la vida verdaderamente ofrece.

Louise NEVELSON.

Frida y Cristina fueron juntas a un colegio de párvulos. Ya no eran bebés, era su preparación para la escuela primaria.

Durante mucho tiempo recordaron las hermanas Kahlo a su primera maestra. La profesora era tan anticuada en su manera de vestirse, en su peinado, que las niñas no podían dejar de mirarla, intrigadas. Les parecía "rara".

—Usa peluca —le decía Frida a Cristina.

—¿Por qué peluca?

—Porque se ve.

—¿Estás segura?

—Ve tú misma.

—. . .

—Pero sí. Fíjate qué color tan raro.

—¿Es amarillo o castaño?

—Amarillo y castaño. . . Y esas trenzas no parecen de verdad.

40

—Su traje es rarísimo.

—No es traje, Cristi: es un vestido con chaqueta.

—¿Y de qué color crees que es?

—Mmmm. . . negro muy claro.

—Tenemos que preguntarle a mamá —concluyó Cristina, preocupada—. Quizás no sea una maestra de verdad.

"En el principio creó Dios los cielos y la tierra, pero la tierra estaba informe y vacía. Y las tinieblas estaban sobre la faz del abismo, y el Espíritu de Dios se movía sobre las aguas. Y dijo Dios: Hágase la luz; y la luz se hizo. Y vio Dios que la luz era buena; y separó Dios la luz de las tinieblas. Y llamó a la luz, día, y a las tinieblas llamó noche. Y así hubo noche, y hubo mañana. . .".

Eso parecía durar horas. La maestra contaba historias que nunca terminaban de desenrollarse, como un carrete de hilo. Adoptaba un tono grave y las niñas sentían que lo que decía debía ser muy importante aunque ellas no pudieran comprenderlo. El silencio de la clase estaba cargado de preguntas no planteadas, los ojos se abrían desmesuradamente, las boquitas se abrían de asombro.

—Dios creó la Tierra. La Tierra es un planeta. Nosotros vivimos sobre la Tierra. La Tierra es redonda como un globo, o como una naranja. . .

La maestra había cubierto con periódicos la mitad de los vidrios de las ventanas para que la clase quedara en la penumbra.

—Ahora lo comprenderán —dijo.

Enrolló una hoja de periódico y le prendió fuego. En la mano izquierda sostenía una naranja que hacía girar alrededor de la llama. Y continuaba explicando. Pero su voz se había hecho muy baja y misteriosa. Seguramente estaba diciendo cosas que no había que olvidar.

El día, la noche, el sol, las tinieblas, la tierra, el cielo y la luna. Y una multitud de estrellas. De pronto, Frida palideció. Se asustó. Instantáneamente se le mojaron los calzones y bajo su asiento apareció un charquito, que no podía pasar inadvertido.

Con mucho trabajo le quitaron los calzones mojados para ponerle otros, limpios, de una niña que vivía en la calle de Allende. Frida se resistía, apretando los labios y los puños. Estaba tan avergonzada que se endurecía de cólera para disimular su humillación. No la habían regañado, pero era insoportable que la exhibieran de ese modo ante sus compañeritas.

Desde ese día Frida abrigó un violento odio contra la niñita de la calle de Allende. Una tarde la vio frente a ella en la banqueta y no pudo contenerse: corrió, se precipitó sobre ella y quiso ahorcarla. La niña chilló, se debatió, se puso roja y sacó la lengua como si fuera a vomitar. Por casualidad pasó por allí el panadero del barrio y separó a la atacante de su víctima.

Matilde fue a ofrecer sus disculpas a los vecinos y todo volvió al orden.

—¿Te das cuenta de lo que has hecho, Frida? —preguntó a su hija.

—No-la-quie-ro.

—Pero eso no es razón.

—Sí-es-ra-zón.

—Ella habría podido morirse, y tú te hubieras ido al infierno. . . Tus papás y tus hermanas se hubieran muerto de dolor. ¡Qué catástrofe!

Frida volvió la cara hacia el techo, con los ojos cerrados, simulando no oír.

—Pero Frida, ¿es que no te das cuenta? Si no quieres que te castigue tienes que ser buena y rezar mucho para que te perdonen. . .

—No-la-quie-ro.

—No se le habla a su madre en ese tono. ¡Qué niña insoportable! Si sigues así, te voy a regalar.

Frida abrió lentamente los párpados y adoptó su expresión más seria para mirar a su madre directamente a los ojos.

No fue su única hazaña.

"Un día, mi hermanastra María Luisa estaba sentada en la bacinica. La empujé y cayó hacia atrás con la bacinica y todo. Furiosa me dijo: «Tú no eres hija de mi mamá y de mi papá. A ti te recogieron en un basurero». Aquella afirmación me impresionó al punto de convertirme en una criatura completamente introvertida".

Frida Kahlo.

"Introvertida" quizá sea demasiado. Además, es difícil determinar causa y efecto. Lo cierto es que, hacia esa época, Frida empezó a gustar de los ratos de soledad. Incluso cuando no estaba físicamente sola, era capaz de abstraerse de lo que la rodeaba para sumergirse en historias que ella se inventaba, en un mundo imaginario que se creaba cada día.

Así se había inventado una amiga. Para llegar hasta ella tenía que recorrer un largo camino.

Un largo sueño, palpitante. Primero, igual que Alicia, tenía que pasar "al otro lado del espejo". Le bastaba echar su aliento sobre uno de los cristales de la ventana y luego dibujar allí una puertecita de salida, a veces rectangular, a veces casi oval. Era por esa puerta por donde Frida —o su espíritu— se escapaba. Tenía alas en los pies cuando corría hasta llegar a una tienda que ostentaba el nombre "PINZÓN". Con sus manos apartaba un poco la "O" de PINZÓN y se deslizaba al interior de lo que era la boca de un largo pozo que la llevaba hasta el centro de la tierra. Bastaba con dejarse resbalar, llevada por el miedo y por el vértigo que le hacían latir violentamente el corazón.

En el fondo, en la oscuridad y el calor que esfumaban los contornos de las cosas, donde caía como en una película en cámara lenta, estaba la morada de su amiga, que la esperaba. Era muda pero muy expresiva, silenciosamente alegre. Todos los días Frida le contaba minuciosamente su vida y sus tormentos; sus historias de la clase, de sus hermanas, de sus padres, la rubeola y la varicela, sus travesuras, sus interrogantes. Su amiga la escuchaba con atención; sus ojos, en la sombra, brillaban como estrellas, y sus gestos la reconfortaban. . . después, las dos bailaban hasta sentir mareo en aquel lugar fuera del tiempo. La amiga era tan ligera como inmaterial, y se evaporaba en cuanto Frida, exaltada y renovada, fuerte en su posesión de un secreto inmenso, conocido sólo de ella, decidía volver a la superficie, más ligera ella también por haber podido vaciar su corazón y liberar su fantasía.

Volvía a pasar por la O de PINZÓN y a atravesar la puerta dibujada en el cristal empañado por su aliento, que al punto borraba con el dorso de la mano.

"Corría con mi secreto y mi alegría hasta el último rincón del patio de mi casa y siempre en el mismo lugar, debajo de un cedro, gritaba y reía, asombrada, de estar sola con mi gran felicidad y el recuerdo tan vivo de la niña".

Frida Kahlo.

Y la vida continuaba como si no hubiera pasado nada. Y con ella las oraciones que Matilde exigía que sus hijas rezaran antes de las comidas, la incontenible risa loca de Frida y de Cristina, a la mesa, fingiendo rezar pero murmurando cualquier otra cosa, las escapadas a la hora del catecismo, cuando preferían irse a robar fruta a un huerto de Coyoacán, el misterioso mundo de los insectos, los juegos en la hierba.

Contra lo que se podía esperar, el primer drama que se produjo en la familia Kahlo no fue causado por una de las benjaminas, sino por la mayor, Matilde, que además era la preferida de la madre.

Enamorada y apenas de quince años, abrió su corazón a Frida.

—¿Eres capaz de contener la lengua, Friduchita?

—¡No soy ninguna tonta!

—No se trata de eso. Es que tengo novio y quiero irme con él. Pero es preciso que papá y mamá no se enteren. . .

—¿Y cómo? ¿Cómo vas a hacer?

—Me voy a ir de noche, ya tarde. Saldré por el balcón. Sólo necesito que tú cierres la puerta después, sin hacer ruido.

—Vas a hacer como las muchachas malas de los cuentos. . .

—Sí. Y las heroínas de todos los cuentos. . . Frida, ¿has entendido bien?

—No es nada difícil.

—Y si te preguntan, no digas nada por todo el oro del mundo. ¿Me lo juras?

Frida quedó en silencio unos minutos, pensativa, y terminó por mover la cabeza afirmativamente, tendiéndole la mano.

—¿No estás contenta aquí, Matita? ¿Dónde vas a vivir?

—No es eso. Es que estoy enamorada y no puedo hacer otra cosa. Me voy a Veracruz.

—¡Estás loca! Es muy lejos.

—Ya te explicaré cuando seas grande.

Y así se hizo. Cuando tuvieron que resignarse ante la evidencia de la fuga, Guillermo no dijo una palabra y se encerró en el salón; Matilde pasó por todos los estados de la cólera y la desesperación.

Matilde no reapareció en cuatro años.

Pensándolo de nuevo, fue una tarde llena de horror.

Mi padre me había llevado a caminar por el bosque de Chapultepec, por un lugar que le gustaba particularmente por los viejos ahuehuetes. Como tantas otras veces, caminábamos despreocupados; él me señalaba algunos rincones, algunas personas, situaciones insólitas, colores. Pocas cosas se le escapaban. Yo aprendí mucho de su modo de observar. Aquel hombre de apariencia tan plácida, en cuanto se sentía afuera parecía tener todos los sentidos alerta, casi exasperados.

De pronto cayó desde toda su gran estatura, con el cuerpo convulsionado, la cara congestionada, casi morado, con los ojos fijos y espuma en las comisuras de la boca. No era la primera vez que veía yo un ataque de epilepsia, y ya estaba acostumbrada (si es que puede llamarse costumbre la repetición de algo tan inquietante cada vez). Y por suerte, porque había que coordinar todos los movimientos sin perder un instante: abrir la botellita de éter que él llevaba siempre consigo y hacerle oler el contenido; quitarle de las manos la cámara fotográfica y asegurar la correa alrededor de mi brazo libre para que no nos la fueran a robar en la confusión; decir algo al grupo que inevitablemente se formaba alrededor de nosotros. Después ayudarlo con cuidado a levantarse, una vez pasado el ataque, sostenerlo, consolarlo como podía, porque siempre parecía salir totalmente agotado, maltrecho. Pálido como un resucitado. Sí, creo que eso era: debía sentirse como un resucitado.

Un momento después, durante ese mismo paseo, por mi mala suerte metí el pie entre las grandes raíces de un árbol, me caí y me hice mucho daño.

A la mañana siguiente, cuando quise levantarme, tuve la impresión de que mil flechas me atravesaban el muslo y la pierna derecha. Sentía un dolor terrible y no podía apoyarme en la pierna. Inmediatamente me dominó el miedo de no volver a caminar nunca; mis emociones me arrastran muchas veces. Me puse a gritar y acudió mi madre.

Un médico diagnosticó un "tumor blanco". Otro fue categórico: poliomielitis. Tuve que pasar varios meses en cama, me lavaban la pierna en una tinita con agua de nogal y paños calientes; me quedó un pie ligeramente atrofiado, una pierna ya más corta y más flaquita que la otra y tuve que usar botas ortopédicas. Todo por agradar.

Algún tiempo después (¿un año, dos años?), no me atrevo a dar una fecha, siempre me dicen que tengo el arte de confundirlas, pero me parece recordar que fue cuando la Decena Trágica (que algunos llamaron Decena mágica); mirando por la ventana que daba a la calle de Allende vi a un rebelde caer de rodillas en mitad de la calle, alcanzado por una bala en la pierna. Fue muy impresionante. Era el atardecer y el hombre iba vestido de blanco, se destacaba perfectamente en la sombra. Miró a su alrededor, desesperado, pero no tenía escapatoria. La gente corría en todas direcciones. La sangre parecía brotar de la tela blanca y manchaba el suelo. Tenía el huarache cubierto de sangre. Era un hombre pobre. Mi madre pudo socorrerlo cuando pasó la agitación. No fue el único a quien socorrió en aquella época.

El hecho es que con sólo mirar la herida de aquel hombre recordé el dolor que había sentido en mi pierna cuando estaba enferma. Su pierna se convertía en la mía. O la mía se convertía en la suya. Yo sabía exactamente lo que él podía estar sintiendo. Para mí, había sido violento. Para él lo era.

No sé qué relación puede establecerse entre mi caída en Chapultepec y lo que viví después. Lo que es seguro es que aquel día el dolor entró en mi cuerpo por primera vez.

Algunas noticias de diez años de rebeliones y revolución

El Diario, viernes 18 de noviembre de 1910:

MANIFIESTO
de Francisco I. Madero al pueblo norteamericano
(extractos):

"Anteayer puse los pies en este suelo libre. Huyo de mi país, gobernado por un déspota que no conoce otra ley que su capricho. Vengo de un país que es hermano de ustedes por las instituciones republicanas y por los ideales democráticos, pero que en este momento se levanta contra un gobierno tiránico y lucha por reconquistar tanto sus derechos como sus libertades que tan caro ha pagado. Si he huido de mi país es porque, en mi calidad de jefe del movimiento de liberación y de candidato del pueblo a la presidencia de la República, me he atraído la ira y la persecución de mi rival, el déspota mexicano, el general Porfirio Díaz. . .".

El Diario, sábado 19 de noviembre de 1910:

OCURREN EN PUEBLA
HECHOS DE SANGRE PROVOCADOS
POR PARTIDARIOS DE FRANCISCO I. MADERO

El Diario, viernes 25 de noviembre de 1910:

REVOLUCIONES Y MOTINES

El Diario, jueves 11 de mayo de 1911:

CIUDAD JUÁREZ CAYÓ
EN MANOS DE LOS REBELDES
TRAS HEROICA RESISTENCIA

El Diario, martes 16 de mayo de 1911:

PACHUCA CAYÓ AYER POR LA TARDE
EN MANOS DE LOS REVOLUCIONARIOS

El Imparcial, jueves 18 de mayo de 1911:

SE FIRMA HOY
ARMISTICIO GENERAL POR CINCO DÍAS

La renuncia de los señores Presidente y Vicepresidente de la República será presentada a la Cámara de Diputados antes del fin del mes de mayo.

El Diario, lunes 22 de mayo de 1911:

LOS GRUPOS INSURRECTOS
ENTRARON EN CUERNAVACA
ENTRE EL ENTUSIASMO GENERAL

"Las tropas federales habían evacuado la ciudad a las cinco de la mañana".

"La población permaneció más de doce horas sin policía y reinó el orden".

"Todos los presos escaparon".

El Tiempo, viernes 26 de mayo de 1911:

LA RENUNCIA DEL GENERAL DÍAZ

El Imparcial, jueves 8 de junio de 1911:

LA CAPITAL VIVIÓ AYER UNA JORNADA DE GRAN ALEGRÍA PATRIÓTICA

Por todas partes había banderas desplegadas, dando la bienvenida a Francisco I. Madero.

El 16 de octubre se subleva en Veracruz el general Félix Díaz. El 23, cae preso.

El 9 de febrero se inicia la Decena Trágica.

Nueva Era, lunes 10 de febrero de 1913:

ENTRE LOS APLAUSOS DE LOS LEALES Y UNA LLUVIA DE BALAS TRAICIONERAS EL PRESIDENTE MADERO CON UNA BANDERA EN LA MANO ATRAVESÓ LA CIUDAD PARA LLEGAR AL PALACIO NACIONAL

El País, jueves 20 de febrero de 1913:

EL EX PRESIDENTE F. MADERO ABANDONARÁ LA CAPITAL DE UN MOMENTO A OTRO

51

"Después que el Congreso aceptó la renuncia de don Francisco Madero, presidente de la República, se acordó que el ex magistrado supremo de la nación deberá abandonar el país".

El Diario, 23 de febrero de 1913:

LOS SEÑORES MADERO Y PINO SUÁREZ FUERON ASESINADOS ANOCHE EN LAS INMEDIACIONES DEL COLEGIO MILITAR

Victoriano Huerta toma el poder. . . y huye en junio de 1914, después de haber arruinado al país. Lo sucede Venustiano Carranza.

Después de violentas luchas internas, Carranza es asesinado en 1920 mientras trataba de huir.

En 1920, Álvaro Obregón es elegido presidente de la República.

Pancho Villa
Emiliano Zapata

"Los caudillos más formidables eran Carranza, Villa y Obregón, en el norte, y Zapata en el sur. Carranza quería mandarlos a todos. Villa no se dejó mandar y Zapata tampoco. Después se pelearon entre sí los cuatro caudillos, no sin antes acabar con Victoriano Huerta. Obregón acabó después con Villa en terríficas batallas. Zapata seguía invicto, aunque bien escondido en sus montañas".

José Clemente OROZCO.

"Cuando se establezca la nueva república, ya no habrá más ejército en México. El ejército es el mayor pilar de la tiranía. Sin ejército no hay dictador. Pondremos al ejército a trabajar. Crearemos en toda la república colonias militares, formadas con veteranos de la revolución. Trabajarán tres días a la semana, y arduamente, porque el trabajo honrado es mucho más importante que la guerra, y es lo único capaz de formar buenos ciudadanos. Los demás días recibirán instrucción militar, que a su vez difundirán entre el pueblo para enseñarle a luchar. De manera que en caso de invasión una llamada telefónica al Palacio Nacional bastará para poner, en medio día, a todo el pueblo mexicano en pie de guerra, en los campos y en las fábricas, bien armado, bien equipado, bien organizado para defender a sus mujeres y a sus niños. Lo que ambiciono es terminar mi vida en una de esas colonias militares, entre mis camaradas queridos, que han sufrido tanto, igual que yo. Creo que me gustaría que el gobierno pusiera una planta para curtir pieles; podríamos fabricar buenas sillas, ese es un trabajo que conozco bien. El resto del tiempo me gustaría trabajar en mi ranchito, criar ganado, sembrar maíz. Sí, creo que sería magnífico ayudar a México a convertirse en una nación feliz". (Pancho Villa, citado por John Reed).

Emiliano Zapata fue uno de los hombres más discutidos de la época.

Calificado unas veces de "bestia", otras de "chacal", "Atila del sur", "libertador" o "nuevo Espartaco", Zapata representó desde 1909 al grupo de defensa de Aneneuilco, su pueblo natal.

Esa causa lo llevó a defender los derechos de los campesinos del estado de Morelos, y luego de otros estados.

Las luchas de campesinos por la tierra se remontaban en realidad a la época colonial.

El zapatismo se opuso a todos los gobiernos que no cumplieron sus promesas en materia agraria.

Así Zapata y los suyos, con algunos intelectuales que se les unieron, se sublevaron sucesivamente contra los gobiernos de Porfirio Díaz, Francisco León de la Barra, Madero, Huerta, Francisco Carbajal, Venustiano Carranza.

Víctima de una traición, Emiliano Zapata fue asesinado el 10 de abril de 1919 por el coronel Jesús Guajardo.

El Universal, viernes 11 de abril de 1919:

DERROTA Y MUERTE DE EMILIANO ZAPATA POR LAS TROPAS DEL GENERAL PABLO GONZÁLEZ

"Las tropas del general Pablo González obtuvieron un triunfo en su campaña contra Zapata. Los soldados del coronel Jesús Guajardo, haciendo creer al enemigo que se rebelaban contra el gobierno, llegaron hasta el campamento de Emiliano Zapata, a quien sorprendieron, derrotaron y mataron".

El Demócrata, viernes 11 de abril de 1919:

EMILIANO ZAPATA MURIÓ EN COMBATE

"Emiliano Zapata, el «Atila del sur», comparable por sus crímenes al rey de los hunos que saqueó Roma; Zapata, el bandido vagabundo que desde 1910 atentaba contra la República desde los cerros de Morelos, llevando el luto a tantos hogares; Emiliano Zapata, superior por sus atentados al legendario Atila; Zapata, el destructor de Morelos, el volador de trenes, el sanguinario que bebía en copas de oro. . .".

El Pueblo, sábado 12 de abril de 1919:

CÓMO MURIÓ EL JEFE E. ZAPATA

"El torso de Zapata presentaba siete perforaciones, correspondientes a las siete balas que provocaron su muerte casi instantáneamente.

"No se encontraron heridas en la cara ni en otras partes del cuerpo, lo que sugiere que las balas fueron disparadas con una serenidad asombrosa por parte de los oficiales".

Excélsior, domingo 13 de abril de 1919:

UNA MUJER ESTUVO A PUNTO DE ARRUINAR EL PLAN PARA MATAR A ZAPATA

Había informado al Atila del sur que le iban a tender una emboscada y que debía cuidarse de Guajardo, quien quería matarlo.

Corrió el rumor de que "Miliano" no había muerto. "Zapata escapó en su caballo blanco y se fue a vivir a Arabia".

Era una época de locura.

Asesinatos en las esquinas, a la luz del día, en lo profundo de la noche. Pillaje por todas partes, saqueo, robos a mano limpia y a mano armada. Matanzas por los caminos, por los campos. Las estaciones de trenes eran llagas abiertas donde agonizaban los sobrevivientes de algún convoy militar o paramilitar.

Se fusilaba hasta en las iglesias, la moral había sido acribillada por las balas, ya nadie reconocía ni al vecino. Dicen que el hombre es el lobo del hombre: en esa época, en México, fue más cierto que nunca.

Ardían las intrigas y las venganzas; no se perdonaba nada, nadie estaba a salvo. "¿Que si sé cómo se hace rasurar Huerta?" escribía Jack London. "Es muy sencillo: mantiene una mano apoyada en el revólver que tiene en el bolsillo, para matar al barbero si a éste se le ocurre degollarlo". El mundo político era un vasto campo de batalla donde todos chocaban sin discernimiento y sin escrúpulos, y se mataban salvajemente sin parpadear. Sin fe y sin ley.

"(. . .) Tiroteos en calles oscuras, por la noche, seguidos de alaridos, de blasfemias y de insultos imperdonables. Quebrazón de vidrieras, golpes secos, ayes de dolor, más balazos".

José Clemente OROZCO.

Liebe Frida

El precepto de Freud es que el hombre no
puede llegar a dar sentido a su existencia
más que luchando valientemente contra lo
que ve como desigualdades abrumadoras.

Bruno BETTELHEIM.

"Liebe Frida, Liebe Frida, ven aquí. Tú no tienes que
preocuparte por eso —decía Guillermo a su hija, tratando
de tranquilizarla—. Tú tienes muchos otros recursos, ya
sabes. Cuando estabas en cama, enferma, te contaba cuentos para distraerte, ¿recuerdas? Ahora te voy a enseñar
a tomar fotografías, ¿quieres? ¿O quizás prefieres ir a pintar acuarelas conmigo, en el campo?".

Guillermo era muy cariñoso con Frida, muy tierno,
como jamás lo fue con ninguna otra de sus hijas.

Ahora Frida tenía un aire salvaje.

—"¡Parece un marimacho!", se desesperaba la madre.
"¡Es realmente una niña muy fea!", exclamaban las comadres del vecindario. Y la miraban pasar sin disimular
su desprecio.

Después de su enfermedad, Frida se había vuelto blanco de las burlas de los otros niños. "¡Frida pata de palo!",
le gritaban; después cruzaban miradas de complicidad y
reían, con la cabeza hundida entre los hombros.

Y cada vez, Frida se volvía amenazándolos con el puño cerrado:

—¡Van a ver! ¡Bola de cretinos!

La rabia crecía en ella, se mordía el labio inferior hasta sacarse sangre tratando de contener la ola de insultos que tenía ganas de arrojarles a la cara. Todos sus miembros se crispaban; sus ojos echaban chispas bajo el flequillo rebelde. Su cólera no hacía huir a los niños, pero sí los hacía callar.

El médico había ordenado que hiciera mucho ejercicio, toda clase de deportes.

Hacía falta mucha energía para forzar al cuerpo, para enfrentarse a los otros en los juegos. En todo, Frida había decidido redoblar sus esfuerzos para ser la mejor. Corría más rápido, a cualquier precio, llegaría a ser campeona de natación, pedalearía en su bicicleta hasta el agotamiento. . .

¡Y cuánta paciencia necesitaba encontrar en sí misma, día tras día, para amarrar y soltar las agujetas de sus botitas, que no terminaban nunca! "El pie tiene que estar bien sujeto", había dicho el médico. Sin olvidar la superposición de calcetas para disimular la delgadez anormal de la pantorrilla, sin olvidar el calor que le daban.

Al principio Frida se había imaginado que los sarcasmos no la afectarían, pero muy pronto tuvo que aceptar lo evidente: a menudo las burlas la alcanzaban como latigazos; a menudo estaba a dos dedos del desaliento. ¿Cómo olvidar, cómo acostumbrarse a un defecto físico cuando frases burlonas, crueles, vienen a recordarlo constantemente? ¿No basta con que sea uno su propio verdugo?

Frida se encogía de hombros.

Además, todo costaba dinero, especialmente la reeducación intensiva a que estaba sometida Frida. Y las preocupaciones materiales habían penetrado en la casa azul junto con los gritos de las primeras rebeliones. Guillermo ya no era el fotógrafo oficial del patrimonio nacional mexicano. Ya no podía librarse de las fotografías comerciales de estudio que hubiera preferido dejar a otros. Y en ese campo, donde las técnicas se perfeccionaban cada día, la competencia era feroz. Todo el ingenio de un decorado no era suficiente para hacer fortuna.

Guillermo estaba cada día más preocupado, y Matilde más nerviosa. Frida pensaba que su madre se vengaba por la insatisfacción de su vida cometiendo excesos. Así, con el surgimiento de las dificultades a las cuales no estaba habituada, Matilde se había metido en la cabeza que debía organizar detalladamente cada hecho, cada episodio de la vida de toda la familia. Era un juego rayano en la obsesión. Fue entonces cuando Frida empezó a llamar a su madre "mi jefe". Sin embargo Guillermo, más cansado pero siempre sereno, no había abandonado sus cotidianas horas al piano.

El brío de los valses de Strauss se elevaba por el aire, como un desafío lanzado a la cara del mundo. Después bajaban y, suavemente, era Beethoven el que se deslizaba en todos, en todas las cosas.

Frida, apoyaba contra la pared, con los ojos entrecerrados, escuchaba detrás de la puerta a su padre. Indistintamente, los sonidos le llegaban como colores: negro, azul, amarillo... O como elementos en desorden: árbol, camino, fuego, hamaca. Había también transparencias, el agua de un arroyo, cascadas, olas, lluvia. Una nota aislada podía tener la consistencia de una lágrima o desplegarse como una sonrisa. A veces los acordes se transformaban en caricias que Frida recibía en la penumbra, frente al salón, entre mesitas de distintas alturas sobre las cuales se amontonaban las macetas con plantas sanas y robustas, y un ramo de grandes margaritas o de claveles. Frida se dejaba llevar muy, muy lejos.

"Cierto día, mientras viajábamos en un tranvía, mi padre me dijo: «¡No la encontraremos nunca!». Yo lo consolé y en verdad mis esperanzas eran sinceras (porque una amiga me había dicho): «Por la colonia de los Doctores vive una señora parecidísima a ti. Se llama Matilde Kahlo». La encontré al fondo de un patio, en la cuarta habitación de un largo corredor".

Frida Kahlo.

Frida regresó a su casa, emocionadísima.

—¡Mamá, mamá! ¡Encontré a Matita! ¿Ya regresó mi papá?

—Todavía no. Pero ¿ya viste tus zapatos, Frida? ¿Dónde te fuiste a meter?

Frida se encaró con su madre, incrédula. Ella seguía como si nada, alisándose los pliegues de su falda larga.

—¿Mamá, no has oído? Te digo que encontré a Matita. Va a venir a visitarnos. Vive con un hombre llamado Paco Hernández, en la calle. . .

—No me interesa, Frida, no quiero verla. Díselo. Ahora has tu tarea y apúrate para bañarte antes de cenar.

—Pero, mamá. . . —protestó Frida.

—Basta. Ya te dije que no quiero oír hablar de eso.

Frida se dejó caer en un viejo banco de la cocina, abrumada. La madre tomó una regadera y salió al patio.

Al día siguiente, Frida regresó a casa de Matilde a informarle de lo ocurrido. Al ver el aire abatido de Frida, Matita comprendió todo de inmediato.

—¡Vamos, Friduchita, no te pongas triste! —exclamó Matilde acariciando con las puntas de los dedos los cabellos de su hermana—. Ya verás, ya cambiará de opinión y todo andará bien. . . ¿Y mi papá qué dijo?

—Dijo. "Debemos alegrarnos de saber que está viva. Es lo único que importa". No brincó de alegría, pero creo que está contento.

—Toma, bonita, come un poco de ate de guayaba. Preparé una cajita con dulces para todos ustedes. Cuando te vayas, te la llevas.

Desde entonces, y durante varios años que pasó sin ver a sus padres, Matilde solía dejar a la entrada de la casa azul frutas y dulces, pequeños regalos para su familia.

Ingreso a la Escuela Nacional Preparatoria

> Frida era una muchacha extraordinaria-
> mente inquieta y de una inteligencia muy
> rara y muy particular en el medio de aquel
> entonces.
>
> Alejandro Gómez Arias.

Así como no había vacilado en pagarle a Frida los mejores centros deportivos para su rehabilitación, Guillermo Kahlo no quiso ahorrar en la elección de la preparatoria. Para él, Frida seguía siendo la más inteligente de sus hijas, a la cual había que proporcionar todos los medios posibles para triunfar en la vida, como a un hijo en cualquier otra familia.

Matilde, que no se acostumbraba a ideas que consideraba muy europeas, se mostró reticente, por decir lo menos.

—¿Una escuela tan lejos de la casa? Pero ¿es eso necesario, Guillermo?

—Es la única de esa calidad.

—¡Pero es mixta!

—Eso no tiene la menor importancia. Incluso te diría que es mejor. Más adelante, Frida sabrá defenderse mejor en la sociedad.

—Me han dicho que hay cinco niñas por cada trescientos muchachos.

—Eso no le impedirá salir adelante. ¿De qué tienes miedo?

—Es que no está bien, con tantos muchachos...

—Frida no es ninguna tonta. ¿No le irás a prohibir que hable con los muchachos?

—Es lo que aconsejan las madres a las niñas que van a esa escuela...

—Es absurdo. No es prohibiendo el diálogo como se progresa.

—Pero Guillermo, ¿has pensado que le llevará una hora ir y otra volver?

—A una escuela como esa vale la pena ir a pie, a caballo o en coche, por más tiempo que se tarde.

Matilde suspiró.

—Escucha, Matilde, dentro de poco Frida presentará el examen de admisión. Si no lo pasa volveremos a hablar de esto, pero si la aprueban, debemos estar orgullosos.

Matilde juntó las manos y exclamó, mientras se envolvía en su rebozo para salir:

—¡Se nos va a volver completamente atea!

Guillermo sonrió.

En 1922, Frida presentó el examen de ingreso a la Escuela Nacional Preparatoria, preámbulo obligado de los estudios universitarios. Y fue aprobada.

Instalada en el antiguo y venerable edificio del colegio jesuita de San Ildefonso, cuna de varias generaciones de científicos, universitarios, intelectuales, responsables de la nación, la Escuela Nacional Preparatoria ya había sufrido algunas modificaciones desde 1910.

Sometida a la influencia europea durante el reinado de Porfirio Díaz, después de 1910 siguió el impulso de las olas de nacionalismo arrastradas por las revoluciones.

La escuela se había convertido en uno de los focos del renacer del sentimiento patriótico mexicano. Se exaltaba el regreso a las fuentes, se apreciaba toda pertenencia a raíces indígenas. Paralelamente, se incitaba a los estudiantes a conocer su herencia occidental, gracias a una política que en materia de cultura ambicionaba poner a los clásicos, en todos los campos, al alcance de todos. Así se abrían bibliotecas por todas partes, se hacían ediciones populares de grandes autores, se organizaban conciertos con entrada gratuita, o a precio módico, se abrían gimnasios públicos. Era también el momento del gran impulso de los primeros muralistas mexicanos, José Clemente Orozco, Diego Rivera, David Alfaro Siqueiros, que contribuirían a poner el arte, medio de transmisión de ideales y testimonios de la historia, al servicio de las masas. Hasta los fotógrafos se comprometían a incluir en sus estudios decoraciones compuestas con paisajes, trajes y accesorios típicamente mexicanos. . .

Época de vitalidad, los años veinte en México consideraron el arte, igual que la ciencia, como una dinámica esencial del progreso.

"Se daban cuenta perfecta [los artistas] del momento histórico en que les correspondía actuar, de las relaciones de su arte con el mundo y la sociedad presentes. Por una feliz coincidencia se reunían en el mismo campo de acción un grupo de artistas experimentados y gobernantes revolucionarios que comprendieron cuál era la parte que les correspondía".

José Clemente OROZCO.

En el marco de esa efervescencia, Frida Kahlo, adolescente, iba a entrar en la Escuela Nacional Preparatoria.

Frida era entonces una jovencita esbelta y fina, cuya gracia extrema todos coinciden en destacar. Ya no tenía su fleco de niña; llevaba los cabellos cortados rectos y repartidos a los lados del rostro, siempre serio. Era hermosa, con una belleza a la vez salvaje y sobria, lejos de las coqueterías que muchas niñas de su edad ya afectaban.

En el establecimiento al que iba a asistir no se usaba

64

uniforme, y se resolvió que Frida vistiera al estilo de las estudiantes de secundaria alemanas: falda tableada azul marino, camisa blanca y corbata, calcetas y botitas y un sombrero con cintas.

Matilde por fin se había hecho a la idea de que su hija iba a ser alumna de esa escuela considerada como vanguardista, y participaba de todo corazón en los últimos preparativos.

De rodillas frente a un banquito sobre el cual estaba de pie Frida, marcaba con alfileres el dobladillo de la falda azul.

—Da vuelta despacito, déjame ver si todas las tablas están a la misma altura. . . despacio. . .

—Dime, ¿qué parezco?

—Una buena alumna. Una chica decente.

—¡Cielos! ¿Y entonces cómo voy a hacer locuras?

—¡Frida! ¿Cuándo vas a dejar de ser un diablo?

—Mmm. . . quizás nunca. ¡Mamá, qué drama!

Frida miraba a su madre con una mezcla de diversión y ternura.

—Tendrás que tener mucho cuidado en una escuela donde hay muchachos.

—¿Cuidado con qué?

—Una chica de tu edad tiene que cuidarse de hacer ciertas cosas. Debes ser una jovencita respetable. . . y no olvidar nunca las enseñanzas de Nuestro Señor. . .

—Te lo juro. Por estas: tendré siempre la Biblia en mi mochila. . . "Había en Ramathaim-Sophim un hombre de la montaña de Ephraim, llamado Elkana, hijo de Jeroham, hijo de Elihu, hijo de Tohu, hijo de Tsuh, ephraimita. . .".

Matilde la miraba recitar de memoria el pasaje bíblico y pensaba que su marido tenía razón: esa niña era inteligente, y especial. Después se dominó:

—No te burles de tu mamá. . .

—Es mi pasaje favorito. ¿Te das cuenta, todos esos nombres? Es tan bella como una genealogía azteca. . .

¡Mamá, mamá, no me mires así, bien sabes que yo te adoro!

—Vamos, bájate de ahí y quítate esa falda. . . ¡cuidado con los alfileres!

El día que Frida saliera para su nueva escuela, su mundo se daría vuelta al revés. Un corte inevitable se produciría entre ella y su universo familiar, suave y protegido.

Un corte geográfico que traería consigo el despertar de una conciencia, de múltiples aspectos insospechados de una cultura.

Un corte formativo. La infancia quedaría atrás.

La palabra clave de mi adolescencia fue: euforia.

Una ventaja: el contexto histórico en que evolucionábamos nos concernía, daba un sentido a la energía de nuestra juventud. Había causas justas por las cuales debíamos batirnos y que forjaban nuestro carácter.

Éramos extremadamente curiosos de todo, ávidos de comprender, de saber. Siempre teníamos ganas de aprender, nuestra sed era insaciable. Y estaba bien.

Todos sentíamos, en el más alto grado, hasta qué punto éramos parte integrante de una sociedad. Individualmente nos dispersábamos, pero todas nuestras riquezas estaban puestas, en común, al servicio de un porvenir mejor, si no para la humanidad entera, al menos para nuestro país.

Éramos los hijos de una revolución y algo de ella descansaba sobre nuestros hombros. Era nuestra madre nutricia, nuestra madre portadora. Un sentimiento histórico incontestable vibraba en nuestro cerebro, anterior, medio y posterior, y teníamos plena conciencia de él, y un gran orgullo.

Teníamos la espontaneidad de la juventud, a veces con su ingenuidad también —la receptividad inmediata—, unida a cierta madurez. (Porque, indudablemente, nuestra reflexión sobre el mundo, a cada instante, nos hacía madurar).

Medíamos lo que había sido el conjunto de los factores culturales que nos habían precedido, y nos remontábamos en el tiempo hasta muy lejos. Sabíamos que éramos la consecuencia de individuos y acontecimientos, y su peso era una fuente de atracción. Era difícil evitarlos.

Era una época realmente linda. También mis amigos eran lindos (y todavía lo son: prueba de que lo que vivimos no nos dejó librados al azar). Como nosotros nos encontrábamos en estado de ebullición permanente, nos parecía que todo lo que tocábamos también quedaba impregnado de él.

Yo no tuve que sufrir los "¿quién soy?" de algunos adolescentes. Cada paso *era*. Y yo *era* también.

Mi vida estaba resueltamente orientada hacia lo universal, y terminaba hasta por olvidar mi pierna. Nunca más oí el ruido sordo de una piedrita lanzada contra mi bota, inútil signo de desprecio, cosas de gente que no tiene qué hacer con su vida y se rebaja más aún tratando de alcanzar la de otros, hijos de una imaginación y unos juegos enfermos, a quienes les han enseñado que la seguridad en sí mismo se adquiere humillando a otro. . . Mientras que toda fuerza verdadera se enmascara de vulnerabilidad; una comodidad, casi un lujo.

Yo estaba rodeada de quienes tenían aspiraciones superiores, generosas, y eso también me ayudaba, sin duda. Mi pierna no le interesaba a nadie, y eso era lo mejor.

Teníamos fe y esperanza. Creíamos en nuestras fuerzas para cambiar lo que había que cambiar en esta tierra y teníamos razón: nuestras fuerzas casi nos superaban.

Y sobre todo, nuestro impulso era vital. Éramos puros, incontaminados aún.

Zócalo, escuela, "Cachuchas"

Vive, y a tu edad
el Sol que la asiste
nunca la mensure,
sólo la ilumine.

Sor Juana Inés DE LA CRUZ.

La escuela estaba cerca del Zócalo.

En el corazón de la ciudad.

Centro también de lo que había sido la antigua ciudad azteca de Tenochtitlán, con sus lenguas de tierra extendidas sobre las aguas de los lagos y cubiertas de gran número de pirámides y templos; el nombre de Zócalo se dio a la Plaza Mayor hispánica cuando en 1843 se pensó erigir un monumento a la Independencia.

Empezaron por levantar un zócalo o pedestal para el monumento. Era un zócalo brillante, imponente, con todo el fulgor de la grandeza a la que había de asociarse. . . El zócalo se convirtió en estructura de juego para los niños, lugar para subirse los mirones y descanso ocasional para caminantes. El zócalo empezó a hallar muy largo el tiempo, a aburrirse de ser siempre un zócalo sin honores. La espera emprendió su obra de desgaste. El zócalo se deterioró. Mucho tiempo esperó. . . En cierto modo terminó por confundirse con lo que lo rodeaba. El humorismo mexicano no tardó en llamar a la propia plaza, y después al

69

barrio, el Zócalo. Y la denominación se extendió sin demora a la plaza principal o simplemente al centro de muchas otras ciudades mexicanas, importantes y modestas.

Alrededor de la plaza del Zócalo, la catedral, el antiguo palacio de gobierno donde habían vivido en su tiempo los virreyes, construcciones elegantes, si no lujosas, el Monte de Piedad, las calles de los alrededores, animadas y rumorosas de comercio.

Arquitecturas, ruido y movimiento a los que Frida no estaba acostumbrada. Lejos del "pueblo" de Coyoacán. Frida aprendía a ver una sociedad, a moverse en ella.

El atrio de la catedral reunía una multitud heteróclita: hombres de negocios en trajes sobrios, con aire de dignidad a menudo forzado, preocupación constante por la hora, empleados de todo tipo disfrutando de algunos minutos de libertad, estudiantes proclamando su saber en el número de libros que cargaban, escolares de expresión cansada o arrobada; boleros y vendedores de periódicos, hombrecillos de pies descalzos y cara sucia, niños por su estatura y alertas a todo lo posible; mendigos que no tenían ya fuerzas para ponerse de pie, que alzaban la cabeza hacia el paseante poniéndose una mano ante los ojos para protegerlos del sol, pidiendo "un centavo, por favor, en nombre de la Virgen de Guadalupe"; indias arrodilladas frente a tres o cuatro limones, chiles o jitomates, un puñado de semillas de girasol, un ovillo de estambre, una imagen piadosa colocada sobre un harapo, acunando al bebé pegado al seno, envuelto en el rebozo, al tiempo que lanzaban gritos a los transeúntes anunciando su mercancía; vendedores de toda clase de ungüentos y medicinas, tenacillas para rizarse el pelo, peines irrompibles. . .

Aquí y allá se ofrecían a los paseantes tortillas de maíz aún humeantes en las canastas, envueltas en sus servilletas. O tacos. El fuerte olor del aceite hirviendo utilizado una y otra vez, en que se freían trocitos de carne de puerco o de pollo, a veces de res, y rodajas de cebolla, se elevaba entre las espirales de humo.

Los braseros eran preciosos puntos de reunión para quienes frecuentaban el barrio. Igual que los vendedores de helados, en verdad, siempre apostados cada uno en su lugar bien establecido. Y los organillos.

No lejos del Zócalo, el gran mercado de México, la Merced, lugar privilegiado de todas las ventas, de todos los tráficos, de todos los trueques; cuartel general de una multitud de ladronzuelos que se deslizaban entre sus compactas multitudes y el movimiento de éstas por las calles. La Merced de los raterillos, de los pequeños peligros a nivel del ojo avizor, de la rapidez de movimientos, del minuto de descuido, de la cartera, de las manos ágiles.

Frida descubría un mundo hasta entonces prácticamente insospechado, y lo que preferiría de él serían los mariachis de la Alameda, con sus trajes festoneados, galoneados, sus cejas agresivas, seductoras, sugestivas, y la voz abusando de los trémolos bajo los bigotes tupidos, negros hasta parecer irisados. Y las guitarras, ¡ah, las guitarras!, verdaderamente de todos tamaños, con la caja de resonancia a menudo inversamente proporcional a la panza de quien la tocaba.

No hace falta decir que cuando Frida llegó a la Escuela Nacional Preparatoria resaltó en marcado contraste, ya desde la vestimenta, con las demás alumnas, que ya vestían como mujercitas bien adornadas. Frida, por su parte, las encontró inmediatamente ridículas y nunca cambió de opinión.

Muy pronto comprendió cómo se establecía la red de comunicaciones entre los estudiantes. La escuela estaba dividida en grupos, tan numerosos como diferentes —e incluso divergentes— eran sus aspiraciones.

Algunos grupos se dedicaban exclusivamente a las actividades deportivas, y en la escuela disponían de buen material para satisfacer sus aficiones. Otros se concentraban en las cuestiones religiosas. Otros rechazaban sin misericordia todos los precedentes. Otros formaban un grupo de trabajo periodístico e imprimían su pequeño periódico. Otros dirigían su reflexión exclusivamente a la filosofía. Otros discutían de arte y traían los bolsillos llenos de croquis, lápices, gomas, pinceles, hojas manuscritas dobladas en cuatro, manchadas de tinta. Algunos preconizaban el activismo político social y se organizaban para ello.

Frida vaciló por algún tiempo entre los "Contemporáneos" y los "Maistros", dos grupos literarios que más adelante darían algunos nombres célebres, pero por último se hizo miembro de tiempo completo y sin remordimiento de los "Cachuchas" —llamados así por las que usaban para distinguirse y reconocerse—, un grupo más heteróclito, a la vez más creador y más abierto, más original, provocador, insolente, atrevido y buscador de problemas. . . anarquista de corazón.

Eran nueve, entre ellos dos mujeres. Alejandro Gómez Arias, José Gómez Robleda, Manuel González Ramírez, Carmen Jaime, Frida Kahlo, Agustín Lira, Miguel N. Lira, Jesús Ríos y Valles, Alfonso Villa. La mayoría de ellos, al llegar a la edad adulta, serían importantes en el mundo intelectual y universitario mexicano. Mientras tanto adquirían la gloria a fuerza de juegos de palabras y de travesuras, cada una más grande que la anterior. En eso, Frida se destacaba. El natural espíritu travieso (su "maldad" según su madre) que traía desde la infancia como algo indebido, encontró allí un terreno acogedor. Con alegría pudo ver que en la amistad existía también la complicidad.

Pero si las travesuras eran una actividad importante y "organizar un golpe" era con mucho la actividad preferida del grupo, si éste no podía concebir la idea de encerrarse en dogmas, por lo cual se apartaba de cierta militancia política que juzgaba "de criterio estrecho", no es menos cierto que tampoco deseaba ser considerado como apolítico. Los "Cachuchas" reivindicaban un socialismo que quería probarse pasando por el famoso retorno a las fuentes. Y se cultivaban, leyendo de todo, sin distinción: filosofía, literatura y poesía extranjeras o hispanoamericanas, periódicos y manifiestos contemporáneos.

Unos contaban a los otros lo que habían leído y cada historia rivalizaba con la anterior o con la siguiente en detalles, exageraciones, mímica, profundidad, burla. Y estallaban las discusiones sobre cuál de ellos había leído más y con mayor profundidad en una semana, sobre si Bartolomé de las Casas había sido un progresista o un humanista, o quizá las dos cosas, un antropólogo antes de haber antropólogos, o simplemente un hombre que había captado con precisión, analizando "la destrucción de las Indias", el mensaje del cristianismo... Los "Cachuchas" daban gritos de indignación, aprobaban con sus cachuchas, se regañaban (sin éxito) por hablar todos al mismo tiempo, intercambiaban puntapiés o puñetazos, riendo, cuando la excitación llegaba al máximo. Hablaban de Hegel o de Engels como si los hubieran conocido en pañales, de Dumas, Hugo y Dostoievski como si fueran viejos compañeros, se planteaban mil y una preguntas (y daban algunas respuestas, desde luego) sobre todos los países de la superficie de la Tierra que conocerían algún día, quizás, o quizás no. Además inventaban, bordaban, complicaban.

Frida aprendió así a jugarlo todo a águila o sol, y a ganar (sin trampa, pero de eso no tenemos prueba). Y al mismo tiempo, abriendo los oídos durante los paseos por el Zócalo y las plazas y plazuelas de los alrededores, se impregnó con deleite del lenguaje popular que escuchaba. Además, como nunca hay palabras suficientes o bastante exactas para expresar lo que se quiere decir, inventó un vocabulario para uso "Fridesco".

73

Un pintor

El Tiempo, martes 22 de noviembre de 1910:

LA EXPOSICIÓN DE LOS CUADROS
DE DIEGO RIVERA

"El pasado domingo, en la Academia de San Carlos, se inauguró la exposición de los cuadros del pintor mexicano Diego Rivera, quien como becario de nuestro gobierno ha vivido varios años en los principales centros artísticos de Europa, consagrándose por entero al estudio. (. . .) Diego Rivera ya no es una esperanza; es un artista formado, que posee su inspiración propia.

"Sus cuadros merecen ser vistos, y ningún aficionado a la pintura debe dejar de hacer una visita a la Academia de Bellas Artes".

En 1922, Diego Rivera era un pintor célebre en su país —donde se había impuesto desde mucho antes— y mundialmente conocido. Fue elegido por el Secretario de Cultura para pintar un mural en el anfiteatro Bolívar de la Escuela Nacional Preparatoria.

Su fama no impresionaba a los "Cachuchas", que soñaban con quemar la madera de los andamios para que se incendiara todo, incluyendo el mural y al pintor. O bien hacían planes para hacer caer al artista con todos sus botes de pintura. La más eficaz fue Frida, siempre en primera línea en las travesuras, quien una mañana le robó subrepticiamente a Diego Rivera la canasta que contenía su almuerzo. . .

El pintor hacía amistades con facilidad; era extrovertido y buen conversador. Cualquiera podía ir a verlo mientras estaba haciendo su trabajo: platicaba con gusto, hacía comentarios, chistes, relataba historias apasionantes sobre los antiguos mexicanos, sobre los excesos de los conquistadores, sobre Europa, donde había vivido largo tiempo: Francia y su sucia guerra, París y el gris de su cielo, capaz de hacer pensar que hasta el corazón se iba a convertir de rojo en gris, por mimetismo, Montparnasse y sus cafés de genios (en su mayoría extranjeros), todos locos y brillantes (por eso a París le decían la "Ciudad luz", naturalmente), el Louvre, una de las maravillas del mundo, la España de sol y sombra, la pintura italiana, belleza absoluta. Era inagotable hablando de mujeres, todas irresistibles e intrigantes, y también de sí mismo: historia en episodios, fabulosa.

Su aspecto era por sí solo un poema. Un hombre inmenso y muy gordo, de ojos esféricos, con gran boca de risa sonora y comunicativa. Sus ropas siempre parecían como si nunca se cambiara, ni de día ni de noche; un gran sombrero de alas anchas del que nunca se separaba aumentaba su estatura.

"Vuelvo a verte con tu estatura monumental, tu vientre siempre adelantándosete, tus zapatos sucios, tu viejo sombrero alabeado, tu pantalón arrugado, y pienso que nadie podría llevar con tanta nobleza cosas tan estropeadas".

Elena PONIATOWSKA.

¿Qué hacía con su dinero? Lo dilapidaba alegremente con sus amigos, sin remordimiento. Un falso vagabundo, bajo el sol de México.

Frida, no contenta con haberle desaparecido su almuerzo, preparó otra broma mayor. A escondidas enjabonó concienzudamente parte del suelo y los peldaños de una escalera: Diego Rivera no podía dejar de resbalar y caer al pasar por allí.

La jovencita se escondió detrás de un pilar, a la hora que llegaba Rivera, para ver el resultado de su diablura. Pero el pintor era realmente muy pesado y por lo tanto su paso era particularmente lento y calmado. Atravesó la emboscada con la sonrisa en los labios, sin pestañear siquiera, y no se dio cuenta de nada. Se puso a trabajar como de costumbre, después de quitarse el sombrero y dejar el saco sobre los botes de pintura cerrados y subir cuidadosamente a los andamios. Sin demora llegaron dos o tres desocupados a sentarse allí cerca para verlo trabajar. Frida lo insultó en silencio y se alejó, furiosa.

Al día siguiente un profesor no tan gordo resbaló en los escalones enjabonados.

Una tarde, terminadas sus clases, Frida también sintió curiosidad por ver al pintor en actividad.

El anfiteatro estaba silencioso y vacío, salvo por la presencia de Diego Rivera en las alturas y de una mujer que le hacía compañía. Frida preguntó al pintor si podía quedarse un momento. Obtenido su consentimiento, se sentó en un rincón, sin más.

Con el rostro apoyado en una mano, muy seria, observaba cómo los trazos evolucionaban sobre el muro y los colores se integraban al movimiento del conjunto. Olvidó el reloj. Había pasado una hora cuando la mujer que estaba allí, y que no era otra que la esposa de Diego Rivera, Lupe Marín, cansada de la intrusa, se acercó a la jovencita y le pidió retirarse. Como Frida no se movía, no se dignaba responder ni siquiera mirar a su interlocutora, Lupe Marín se molestó mucho. "Mira nada más", pensó. "No hace el menor caso de lo que se le dice. ¡Qué insolencia, a esa edad!". Frida seguía atentamente el pincel de Diego Rivera. Lupe Marín se irritaba. El pintor no mostraba el menor interés en lo que estaba sucediendo ante sus ojos. Lupe Marín volvió a insistir. Frida siguió obstinadamente inmóvil y silenciosa.

Cuando finalmente se decidió a abandonar el lugar, se levantó sin hacer ruido, se alisó la falda, estiró los brazos y recogió la mochila colocada a sus pies, que contenía los últimos vestigios de su infancia y algunos rasgos de su adolescencia: una muñeca de trapo, dijes, huesitos, hojas secas, dibujitos enrollados, pastelitos, libretas, libros, trozos de poemas. Mochila de estudiante, bolsa de los secretos, pesada al brazo, Frida no se separaba nunca de su bolsa.

"La niña se quedó ahí más o menos unas tres horas. Al salir, sólo dijo «Buenas noches»".

Diego RIVERA.

En las calles de Coyoacán, que parecían calcinarse bajo el sol, Frida y sus amigas buscaban un vendedor de nieves.

—¿Oyen la campanita? No está lejos.

—¡Ahí está!

Se acercaron al carrito blanco, cubierto de inscripciones de colores: "piña", "durazno", "mango", "limón", "plátano", "coco". . .

Escogieron y pagaron, y reemprendieron la marcha tomando sus helados, sin prisa ni destino, al azar del paseo.

De pronto Frida dijo:

—Yo voy a tener un hijo de Diego Rivera. (Lo dijo con aire de desinterés, como cosa sin importancia, mientras parecía enteramente dedicada a saborear su nieve, sin siquiera mirar a sus amigas. Las otras se volvieron hacia ella, atónitas).

—Pobrecita, estás loca.

—¡Estás hablando de un príncipe encantado!

—Un genio vale más que un príncipe encantado. . . ¿Y quién te dice que no sea un príncipe encantado, *además* de ser un genio?

—¡Un gigante, querrás decir!

—No hay mucha diferencia entre un gigante y un príncipe encantado. Depende del sentido que se quiera dar a las palabras.

—¿Diego Rivera? Es un excéntrico. Y además, dicen que está loco por las mujeres.

—Pues mejor —respondió Frida.

—No te hagas la idiota: le gustan *demasiado* las mujeres. Las tiene a montones.

—Y además tú siempre has dicho que quieres ser médica, la doctora Kahlo. Los artistas sólo se enamoran de otros artistas. . . Me temo que no lo vas a lograr. . .

—¡Bah! Eso no significa nada. Para el niño, basta que lo convenza de que coopere. Y por lo demás. . . ¿el amor? Esas cosas van y vienen, como todo el mundo sabe. . . Hoy no me hace caso, pero algún día, ya verán. . .

—En el fondo, si estuvieras diciendo la verdad, no sería nada sorprendente. Tú eres capaz de todo, ya se sabe. Y no hay ninguna razón para que cambies. . .

Las niñas estallaron en risas. Frida terminó su nieve, imperturbable, muy erguida.

Probablemente no fue para Diego Rivera, ni para ningún otro, para quien Frida escribió el poema que apareció, algunos meses después, en *El Universal Ilustrado,* el 30 de noviembre de 1922. Sin duda lo escribió como un sueño, por "amor al amor", por un presentimiento de adolescente:

Yo había sonreído nada más, pero en mí se hizo la claridad, y en lo más profundo de mi silencio.
Él me seguía, como mi sombra irreprochable y ligera.
En la noche un canto sollozó. . .
Los indios parecían alargarse, sinuosos, en las callejas del

pueblo. Iban al baile, envueltos en sarapes, después de beber mezcal. Un arpa y una jarana por toda música, y por toda alegría, las prietas sonrientes.

Allá lejos, tras el zócalo, el río rielaba y transcurría como los minutos de mi vida.

Él me seguía. Acabé por llorar. Acurrucada en un rincón del pórtico de la iglesia, protegida por mi rebozo de bolita, empapado en lágrimas.

Frida no era lo que se dice una excelente alumna. Su sed de leer y de aprender le permitían ser buena en todas las materias sin tener que estudiar demasiado. Por encima de todo, e incluso a través de los libros, Frida estaba interesada en la gente en general, y en sus amigos en particular.

¿Su preferido? Alejandro Gómez Arias. Ese joven, apenas mayor que ella, burgués, inteligente y culto, gozaba además de cierta fama de orador: era admirado y respetado. Poco a poco se convirtió en el mejor amigo de Frida. Con frecuencia estaban juntos y se enorgullecían de una amistad que asombraba a sus compañeros, más inclinados, por su edad, al amor que a la amistad.

Bastaba una insinuación sobre otra cosa que una amistad "pura" y Frida estallaba de cólera, como lastimada en lo más profundo.

Y sin embargo, a pesar de ella quizás, el amor llegó. . . con Alejandro.

El primer amor llegó a paso de gato.

No lo oí ni lo vi llegar. Me invadió poco a poco, vivió en mí un momento antes de lanzar su flecha de Cupido a mi conciencia. Antes que tuviera tiempo de percibir su presencia. Antes de aceptar esa presencia y confesarla.

Él era mi mejor amigo.

El deslizamiento hacia el amor se produjo sin que me diera cuenta. Como la superposición accidental de dos negativos fotográficos.

De pronto no pensaba más que en él, cada vez que mi espíritu se liberaba de sus pequeñas preocupaciones cotidianas.

Él era, ante todo, guapísimo. Estoy de acuerdo en que la apariencia no es lo más importante en un individuo. Pero no puedo negar que era su imagen, su cara, sus expresiones, sus gestos, lo primero que venía a mi mente. Y hasta hoy, cuando pienso en él. Nadie lo negará: la imagen precede al pensamiento.

En la Edad Media todos admitían sin discusión que "un fuego emanaba de sus ojos, se comunicaba por la mirada y descendía hasta el corazón". Eso lo leí en alguna parte. Y lo creo. Los ojos de él eran negros, muy bellos.

Su ser exhalaba cierto romanticismo, mucha sensibilidad y sensualidad. Hablaba maravillosamente bien: decía cosas apasionantes y sabía comunicarlas. Con entusiasmo. Tenía su público, justificadamente, y sabía irritarlo cuando hacía falta.

Era muy refinado, además, y elegante. Un poco alta-nero, por cierto, pero le quedaba tan bien que nadie hu-biera podido reprochárselo, y menos yo. Tenía un lado como de caballero español.

Yo no pensaba más que en él.

Me parecía que el corazón se me iba a salir del pecho cada vez que lo miraba, y más aún cuando él posaba en mí sus bellos ojos. Trataba de descifrar un código amo-roso en la menor chispa de sus pupilas, en el más leve movimiento de sus pestañas.

Pero eso no es del todo exacto: mi ritmo cardiaco se aceleraba incluso cuando él no estaba presente, en cuanto su imagen llenaba mi cabeza, mientras el deseo de verlo se agitaba en mi cuerpo como un oleaje, cuando le escribía una carta o esperaba una palabra suya, cuando leía un libro que él me había recomendado o contemplaba la re-producción de un cuadro del que él me había hablado, cuando trataba de profundizar la reflexión sobre los temas que él había desarrollado una hora antes, o simplemente cuando alguien pronunciaba su nombre.

Creo que fue al descubrir esos latidos del corazón, esas palpitaciones tan fuertes, carnalmente reales, cuando reconocí el amor.

Al principio traté de defenderme. Me sentía estúpida porque ya no existía por mí misma. Me sentía a la vez acompañada y despojada. Era insoportable para mi orgu-llo. Lo ahuyentaba de mi espíritu de mil maneras, recorría laberintos interiores erizados de obstáculos, de hechizos y de plegarias. Me volvía niña de nuevo o me proyectaba hacia mi vida adulta fingiendo desinterés. Se trataba, ni más ni menos, de huir del momento presente. Sin lograrlo. Él no dejaba de estar en mí, fundido con todo mi ser, con todas mis acciones, con todas mis palabras. Lo que yo era en mi entidad parecía no existir más que para él, no diri-girse más que a él; cualesquiera que fuesen mis propósitos aparentes, se desviaban de mí. Yo me despersonalizaba y

81

por otro lado a cada paso me sentía investida de una fuerza sobrenatural. Una verdadera obsesión, un placer que me provocaba y me llenaba. Y la primavera también, quizás. Así fue.

Quince, dieciséis, diecisiete años...

> Pero qué importa la eternidad de la condena para quien ha encontrado en un instante lo infinito del goce.
>
> Charles BAUDELAIRE.

En verano, las cosas no huelen igual.

En México el calor seco del mediodía desprende un olor a polvo mezclado con chapopote recalentado. Los vendedores ambulantes de comida presentan oleadas de fritura, especias y frutos maduros al sol. A las cinco de la tarde llueve y bajo el agua todo parece volver al orden, incluso los ruidos, los olores, los sentidos despertados por la primavera.

En el verano de 1923, Frida cumplió quince años, hecho muy importante en la vida de las mujeres en la América Latina. Así como el bautismo consagra el ingreso a la religión y a la vida, la fiesta de quince años marca el ingreso en la condición de mujer.

Para Frida, los quince años estuvieron marcados por el descubrimiento del amor. Al paso de las emociones, y de las primeras cartas surgidas de ellas, fue perdiendo su aire de muchachito.

A partir de esa primera experiencia, Frida atestigua una exigencia amorosa de la que no se apartará nunca: lejos de ella las cosas a medias. En nada se parecía a las ruborosas doncellas que son incapaces de confesar su amor cuando éste es visible en todos sus gestos. Apenas identificado el fenómeno, Frida no recurrió a ninguna superchería para expresar lo que sentía y lo que esperaba.

Había puesto los ojos en Alejandro Gómez Arias, el más brillante de los "Cachuchas", y nada que pudiera aparecer como un obstáculo la detendría en la búsqueda de la relación amorosa a la que aspiraba.

Fue en esa época cuando empezó a hacer trampas con su fecha de nacimiento. Alejandro era casi de su misma edad, pero estaba más adelantado en sus estudios, y Frida sintió la necesidad de rejuvenecerse. ¿Precaución intelectual, ventaja suplementaria? También fue entonces cuando decidió escribir su nombre Frieda, y no Frida, afirmación adolescente de una especificidad, de una identidad. Consecuencia de sus amores, también, el juego de las mil y una mentirillas y trampas a su familia, para vivir con el mínimo de trabas su relación con Alejandro. No es que sus padres fueran demasiado intolerantes: sus astucias le procuraban una protección preventiva, nunca se sabe, contra eventuales truenos familiares. Y le daban la sensación de vivir con más fuerza.

Sus encuentros con Alejandro eran, pues, secretos; del mismo modo, esperaba las sombras de la noche o buscaba el anonimato de un lugar público para escribir sus cartas, siempre adornadas o ilustradas con dibujos, marcas de besos, signos de reconocimiento, a veces acompañadas por fotografías —y para leer o releer las respuestas. A veces empleaba a Cristina como mensajera, pero no siempre podía confiar en ella —o al menos eso pensaba Frida. Una pasajera falta de confianza en su hermana, más bien, que el amor amplificaba.

El epistolario progresaba rápidamente; por lo demás, durante toda su vida Frida recurriría abundantemente al género para comunicarse con los suyos y con sus amigos.

Las cartas a Alejandro muestran rastros de ese amor absoluto al que aspiraba:

"(. . .) Bueno, Alex, escríbeme mucho muy largo, cuanto más largo mejor, y mientras tanto recibe *todo* el cariño de Frieda".

"(. . .) Dime si ya no me amas, Alex, te amo aunque no me quieras ni como a una pulga. . .".

". . . Pero ya que nos vamos a ver tan poco, quiero que me escribas, Alex, porque si no yo tampoco te voy a escribir y si es que no tienes qué decirme me mandas el papel en blanco o 50 veces me dices lo mismo, pero eso me demostrará que siquiera te acuerdas de mí. . .
"Bueno, recibe muchos besos y todo mi cariño.

Tuya
Frieda".

". . . me despido y te mando 1 000 000 000 000 besos (con tu permiso. . .)".

Un día Frida se quejó de haber comulgado tras una confesión gravemente incompleta y de creer cada vez menos. De todos modos, decía, los pecados que se había olvidado de confesar "eran grandes".

Pasaron el verano, el otoño y el invierno. Pasaron dos años. Los amores con Alejandro continuaban.

				1 de enero de 1925	
contéstame	contéstame	contéstame	contéstame	contéstame	contéstame
"	"	"	"	"	"
"	"	"	"	"	"
"	"	"	"	"	"
"	"	"	"	"	"

Si Alejandro dice tener o haber tenido alguna relación con otra persona, Frida inmediatamente declara amar también a esa persona, porque "yo quiero a todas las gentes que tú quieres o has querido". Solamente le pide que no la olvide.

Ahora Frida tiene el cabello largo y lo usa recogido en un chongo. También usa medias de seda y zapatos de tacón alto, prueba visible de feminidad. Tiene carácter, es muy chistosa y extrovertida. Nunca pasa inadvertida.

Sus padres le prohíben algunas salidas, pero la animan a ganar dinero mientras continúa sus estudios. Llena de buena voluntad, ella responde a sus deseos, especialmente porque proyecta irse a los Estados Unidos con Alejandro.

"Como mis padres no eran ricos, tuve que trabajar en una maderería. Mi trabajo consistía en llevar la cuenta de la madera que salía cada día, y también la que entraba, y de qué color y calidad era. Trabajaba por la tarde, y de mañana iba a la escuela. Me pagaban sesenta y cinco pesos al mes, de los cuales no gastaba un centavo".

Frida Kahlo.

A veces ayudaba a su padre en el estudio fotográfico, donde él le había enseñado a tomar y retocar fotografías. Pero no tenía paciencia para ese tipo de trabajo, demasiado minucioso para su carácter de entonces. Por eso presentó una solicitud para un puesto de empleada en la biblioteca de la Secretaría de Educación.

—¡Es genial! —se apresuró a relatar a sus amigos—. Huele rico a libros, están las paredes cubiertas de libros, voy a aprender mucho. . . Y además las personas que van ahí no son imbéciles, cosa que no me disgusta. Tengo que perfeccionar mi mecanografía, y mostrarme encantadora. No debe ser muy difícil.

Al punto volvió a seguir un curso de dactilografía que había abandonado unos meses antes, pero la cuestión del encanto no le salió tan bien. Una empleada de la biblioteca se propuso seducirla y el asunto llegó a oídos de la familia, que armó un escándalo. Frida se sintió muy mortificada y pasó un mal rato; sobre todo, perdió el empleo. Se puso a buscar otro. Esa historia no afectó su amor por Alejandro.

Era verano otra vez.

—Tengo la sensación de que con el calor las cosas se hacen más densas y las pistas se confunden —le confió a Cristina.

—No te muevas, voy a buscar un abanico. ¿No quieres tomar algo?

—No, estoy bien.

Cristina se levantó, mientras Frida seguía balanceándose en la mecedora. Pensaba de nuevo en la cara de Arturo Schopenhauer, que presidía el estudio de su padre, por encima del escritorio.

"Será siempre mi principal maestro del pensamiento, le había dicho Guillermo. Schopenhauer «el grande» como decía Nietzsche, y con razón. . . Puede decirse que soy profundamente atea, pero hay algunas obras que son para mí casi como la Biblia: muestran caminos, ayudan a vivir y a captar la muerte, orientan en algunos actos. Hay que encontrar siempre medios de profundizar en el pensamiento propio y el de los demás. Es una clave para comprender el mundo. No se puede vivir sin tratar de entender, sin esforzarse por encontrar respuesta a ciertas preguntas".

Guillermo ya había vuelto a la casa, y recomenzaba por tercera vez el mismo pasaje, al piano. No porque se hubiera equivocado, sino por amor a la música.

"Maestro de pensamiento. . . encontrar una respuesta. . .". Las palabras se repetían entre acordes y arpegios. También el rostro de Alejandro flotaba en su cabeza, y su sonrisa, una frase de Óscar Wilde leída poco tiempo antes, imágenes de su futuro de médico, Alejandro de nuevo, el deseo de verlo. . .

A cada balanceo del sillón, y entre dos rechinos, los versos de un poema de Ramón López Velarde que acababa de leer temblaban, persiguiéndose ante sus ojos:

Así cruzas el mundo
con ingrávidos pies, y en transparencia
de éxtasis se adelgaza tu perfil,
y vas diciendo: "Marcho en la clemencia,
soy la virginidad del panorama
y la clara embriaguez de tu conciencia".

Cristina, en el umbral de la puerta del patio, le grita:
—¿Qué haces, Frida? ¡Métete rápido! ¿O te quieres dar un baño natural?... ¡Frida!... ¿No sientes la lluvia?

Cuando reaccionó, ya estaba toda mojada. Con la falda secó el libro.

Caía un chaparrón violento y tibio. El cielo gris plomo parecía querer caerse también.

Es claro que no me gusta recordar el accidente. Quizás porque ha estado tan presente desde entonces, que es como si un poco de su dolor se deslizara en cada día que pasa, hasta el infinito. Mi vida no deja de ser el calco translúcido sobrepuesto a su imagen cruda.

Recordar. . . Algunas palabras pierden su sentido, es verdad. Se siente necesidad de volver a pensar en lo que casi habíamos olvidado. Lo que tenemos para la vida no procede ya de la memoria, sino de la evidencia cotidiana. El recuerdo no me viene al espíritu como cuando se trata de encontrar, de aferrarse a una imagen pasada para precisarla en el tiempo. Mi cuerpo es todos los tiempos confundidos.

No es menos cierto que hubo un principio. El parabrisas que se rompió. La pesadilla superando al sueño, liquidándolo totalmente. La imaginación o el inconsciente están muy cerca de esos destrozos causados por la realidad. La realidad puede ir más allá de todos nuestros sueños, de todas nuestras pesadillas, de todas nuestras pacotillas, de nuestras grandezas, incluso, que nadan ciegas en nuestra mente en cinemascope.

El mundo que nos rodea se vuelve insignificancia. Y el mundo interior se vuelve indecible. Un aullido silencioso desgarra el muro del cuerpo a cada instante. La vida, esa obra maestra en peligro permanente. Frida descuartizada en todos sentidos entre la vida y la muerte. Un suplicio chino sin premeditación; Quetzalcóatl reclamando lo suyo, una víctima nunca del todo muerta, siempre un poco viva todavía. Descuartizada, decía. Sacrificada del siglo xx, con los instrumentos de su época. Y como plañideras, las sirenas de las ambulancias.

¿El accidente mismo? Datos, coincidencias, quizás errores, y un cortejo de consecuencias. Conocimiento, nítido como un acta policial, seguido por una caída al borde de la locura. (A tal "modo de empleo", tal riesgo, hubiera podido diagnosticar la medicina para hablar en serio. Pero eso es todo. Su práctica: el salvamento. Con gran alharaca, aunque esté enlodada hasta los huesos: el salvamento, vengativo).

A partir de ahí, la cabeza nunca pudo responder del cuerpo. El cuerpo me sumergió, cada una de sus fibras alcanzó una culminación monstruosa, rebasando las fronteras del funcionamiento que le correspondía.

Y la sensación, que desde entonces no me ha abandonado nunca, de que mi cuerpo va recogiendo las plagas, todas las plagas.

Accidente

Todo se resume quizás en un trapo rojo
clavado sobre una blanca pared de cal: harapo de sangre ardiendo contra la prisión de
los huesos.

Michel Leiris.

Fin del verano. Una luz cálida en las calles, cierta dulzura en el aire, un soplo de brisa.

La tarde del 17 de septiembre de 1925, alegre como
de costumbre, feliz también por hallarse en compañía de
Alejandro, Frida subió con su "novio" a uno de esos ca-
miones que poco antes habían empezado a circular por la
ciudad. Un camión con bancos de madera barnizada a
todo lo largo, puertas, piso y techo de madera también.
Imágenes religiosas, rosarios, escapularios, una coronita
de dientes de ajo enmarcando el rostro de una virgen, col-
gando del espejo retrovisor, protegiendo a los presentes
contra cualquier accidente. Un camión bien lleno, a la
hora —justo antes de ponerse el Sol— de regresar a casa.
Por Coyoacán.

Sentados el uno junto al otro, Frida y Alejandro re-
ñían con ternura, aprovechando el último rato que pasaban juntos antes de regresar cada uno a su casa. El tranvía de Xochimilco se acercaba lentamente por sus vías,
que el camión estaba a punto de cruzar. El tranvía iba
muy despacio, quizás el camión tendría tiempo de pasar.

O quizás no.

El tranvía no iba rápido, pero no pudo frenar. Como un toro, siguió, arrastrado por su peso y su impulso. Golpeó al camión en el centro y empezó a arrastrarlo, siempre lentamente. La caja del camión se curvó más y más, sin ceder. Las rodillas de los pasajeros de una banca llegaron a tocar las de los de la de enfrente. Por las ventanillas rotas salían gritos de ese camión que adoptaba, sin dificultad aparente, la forma de un arco de círculo. De pronto voló en pedazos, lanzando a los pasajeros en todas direcciones. El tranvía seguía avanzando, con dificultad.

"Fue un choque raro. No fue violento, sino silencioso y pausado, y dañó a todos: más que a nadie, a mí. A poco de subir al camión empezó el choque. Antes habíamos tomado otro camión, pero a mí se me perdió una sombrillita y nos bajamos a buscarla; por eso subimos a aquel camión que me destrozó. El accidente ocurrió en una esquina, frente al mercado de San Juan, exactamente enfrente. El tranvía marchaba con lentitud, pero nuestro camionero era un joven muy nervioso. El tranvía, al dar la vuelta, arrastró al camión contra la pared. . . Mentira que una se da cuenta del choque, mentira que se llora. En mí no hubo lágrimas. El choque nos lanzó hacia adelante y a mí el pasamanos me atravesó como la espada a un toro".

Frida Kahlo.

Alejandro quedó debajo del tranvía; se levantó como pudo y buscó con los ojos a Frida. Ella yacía sobre lo que quedaba de la plataforma del camión, desnuda, cubierta de sangre y de oro. Imagen alucinante que hizo que algunos gritaran: "¡La bailarina! ¡Miren a la bailarina!".

Como el torero herido cubierto de sangre y del oro de su traje de luces hecho jirones, Frida trató vanamente de levantarse: toro traspasado por la espada y a la vez torero atrapado por un cuerno.

Ella no sentía nada, no veía nada: no pensaba más que en recuperar sus cosas que habían caído un poco más allá. Un hombre que la miraba, mientras Alejandro acudía cojeando, gritó:

—¡Pero si tiene algo en la espalda!

—Ay, sí, lo siento. . .

—Ponla ahí, rápido. . . vamos a quitarle esto. . . No podemos dejarla así. . . Rápido. . . cuidado, niña, así. . . así. . .

Alejandro la había transportado en sus brazos hasta una mesa de billar, sacada precipitadamente de un café. Verde, rojo, oro. El hombre, sin perder ni por un instante su sangre fría, en una operación violenta y rápida, arrancó del cuerpo de Frida el enorme trozo de hierro que la atravesaba de lado a lado.

Cuando lo jaló, Frida gritó tan fuerte que no se oyó la sirena de la ambulancia de la Cruz Roja cuando llegó.
Alejandro GÓMEZ ARIAS.

Alejandro estaba pálido, temblando. En mangas de camisa, solo en medio de los gritos, del destrozo, de la barahúnda, del ir y venir de camilleros transportando a los heridos, quizá muertos, paralizado, en ese segundo momento, por el horror del espectáculo, no hacía más que repetirse: "Se va a morir. . . Se va a morir. . .".

En el hospital de la Cruz Roja, Frida fue llevada inmediatamente a la sala de operaciones. Los médicos vacilaban en actuar; no se hacían ilusiones: sin duda moriría durante la intervención. Su estado era desesperado. Había que avisar a su familia sin pérdida de tiempo.

"Matilde se enteró por el periódico y fue la primera en acudir; durante tres meses no se separó de su hermana. Al saber la noticia, mi hermana Adriana se desmayó. Mi madre se quedó muda de la impresión por un mes. A mi padre le causó tanta tristeza que se enfermó y pude verlo sólo después de veinte días".

Frida Kahlo.

Después de visitar a su hermana menor, Matilde pidió hablar con los médicos. Le dijeron que esperara en una sala gris y ruidosa, donde todas las personas estaban angustiadas. Niños que lloraban, mujeres rezando, hombres sentados inmóviles, con la cabeza baja y el sombrero sobre las rodillas. Una mujer amamantaba a un bebé, otras platicaban describiendo sus males o los de sus parientes, las enfermeras iban y venían, regañando al pasar a algún chico revoltoso que jugaba o corría por ahí.

—Hemos hecho todo lo posible, señorita —dijo el médico a Matilde, instalándose tras su escritorio.

—Discúlpeme, doctor, quisiera saber qué opina usted de su estado.

—Pues está lo mejor que puede estar, con lo que le ha pasado. Nosotros no podemos hacer más.

—¿Qué significa "lo mejor que puede estar"? ¿Se va a curar mi hermana?

—No puedo decírselo, señorita. Nosotros estamos a la expectativa, igual que usted.

—Disculpe mi ignorancia, doctor, pero yo no soy médica y no estoy en condiciones de juzgar su estado. Por favor, sea franco.

—Mire usted, con la cantidad de heridas que tiene, sería casi un milagro que sobreviviera. Yo, por mi parte, soy bastante pesimista. Estamos haciendo todo lo necesario, pero no le puedo prometer nada.

—¿Es su última palabra?

—Es mi última palabra por el momento.

Matilde salió a comprar algunas frutas antes de regresar a la cabecera de su hermana. Como los otros miembros de la familia no podían ir a acompañar a Frida, Matilde decidió permanecer junto a ella todo el tiempo necesario; no le faltaba paciencia, buen sentido ni vitalidad. Su presencia al lado de Frida en esos momentos tan difíciles sería para ésta un apoyo precioso y también un valioso estímulo. Reconfortante, cálida, alegre, no hay duda de que durante los meses siguientes Matilde hizo mucho por aliviar los sufrimientos de su hermana.

Frida, que tenía casi todo el cuerpo envuelto en vendas, no cesaba de repetir:

—Matita, me voy a morir. Creo que me voy a morir.

—Frida. . . Sí, es duro, pero ya vas a salir de esto. Estoy segura. En cuanto te quiten el vendaje de la mano izquierda vamos a mirar las líneas bien de cerca. Estoy segura de que la de la vida no termina aquí.

Frida sonrió y murmuró:

—Mmmm. . . hasta sonreír me duele.

—La verdad es que estás un poco maltrecha, pero sigues guapa.

—¿Y Alejandro?

—Está en su casa. Por ahora no puede caminar, pero sanará.

—Tenemos que devolverle su saco. . . la enfermera lo guardó cuando llegué. . . Sabes, el saco con que me cubrió cuando llegó la ambulancia. . .

—¡Shht. . . ! Ya sé, ya sé todo eso. . .

—La cara debe ser la única parte del cuerpo que no me lastimé. . .

—Y por suerte: no sé qué ibas a hacer si no pudieras mover la lengua —dijo Matilde con una gran sonrisa, inclinándose sobre Frida para darle un beso.

—. . . y la razón: la razón la tengo sana —continuó Frida—. Me dirás que no es mucho. . . "¡Pata de palo!". Toda de palo, voy a terminar. . . Y aquellos locos que gritaban "¡La bailarina!". . . Era verdaderamente absurdo.

—Es que te había caído encima un paquete de polvo de oro.

—Mmmm. . . un paquete de desgracias, querrás decir. . . Matita, creo que me voy a morir. . . ¡Me voy a

morir! . . . no se enojen conmigo. . . Nunca voy a soportar
esto. . .

Y se puso a llorar, con lágrimas ardientes.

Matilde iba y venía entre el hospital, la casa paterna
a la que llevaba noticias y de donde traía cosas, libros
para Frida, y su propia casa donde se cambiaba a toda velocidad, preparaba un paquetito, un dulce que ella y Frida
comerían después —la comida del hospital era tan inco-
mible como escasa.

"Fue Matilde quien me levantó el ánimo: me contaba
chistes. Era gorda y feíta, pero tenía gran sentido del
humor. Nos hacía reír a carcajadas a todos los que estábamos en el cuarto. Tejía y ayudaba a la enfermera en el
cuidado de los enfermos".

Frida Kahlo.

Los "Cachuchas" fueron a visitar a Frida y le llevaron
regalitos, periódicos, dibujos, pruebas de su afecto. Las
comadres de Coyoacán, las mismas que pocos años antes
la criticaban, desfilaron junto a su cama, llevándole flores y toda clase de golosinas. Además rezaban por ella
en el hospital, en sus casas y desde luego en la iglesia,
donde prendían velas y ofrecían imágenes de todas las
partes del cuerpo que Frida tenía lastimadas.

Nunca en su vida hasta entonces se había visto Frida
tan mimada, tan cuidada. Moralmente, eso la ayudaba.
Físicamente, pasaron semanas sin que se observara mejoría. Se quejaba mucho, sobre todo de la espalda.

—Qué quieres que te diga, Frida —suspiraba Matilde—. Los médicos dicen que no tienes nada en la espalda.
Son dolores reflejos, dicen. Me aseguran que no tienes
nada en la columna vertebral.

—Pero, ¿es que tengo que hacerles un dibujo? Yo sé
perfectamente *dónde* me duele. ¡Me duele la espalda! ¡Me
muero de dolor! ¡Pinches médicos, unos pobres tipos, eso
son! No saben nada, nada de nada. . .

El primer diagnóstico serio llegó un mes después del accidente, por la boca de un nuevo médico, justamente el día que abandonaba el hospital de la Cruz Roja.

"Fractura de la tercera y cuarta vértebras lumbares, tres fracturas de la pelvis, once fracturas en el pie derecho, luxación del codo izquierdo, herida profunda en el abdomen, producida por una barra de hierro que penetró por la cadera izquierda y salió por la vagina, desgarrando el labio izquierdo. Peritonitis aguda. Cistitis que hace necesaria una sonda por varios días".

Entonces le recetaron un corsé de yeso que debería usar durante nueve meses, y reposo total en cama por lo menos dos meses, después de su salida del hospital.

—Se creen con derecho a repetirme que lloro lágrimas de cocodrilo —sollozaba Frida—. ¡Ellos son los cocodrilos!. . . Lagartos. . . ¡Bestias insensibles, caparazones ambulantes, ignorantes!

Siguió una época de pesadillas. Trozos de frases martillaban mi sueño.

Atrás. . . ¡La bailarina! . . . ¡No se acerquen! . . . Cuidado con la muchacha. . . Rápido, rápido. . . Empuje. . . rápido. . . ¡La bailarina! ¡La bailarina!

Imágenes lancinantes detrás de mis párpados, como moviéndose en las aguas de un pantano. Pesadas, pegajosas, adhiriéndose a mi piel.

Yo, después del choque, levantándome como sonámbula sólo para ser aspirada inmediatamente hacia el suelo, debatiéndome, cayendo, rebotando, cayendo. . . Tendiendo todos mis músculos para levantarme, tratando de agarrarme de un herido que me rechazaba. . . Cayendo y rebotando como un juguete de hule, y cada vez que mi cuerpo, como pelota, tocaba el suelo, un dolor sordo en todas mis células, sin dejar una. . . Rebotando y volviendo a caer, una y otra vez.

Mi voz llamaba a Alejandro. El eco la repetía, en un paisaje de barrancos. Y de repente él aparecía, de pie ante mí. Inmóvil, mudo. "¡Alejandro!". Yo esbozaba un gesto, que quedaba suspendido en el vacío: mi cuerpo, aún con infinitas precauciones, no conseguía moverse, clavado por el dolor a la cama metálica de la Cruz Roja de San Jerónimo.

En mi sueño, mis miembros estaban paralizados y, tratando de escapar de ese entorpecimiento, de ese frío, yo chocaba contra una pared y dejaba en ella la marca de mi cuerpo, roja y dorada.

Pesadillas y pesadillas. Con frecuencia, me perseguían. Yo corría, cojeando, y me iba muy lejos. . . ¿De qué? del dolor, de las inyecciones de Sedol o de cocaína, de una náusea que no tenía nombre. . . Atrapada en una tempestad de lágrimas, hasta vomitar. Buscas en un planeta blanco, cloroformo, barrotes blancos de una cama de hospital, corredores que sólo conducen al accidente. . .

Yo, levantándome y volviendo a caer, levantándome, volviendo a caer, agarrándome al vacío. . . Resbalando sobre la plataforma destrozada del camión. . . Bola de nervios, hule, rodando, rodando, puro dolor. . . Corriendo, desmelenada, corriendo, pobre coja, corriendo desesperadamente. Corriendo para escapar de la espada que me iba a atravesar, de la herida abierta. Metal y carne. Corriendo para tratar de huir de la muerte, simplemente.

¡La bailarina! Ah, sí, muchas vueltas di en esas horas de sueños glaucos. No como Nijinski girando, el "Pájaro de fuego" echando a volar, ni como Anna Pavlova una tarde de abril de 1919 en el Teatro Granat, desplegando su arte en arabescos y fantasías sublimes, diciendo adiós a México como una diosa, magnífica. No, la bailarina Frida Kahlo, para servir a usted, encallada en un delirio que no conoce la pesantez. Entre el cloroformo y la cocaína, la sangre y la sangre, las lágrimas y las lágrimas. ¿Bailarina? La muerte, la muerte bailaba alrededor de mi cama.

Muchas veces he dicho, e incluso escrito: "Pies, ¿para qué os quiero, si tengo alas para volar?". Burla extrema, hermana de la desesperación. No tengo ni alas ni pies.

¿Bailarina? Ahora hasta sería capaz de reírme. Con una de esas risas negras y estridentes que hacen callar a todos, o sonreírse, incómodos.

Pero ya no quiero hablar de esas pesadillas. Basta.

La imagen en el espejo

"Martes, a 13 de octubre de 1925
"Alex de mi vida:
"Tú mejor que nadie sabes todo lo triste que he estado en este cochino hospital, pues te lo has de imaginar, y además ya te lo habrán dicho los muchachos. Todos dicen que no sea yo tan desesperada; pero ellos no saben lo que es para mí tres meses de cama, que es lo que necesito estar aquí, habiendo sido toda mi vida una callejera de marca mayor, pero qué se va a hacer, siquiera no me llevó la pelona. ¿No crees? . . .

Friducha
TE ADORO".

"5 de noviembre de 1925
". . . si no vienes es porque ya no me quieres nada ¿eh? Mientras escríbeme y recibe todo el cariño de tu hermana que te adora.

Frieda".

El 5 de diciembre escribió que lo único bueno que le pasaba era que empezaba a acostumbrarse a sufrir.

El 17 de octubre de 1925 llevaron a Frida a su casa, condenada no sólo a guardar cama sino a estar acostada, quisiéralo o no. A ratos, con muchas precauciones, le acomodaban algunos cojines bajo la espalda y así alzaba un poco la cabeza. Sentarse estaba absolutamente prohibido.

Ella trataba instintivamente de erguirse, pero al punto sentía tales dolores que estallaba en sollozos. Con frecuencia habían dicho que ella lloraba con facilidad, y ahora se comprobaba la veracidad de esto.

En el otoño de 1925 le escribía a Alejandro: "Me duele como no tienes idea, a cada jalón lloro a litros". Los médicos seguían dando "diferentes versiones" de cada síntoma, y los cuidados eran primarios: baños calientes, compresas, masajes y algunas inyecciones para aliviar los dolores demasiado violentos. Entre los diagnósticos aproximados, y una familia que pasaba por una época difícil, no se podía esperar mejor medicina. Todos estaban de acuerdo en que poco a poco y dentro de lo posible, Frida "iba mejor".

Su traslado del hospital de la Cruz Roja a la casa tuvo como consecuencia terminar prácticamente con las visitas de sus compañeros de la Preparatoria. Coyoacán estaba demasiado lejos de la escuela, y para la mayoría, demasiado lejos de sus casas. Y además, el estado de Frida era tan lamentable. . .

Un día fue a visitarla uno de los "Cachuchas", pero la familia, considerando que Frida estaba demasiado mal, no le permitió entrar a verla. Lo mismo sucedió otro día con Alejandro, ya restablecido, quien fue cortésmente despedido con la peregrina excusa de que Frida "no estaba". Esa vez Frida lloró de rabia.

Uno de los médicos había dicho a los padres que Frida necesitaba aire y sol. Inmovilizada en cama como estaba, era una de las cosas más difíciles de darle. Además, durante ese periodo, la casa azul, en parte debido a Frida que tantas inquietudes causaba a los suyos (Matilde madre vivía presa de la angustia y mostraba un nerviosismo exagerado, Guillermo había caído en un silencio del cual no salía, las hermanas vivían bajo una tensión tremenda), era profundamente triste. Se encontraba, para emplear las palabras de Henry James sobre su propia casa familiar, "tan viva como una tumba".

En su lecho, Frida intentaba, entre todos sus sufrimientos, poner en claro sus ideas. Evidentemente, lo primero que tenía que suspender eran sus estudios de medicina, y sin duda sus estudios en general. Los cuidados que necesitaba, aunque modestos, devoraban los escasos recursos de su familia, que no podría pagar la inscripción en la Escuela Nacional Preparatoria ni hacer frente a todos los gastos que eso implicaría. Y además, era imposible saber hasta dónde podría valerse por sí misma después de esos largos meses de inmovilidad. Ya se decía que no iba a poder mover uno de los brazos porque el tendón se había encogido. Y en cuanto a la pierna más maltratada, a la pelvis, a la espalda, no se podía prever nada. Frida contaba sus horas de incertidumbre, de tormento, en esos meses en que se estaba jugando una gran parte de su destino, y ella en cierta medida lo sabía. Por momentos, la inminencia de su desaparición le parecía aún probable, cuando todas las tentativas de tranquilizarse, de tranquilizar a los suyos, de interesarse en las noticias de afuera, de leer un libro, de hacer o recibir una broma, resultaban infructuosas frente al dolor que la arrasaba sin misericordia. Como cuando sintió que Alejandro se alejaba, con el pretexto, según supo, de que algunos meses antes ella había tenido una relación con un tal Fernández. . . Desde lejos, ¿cómo explicarle, cómo disipar o explicar los rumores que corrían sobre ella, cómo expresarle su amor, cómo retenerlo?

Desesperadamente, seguía escribiéndole a Alejandro sobre su amor, asegurándole que duraría eternamente, contra viento y marea, aunque él no la quisiera, aunque la rechazara sin consideración. Que incluso, si era necesario, ella estaba dispuesta a cambiar, a modificar su carácter, para que él volviera a quererla.

Silencio de Alejandro, por algún tiempo todavía. Tristeza de Frida.

Contra toda esperanza, se restableció. O quizás, más precisamente, sobrevivió. A mediados de diciembre, Matilde hizo publicar en un periódico el agradecimiento de la familia Kahlo a la Cruz Roja que había salvado a su hija.

—Gracias a Dios, vamos a pasar una Navidad feliz —le decía Matilde a Cristina—. Jamás le agradeceremos bastante a Dios haberla salvado. Toda la vida no sería suficiente.

E incitaba a sus hijas a rezar, a rezar mucho.

El 18 de diciembre, exactamente, Frida dio su primer paseo. Con vendas y curaciones en distintas partes del cuerpo, débil a pesar de su lado atlético, se paró a esperar un camión que la llevara al centro. Se sentó adelante y a cada frenada que sacudía un poco a todos, el corazón se le aceleraba y se sentía desfallecer. Tenía miedo de desmayarse, pero se esforzaba por controlar sus intensas emociones porque pensaba que acababa de pasar lo peor, y aprender de nuevo la vida cotidiana no debía ser más que una formalidad.

Anduvo un momento por el Zócalo y por las calles de los alrededores. Caminaba lentamente, como con miedo de caerse. Los días anteriores había caminado por su casa y por el jardín, pero fue sólo allí, en el corazón de México, donde volvió a sentir con precisión cada uno de sus miembros. Sentía cada músculo que se estiraba, cada articulación que se movía, percibía cada uno de sus gestos como resultado de los engranajes de la mecánica de su cuerpo. Su cuerpo se le aparecía como una maquinaria mágica. Flotaba pensando que las moléculas debían sentir esa misma ligereza, renacimiento después del apocalipsis, nuevo ser salvado de las olas mortíferas de la tempestad.

Frida se sentía feliz. Aspiraba los olores familiares del Zócalo, miraba si los vendedores ambulantes no habían cambiado de lugar, de colores. Todo estaba igual, incluso la vieja tuerta que pedía limosna frente al Monte de Pie-

103

dad, con su falda de satín verde hecha jirones, el organillero con su elegante chaleco, que daba vueltas a la manija de su instrumento cerrando los ojos y moviendo su cabeza redonda, la vendedora de frutas ya cortadas en cuatro y salpicadas de chile, que siempre le decía "bonita" y le indicaba el precio con los dedos, nunca con palabras.

El cielo estaba gris, desteñido, pero Frida sentía como nunca antes de ese día, que vivir era hermoso. En el atrio de la catedral compró un pequeño corazón de metal blanco, apenas más grande que una lenteja. En el interior, lo sujetó con un alfiler a una especie de cojín chato colocado cerca de la Virgen de Guadalupe, haciendo un voto por ella y por Alejandro. Después encendió seis cirios: por ella, por sus hermanas y por sus padres. Al salir compró otro corazoncito.

"Le escribiré una carta", pensaba. "Pero antes voy a ir hasta San Rafael a ver si está en su casa. . . De todos modos, mi jefe sabe que no vuelvo a comer. . . voy a comer con Agustina Reyna. . .".

"19 de diciembre de 1925
"Alex: Ayer fui a México sola a dar una vuelta, lo primero que hice fue ir a tu casa (no sé si estaría mal hecho o bien hecho), pero fui porque sinceramente tenía ganas de verte. Fui a las 10 y no estabas, te esperé hasta la una y cuarto en las bibliotecas, en la tienda, volví como a las cuatro a tu casa y tampoco estabas; no sé adónde estarías, ¿qué, sigue enfermo tu tío? . . .".

Esa tarde su amiga Agustina le dio a entender que se decía que ella, Frida, no valía un cobre, y que su compañía no era recomendable. A lo que ella respondió que valía infinitamente más que un cobre y que si sus viejos amigos, por razones tan oscuras como injustificadas, no querían seguir teniéndole confianza, ya se encontraría ella otros de su nivel.

Pero en el fondo se sentía herida, mucho más que por los rumores que corrían sobre ella, y a pesar de que muy probablemente el principal instigador era Alejandro, por el hecho de que éste hubiera sido capaz de retirarle su amor por completo.

Y las cartas se sucedían, cartas en que le suplicaba que no la abandonara por ningún pretexto, jamás, le imploraba que creyera en su sinceridad, le juraba un cariño que el tiempo no desmentiría, le daba todos los días citas a las que él no acudía. El 27 de diciembre le escribió:

". . . No puedo por nada de este mundo dejarte de hablar. No seré tu novia, pero siempre te hablaré aunque me hagas las peores groserías. . . porque te quiero más que nunca, ahora que te me vas. . .".

Llegó el año nuevo sin que el ausente regresara. La primavera llegó paso a pasito, sin que ninguna brisa trajera a Alejandro. Frida, todavía reponiéndose de un accidente que seguía vivo en sus pesadillas nocturnas, sufría el reverso del "mal de amores"; la pena de amor. Pero no podía doblegarse. Defendía su amor, lo embellecía, se aferraba a él, lo liberaba en cartas como ríos, esperaba, no abandonaba nada y lo ofrecía todo.

Pese al dolor, pese a su cuerpo maltrecho, no era ella puro llanto, sino pura fuerza. Por un lado, desplegaba tesoros de energía para recobrar su aplomo; por el otro derrochaba tesoros de ternura para ser querida.

Guillermo no dejaba de repetir en silencio que en verdad su hija poseía una vitalidad fuera de lo común. Lo había dicho en cuanto nació, al elegir su nombre. Lo había sostenido después, cuando los suyos juzgaban que la niña era demasiado inquieta, igual que los maestros y los vecinos. Él la observaba y se sentía lleno de confianza:

esa fuerza y esa inteligencia conjugadas siempre la sacarían adelante. Sin embargo, también tenía que rendirse a la evidencia de que no conseguiría reunir el dinero necesario para los cuidados que necesitaba Frida y a la vez para sus estudios. La salud tenía que pasar antes que todo lo demás. Ignoraba cómo resolvería ella la situación, pero estaba convencido de que haría de su vida algo de lo que podría estar orgulloso. "Es distinta de las demás, y esa es su ventaja. Ella sabrá aprovecharlo todo".

Una mañana, Frida despertó al alba. Nadie de la casa había abierto los ojos todavía. Frida no podía volverse a dormir, quizás hubiese tenido una pesadilla de esas cuyo recuerdo trataba con todas sus fuerzas de ahuyentar, pero que le dejaban en el cuerpo una sensación de fatiga desacostumbrada desde las primeras horas del día.

Apartó las cobijas y se levantó sin hacer ruido. Con su camisón de algodón todo arrugado y descalza, pasó al lado de Cristina, que dormía con los puños cerrados. Atravesó la casa, abrió la puerta que daba al patio y aspiró profundamente el aire todavía fresco. Después descendió los pocos peldaños y fue a sentarse al pie del cedro de su infancia.

La tierra estaba húmeda, algunos pájaros cantaban en el silencio del amanecer, en esa luz incierta. Frida se apoyó en el tronco rugoso, se estremeció y se encogió un poco más sobre sí misma. Tenía ganas de llorar. "Lagrimilla", le decía Alejandro. "Quizá llore con facilidad, pensó ella, pero por Dios, tengo bastantes motivos. Si ya no tuviera ni fuerzas para llorar, probablemente estaría muerta. Pues así es, tengo ganas de llorar. De alegría, de tristeza, no lo sé ni yo misma. . ."

La angustia la invadía lentamente, imposible distraerse. Frida se puso a dibujar figuras geométricas con el dedo índice sobre la tierra seca. De pronto, la idea le atravesó el espíritu, como una flecha: "¡El hijo!" Sin duda, nunca

106

podría tener hijos. Era algo de lo que nadie hablaba, nunca. O al menos, no delante de ella. Le hablaban de la pierna, de la espalda, del brazo, de los dedos del pie. De un problema urinario, de un porvenir de estudiante ahora comprometido. ¿La matriz desgarrada? ¿La pelvis hecha pedazos? Cosas demasiado poco importantes para mencionarlas. O lo contrario. Ciertamente le habían hecho saber que en el accidente había perdido su virginidad, y se habían apresurado a tranquilizarla sobre la importancia del suceso.

Pero, ¿un hijo? ¿Sería posible concebir, tener un hijo, con un vientre destrozado como lo había sido el suyo? Tema prohibido.

Frida rumiaba ideas tristes. No, no tendría hijos. Lagrimilla, con toda razón. Luego se dominó, pensando que después de todo aún no había nada seguro, que los médicos nunca sabían lo que decían, que anticipar la suerte jamás servía para nada y que, de todos modos, en el peor de los casos, siempre podría adoptar niños indios necesitados. Iría a buscarlos en el fondo de Quintana Roo, en algún pueblo perdido en la selva, o bien por Oaxaca, en la costa del Pacífico, donde los niños olían a sal y al viento del mar, niños de Puerto Escondido, por ejemplo, angelotes.

Como no había nada claro, era mejor considerar lo peor, precaución elemental para ahorrarse sorpresas desagradables. "Hazte a la idea de que no vas a tener un hijo nunca. Será lo mejor para ti".

El Sol calentaba suavemente sus miembros, entumecidos por el contacto con la tierra. Levantándose, se desperezó y regresó a la casa. En la sala encontró una tarjeta color crema y una pluma fuente pertenecientes a Guillermo. Se instaló ante la mesa de la cocina y escribió:

LEONARDO
NACIDO EN LA CRUZ ROJA EN EL AÑO DE GRACIA
DE 1925 EN EL MES DE SEPTIEMBRE
Y BAUTIZADO EN COYOACÁN AL AÑO SIGUIENTE

Metió la tarjeta en un sobre, sin saber bien por qué
la había escrito ni si la iba a mandar. En su cabeza se
mezclaban imágenes: el hospital de la Cruz Roja, el accidente, un parto ficticio, el posible o imposible bebé, el
vestidito de bautismo que le hubiera hecho Matilde, los
abrazos después de la ceremonia, las felicitaciones de
los amigos, su curiosidad por conocer al padre del niño.
"Secreto, se decía Frida, secreto".

Matilde encontró a su hija acodada a la mesa de la
cocina, perdida en sus pensamientos.

—¿Qué haces ahí? —le preguntó.

—Nada, vine a tomar un poco de agua.

Matilde la miró, escéptica.

—Podrías haberte puesto la bata.

—Mmmm... ya voy..., ya me voy a vestir.

—Dime, ¿te sientes mal? ¿Te duele algo?

—Para decirte la verdad, me duele todo.

—¡Frida, cuidado! Con esas cosas no se juega. ¿Te
duele algo concreto?

—¿Concreto? A ver... Lo más concreto que puedo
encontrar... es quizás el corazón. El corazón está cansado... y a lo mejor, el cuerpo también...

—Pero, ¿de qué estás hablando?

—Está en la poesía francesa.

—Pero yo te estoy hablando de cosas serias ¡y tú me
hablas de poesía!

—Me voy a vestir... Voy a estudiar un poco de alemán... y a leer a Proust. Hace una eternidad que Alejandro me prestó sus libros.

Mientras se vestía, Frida pensó que, en efecto, iba a
leer a Proust. Se lo diría a Alejandro, no volvería a hablarle de amor, le hablaría de las cosas que le gustaban,

del Renacimiento italiano, de todos esos franceses, de los autores rusos. . .

Se acercó a Cristina, se arrodilló junto a su cama, junto a la cabeza dormida sobre la almohada, y empezó a cantarle:

Una paloma cantando pasa
Upa mi negro que el Sol abrasa
Una paloma cantando pasa
Upa mi negro que el Sol abrasa. . .

Cristina entreabrió los ojos, se los frotó, sonriendo, y volvió a cerrarlos. Frida prosiguió:

Ya nadie duerme ni hasta en su casa
Ni el cocodrilo ni la yaguasa
Ni la culebra ni la torcaza
Coco cacao. . .

Cristina terminó por sentarse en la cama, totalmente despierta. Frida abrió los postigos y se instaló frente al espejo.

—Creo que nunca llegaré a hacerme bien el nudo de la corbata —dijo.

—¡Pues también, qué idea de vestirse como hombre!

—Parece tan romántico. . . No me vas a decir que este traje no es magnífico. . . Mira nada más este pantalón con vueltas, este chalequito. . . Espera, al saco le falta el bolsillito. . . Me peino con un chongo divino y ya está. . . Escucha, Cristina, no me vas a decir que no es lindo ni. . .

—Claro, claro, se te ve muy bien. . . De nuevo vas a dar que hablar. . . Y vas a hacer gritar a mi mamá.

—Escucha, su hija sufre lo suficiente para merecer algunas compensaciones. . . ¿Crees que puedo enviarle a Alejandro la fotografía que nos tomó mi papá en que estoy vestida así, con el bastón?

—¡Haces cada pregunta!

Mientras se arreglaba el chongo, con la boca llena de pasadores, Frida se había acercado a la fotografía, colocada sobre la cómoda.

—A mí me gusta muchísimo esta fotografía. Adri la niña perfecta, Cristi la coqueta con su cabellito bien arreglado y su mirada encantadora, Frida la terrible, la prima Carmen siempre un poco arrinconada, Carlitos preguntándose qué diablos hace en una fotografía con tantas niñas. . .

—Deja ver —dijo Cristina— antes que llegues a la conclusión de que eres tú la más linda.

Frida se echó a reír.

—Es muy posible. Pero sólo en apariencia.

Algunos días después, Frida recayó. Era a fines del verano, 1926. Un año casi día por día después de su accidente, se encontraba de nuevo inmovilizada, en cama. Se comprobó que tenía tres vértebras desplazadas y complicaciones en la pierna derecha. Le prescribieron un corsé de yeso por varios meses y una prótesis para la pierna.

Las horas de llantos y gemidos recomenzaron y durante las primeras semanas otra vez reinó la locura general. Matilde estaba nerviosa, Guillermo guardaba silencio, Frida se lamentaba de su aislamiento, Cristina estaba demasiado solicitada, Adriana y Matilde hacían lo que podían. Pero las exigencias del dolor pueden superar la mejor voluntad.

Poco a poco Frida se calmó y, aunque seguía en cama, volvió a sentir gusto por la vida. Leía, escribía cartas a sus amigos, llenaba páginas de dibujitos que representaban escenas de su vida, deseos, emociones, y que a menudo agregaba a su correspondencia. Bromeaba con sus hermanas, maldecía a los médicos tratándolos de ladrones.

Sus momentos de desesperación, vertiginosos, eran tan fuertes como la única cosa capaz de oponérseles: ímpetus vitales indescriptibles, que dejaban a todos los demás agotados.

Frida leía a Proust, como se lo había prometido. Metida en su corsé y reclinada como podía sobre dos o tres cojines, se sumergía en la lectura, trataba de concentrarse en el texto pese a todas las incomodidades que vivía.

"Y aun cuando yo no tenía tiempo para preparar las cien máscaras que es conveniente poner a un solo rostro... mi relación con Albertina bastaba para mostrarme que es preciso representar no sólo fuera sino dentro de nosotros mismos".

"Lo miraba, con esa mirada que no es sólo portavoz de los ojos, sino a cuya ventana se asoman todos los sentidos, ansiosos y petrificados, la mirada que querría tocar, captar, llevarse el cuerpo al que mira y el alma con él".

Entre las frases, las páginas, los volúmenes, Frida reflexionaba, se esforzaba por comprender, por aproximar esa literatura a algo que pudiera conocer. Ante todo, esos libros se le aparecían como una gran fotografía panorámica, precisa, interminable. Se lo escribiría a Alejandro. O se lo dibujaría.

Uno de esos largos domingos en que se reunía toda la familia, Matilde penetró en la recámara de Frida seguida por Guillermo, su tío, Adriana, una caja de herramientas y grandes trozos de madera. A Matilde se le había ocurrido la idea de transformar la cama de Frida, una cama corriente, en un lecho mucho más refinado, regio: una cama de baldaquín. Desplazaron a la enferma y todos se pusieron a trabajar con gran entusiasmo. El mismo día quedó lista la nueva cama. Y el remate de la obra fue un espejo sujeto al cielo de la cama. "Así, hija mía, podrás verte siquiera", había dicho Matilde, satisfecha de su iniciativa.

Cuando Frida vio su imagen en el espejo, cerró los ojos, aterrada, ya que no podía volverse en la cama para esquivar el reflejo. ¿Con qué tenía que enfrentarse? ¿Con su propia imagen, chata, con el arreglo de su chongo cada

mañana, con el desorden de su cama donde se amontonaban cuadernos, hojas sueltas, lápices, libros, cartas, una
querida muñeca de trapo? ¿O con su cuerpo atormentado
por el corsé, con su cara seria que ocultaba el dolor, con
un rictus fijo para no estallar en sollozos? ¿Y pensaban
que frente a su doble se iba a sentir menos sola?

De repente le parecía estar aún más a merced de sí
misma. No había escapatoria posible. En cuanto levantaba los ojos, Frida veía a Frida, observaba su desesperación silenciosa, se arrojaba sobre ella. Frida sonreía, Frida-espejo sonreía también, apaciguada. Frida se odiaba
al verse así, inválida: el ojo de Frida-espejo se endurecía
sin complacencia. Frida languidecía por Alejandro, Frida-
espejo se desolaba y palidecía. Frida garabateaba algunas
palabras en un papel, Frida-espejo leía todo por encima
de su hombro. Espejo implacable, compañero curioso.
Presente, inevitable. Una sola solución para convivir:
adoptarlo en una forma u otra, halagarlo, sacar el mejor
partido posible de él. Hallar el modo de convivir, expri-
mirse el cerebro hasta hallarlo.

¡El espejo! Verdugo de mis días, de mis noches. Imagen tan traumatizante como los propios traumatismos. Todo el tiempo esa impresión de ser señalada con el dedo. "Frida, mírate". "Frida, contémplate". Ya no hay sombra de verdad dónde esconderse, ni cueva dónde retirarse, entregada al dolor, para llorar en silencio sin marcas en la piel. Comprendí que cada lágrima traza un surco en la cara, por joven y tersa que sea. Cada lágrima es una fragmentación de la vida.

Escrutaba mi rostro, mi mínimo gesto, los dobleces de la sábana, su relieve, las perspectivas de los objetos dispersos a mi alrededor. Durante horas, me sentía observada. Me veía. Frida adentro, Frida afuera, Frida en todas partes, Frida hasta el infinito.

Pero no había sido un mal chiste de mi madre. Todo lo contrario: para ella era una idea ingeniosa, utilitaria. Yo no tenía valor para reprochársela. Tendría que vivir tragando saliva para ahogar mi desagrado violento.

Hacía mucho tiempo que tenía la costumbre de representar en mis cartas escenas de mi vida corriente, y también mis deseos. Mis amigos, ya en la escuela, decían: "¡Siempre con tus garabatos!". Y en realidad no eran dibujos, apenas garabatos.

Pero de pronto, allí bajo ese espejo omnipresente, se hizo imperioso el deseo de *dibujar*. Tenía tiempo, no sólo para trazar líneas sino para infundirles un sentido, una forma, un contenido. Comprender algo de ellas, concebirlas, forjarlas, retorcerlas, desligarlas, reunirlas, llenarlas. Al modo clásico, para aprender utilicé un modelo: yo misma. No fue fácil; por más que una misma sea el tema más evidente, también es el más difícil. Uno cree conocer cada fracción de su cara, cada rasgo, cada expresión, pero ahora todo se burla. Una es una misma y otro; una cree conocerse hasta las puntas de los dedos, y de pronto siente que su propia envoltura se escapa, se vuelve completamente extraña a lo que la llena. En el momento en que uno siente que no soporta más verse, comprende que la imagen que tiene delante no es una misma.

Me han preguntado muchas veces por esa persistencia en el autorretrato. Al principio no tenía elección, y creo que esa es la razón fundamental de esa permanencia del yo-sujeto en mi obra. Pónganse en mi lugar por cinco minutos. Por encima de la cabeza, la propia imagen, y más exactamente la propia cara, porque el cuerpo estaba generalmente oculto por las sábanas. La cara, pues. Obsesiva, casi perseguidora. O la obsesión nos devora o hay que verla de frente. Hay que ser más fuerte que ella, no dejarse devorar. Tener fuerza, destreza.

Del modo más académico, hice de mí misma mi modelo, mi tema de estudio. Y me apliqué.

Mi padre me trajo tubos de pintura y poco a poco pasé del dibujo al color. El color se me volvió indispensable. Quizás era simbólico, en esa sombra en que mi vida, luciérnaga palpitante, trataba todavía de abrirse camino. El color fue un verdadero descubrimiento, una alegría absoluta. El mundo se iluminaba. Mi tiempo adquiría otra dimensión. Nadie podrá negarlo: el arte necesita tiempo. Para reflexionar, para obrar, para profundizar. Disponía pues —¡regalo del accidente!— de ese factor, si no indispensable, al menos precioso: la libertad de trabajar a mi manera, a mi ritmo.

Hasta ese momento no recuerdo haber pensado nunca en pintar. Yo quería estudiar medicina. En la pintura estaba interesada igual que todos los "Cachuchas": forma-

114

ba parte de un universo cultural que nosotros queríamos asimilar. Es verdad que había sentido verdadero placer viendo a Diego, por ejemplo, pintar el mural de la Escuela Nacional Preparatoria. Era algo fascinante, grandioso. Pero de allí a pintar yo misma. . .

Tenía que aprender la técnica por entero. Además, no sé si la he adquirido realmente hasta hoy. En verdad me apliqué mucho, con paciencia, minuciosamente. No copié nada ni a nadie. Todo está en el ojo. Agudo, caleidoscópico.

En aquella época se me había metido en la cabeza leer a Proust. Me impresionó mucho el modo como hablaba de Zéphora, la hija de Jetro, representada por Botticelli, que se encuentra en la capilla Sixtina. Tuve curiosidad por encontrar una reproducción de ese fresco en un libro. Contemplé largamente ese rostro, ligeramente inclinado, de una belleza conmovedora. El escritor establecía un paralelo entre el rostro pintado y el de la mujer amada. Yo comprendía, ¡y cuánto!, la importancia de un rostro. Como nunca antes. Un rostro es una clave. Un rostro lo dice todo. Fue una revelación, creo que esa es la palabra. Debo mucho a esas líneas del escritor francés, a ese rostro de Botticelli. Intervinieron ante mi imagen en el espejo como elementos sagrados. Una confirmación. El círculo se cerró.

Mi primer cuadro fue para Alejandro. Naturalmente.

Me represento, cara y busto, esbelta, sobria, calmada, firme. Refinada, serena: no aparece nada de la tumultuosa Frida. Miro al espectador, en este caso Alejandro: lo espero. Al dorso de la tela escribí:

Frida Kahlo a los 17 años
en septiembre de 1926. Coyoacán.
*"Heute ist Immer Noch".**

* "Aún existe el ahora".

Le agregué una nota en que le decía que allí tenía su "Botticelli"; le pedía que lo cuidara, que lo pusiera en un buen lugar, que lo contemplara. Una manera ingenua de recordármelo, el esteta.

Así, no rompí el espejo que al principio tanto me había atormentado. Hubiera destrozado mi identidad misma. Y, para llevar más lejos el análisis, no es sólo reflejar mi imagen lo que he hecho al pintarla, sino recomponer la otra imagen, la realidad de mi cuerpo, esa sí, realmente rota.

Le robé la imagen al espejo, que había estado a punto de robarme mi identidad a fuerza de perseguirme, de cuestionarme constantemente.

Europa, sueño lejano

"Sin prestar mucha atención, empecé a pintar".

Frida Kahlo.

Cuando pintó su primer cuadro, regalo de amor para Alejandro, Frida tenía diecinueve años.

Por lo tanto, la pintura no nace en ella de lo que se suele llamar "una vocación precoz". Surge bajo una doble presión: un espejo que, por encima de su cabeza, la acosa, y todo su propio fondo de dolor que sube a la superficie. Dos elementos esenciales conjugados. . . y llega la pintura. Laboriosamente, con suavidad, aflora.

La iniciativa de Matilde se perfecciona. Una especie de tabla de dibujo, colgada del techo de la cama, completa el uso del espejo. Es gracias a esa audaz estratagema como Frida, encorsetada, impedida en sus movimientos, casi paralizada por orden médica, trabaja en su cuadro.

Minuciosamente ejecutado, ese primer autorretrato da de Frida la imagen de una joven perfecta. Bella, impasible pero presente, con un vestido color de vino de cuello bordado, mira directamente a los ojos de quien la contempla. La mano derecha, fina, alargada, se destaca del cuadro, lisa como marfil. Frida parece ofrecerla a quien quiera tomarla. Invitación a Alejandro.

El cuadro no podía pasar inadvertido para la sensibilidad artística del muchacho, y lo conmueve. La obra, surgida de la luz después de las tinieblas, como un diamante, brilla con un fulgor personal, raro, inesperado. Después de un largo periodo de indiferencia manifiesta, aunque quizá sólo aparente, la pintura de Frida sirve para reanudar una relación cuya ruptura era insoportable para ella. Alejandro contempla ese regalo fuera de lo común, entrega total; lo emociona, y es adoptado.

El destinatario toma la mano que se ofrece.

Sin embargo, Frida no puede moverse de su cama y Alejandro sigue espacialmente lejos, en sus ocupaciones. Pero un lazo que había parecido debilitarse vuelve a unirlos irresistiblemente, aunque sea a distancia.

El último trimestre del año 1926 transcurre en ese contexto: Frida clavada a su cama, Alejandro cada vez más presente, aunque sólo sea simbólicamente. Frida y sus cartas, sus horas de espera, sus esperanzas, sus ímpetus de alegría excesiva que tratan de contener penas y dolores, su pintura que nace con cuidado, con ternura, con fuerza. Va viviendo la vida día a día, sin atreverse a formular ningún proyecto para el futuro.

Poco antes de Navidad, a la hora del almuerzo, al tratar de acomodarse mejor en la cama, Frida se agita:

—¡Mamá! ¡Mamá! No siento nada. . .

—¿Cómo? ¿Qué dices?

—No siento nada en el brazo, en la pierna, en el cuerpo. . .

—¿Sientes un hormigueo?

—Nada, no siento nada. . . seguramente me voy a morir. . .

—Vamos, Frida, un poco de sensatez. Ahorita regreso.

Matilde se echa encima un abrigo y corre a casa de una vecina a pedirle que llame al médico, rápido. Habla con lágrimas en los ojos y retorciéndose las manos, llena de inquietud.

El médico no tardó en llegar. Todo el costado dere-

cho del cuerpo de la enferma estaba profundamente ador-
mecido, sin reacciones. El médico la masajeó, la pinchó.
Pasó una hora, una hora y media, interminable. De pronto, una sensación de hormigueo invadió el cuerpo de
Frida. El médico volvió a masajearla, cosa nada fácil con
un corsé y un aparato ortopédico en la pierna.

—¡Dios mío, siento alfilerazos! —exclamó Frida.

—Es que todo se riega, ¿ve usted? nada se muere tan
fácilmente —dijo el médico.

—Pero, ¿a qué se debe semejante cosa?

—Pues vea usted, es bastante normal, considerando
el tiempo de inmovilidad que lleva su cuerpo.

—Y, ¿me va a pasar con frecuencia?

—No lo sé. . . este tipo de cosa no es fácil de saber.
La sensación no se repitió.

El año 1927 empezó con un viaje de Alejandro a
Oaxaca. Frida le escribió varias veces, pidiéndole un pei-
ne de madera y alguna receta para "engüerar el pelo",
entre otras cosas.

Al regreso de ese viaje, Alejandro partió para Europa, sin esperar más. Era un viaje largo, planeado por
sus padres con el objetivo expreso de que prosiguiera
allá sus estudios y con el objetivo secreto de alejarlo de
Frida, demasiado original para sus gustos, y además inválida.

Frida soportó el golpe, sin poder reaccionar, sin poder
moverse, sin poder hacer otra cosa que llorar, una vez
más. Además, tenía ese orgullo invencible que, pasados
los primeros movimientos de humor violento, le daba un
aspecto de dignidad total. Pero ella había soñado con marcharse con Alejandro a los Estados Unidos y quién sabe
adónde, y ahora Alejandro se iba solo. Una gran parte
de su mundo adolescente se desplomaba en ruinas.

Alejandro se embarcó en Veracruz.

Frida empezó inmediatamente a escribirle largas cartas, único testimonio de lo que era ella, de lo que vivía:

"10 de enero de 1927
"Estoy como siempre, mala, ya ves qué aburrido es esto, yo ya no sé qué hacer, pues ya hace más de un año que estoy así y es una cosa que ya me tiene hasta el copete, tener tantos achaques, como vieja, no sé cómo estaré cuando tenga treinta años, me tendrás que traer envuelta en algodón todo el día y cargada... ¡Estoy *buten buten* de aburrida!... Esta casa en donde tengo un cuarto ya la sueño todas las noches y por más que le doy vueltas y más vueltas ya no sé ni cómo borrar su imagen de mi cabeza (que además cada día parece más un bazar). ¡Bueno! qué le vamos a hacer, esperar y esperar... ¡Yo que tantas veces soñé con ser navegante y viajera! Patiño me contestaría que es *one* ironía de la vida. ¡Ja ja ja ja! (no te rías)... Bueno, después de todo, conocer China, India y otros países viene en segundo lugar... en primero ¿cuándo vienes?... Espero que sea mucho muy pronto, no para ofrecerte algo nuevo pero sí para que pueda besarte la misma Frida de siempre...".

El 10 de abril escribe que, además de sus propios pesares, ahora sufre porque su mamá está enferma y su papá preocupado por la falta de dinero. El 25 le cuenta cómo no le pudieron poner el nuevo corsé de yeso que debían haberle colocado ese día porque su padre no tenía los sesenta pesos necesarios, y a continuación afirma que en realidad sí podrían haber conseguido el dinero, pero en su casa nadie cree que esté verdaderamente enferma. Sólo su madre se compadece de ella, y ahora se ha enfermado y los demás piensan que es por culpa de ella. Se queja de que no tiene nada bueno que leer, y tampoco deseos de hacerlo: "No puedo hacer más que llorar, y a veces ni siquiera eso puedo hacer".

Un corsé reemplaza al otro. Finalmente le colocaron el nuevo, en el Hospital Francés. La fabricación del corsé duró cuatro horas y fue un martirio para Frida, que tuvo que estar colgada de cabeza para que la columna le quedara en la posición correcta mientras la iban envolviendo en las vendas empapadas en yeso, frente a un ruidoso aparato mecánico que hacía de secador.

Cuatro horas de extremo sufrimiento, sin que nadie cercano fuese autorizado a acompañarla. Frida cerraba los ojos, se mordía el labio inferior hasta sacarse sangre, pensando que su cuerpo se iba a quebrar, simplemente, y que nada iba a quedar de ella más que pedacitos desparramados, carne y yeso mezclados por el suelo.

A la una de la tarde salió del hospital. Su hermana Adriana la llevó de regreso a la casa. El corsé todavía estaba húmedo.

Ese nuevo corsé, tan ansiosamente esperado, la torturó al principio más que los anteriores. No sólo le causaba dolores, sino que tenía la sensación de que sus pulmones no tenían espacio para respirar, tan apretados estaban. No conseguía tocarse la pierna derecha. No conseguía caminar. No podía dormir.

Frida desesperaba, y adelgazaba a ojos vistas.

No había alegría en la casa. Guillermo sufría ataques de epilepsia, Matilde empezó también a tener "ataques", con síntomas idénticos a los de su marido. La situación económica era desastrosa. Los días floridos de la casa azul habían quedado muy lejos.

Frida estaba tan mal que repetía constantemente que se moriría si cuando llegara el momento de quitarle el corsé tenía que sufrir igual que para ponérselo.

Pero a pesar de todos sus sufrimientos, no interrumpía la correspondencia con Alejandro. En cierto modo, él la ligaba a la vida, su existencia le daba esperanzas, valor. Le escribía todas las semanas, a veces todos los

121

días. Le comunicaba sus lecturas (Jules Renard, Henri Barbusse), sus proyectos de pintar en cuanto pudiera moverse un poco mejor, sentarse, levantarse de la cama que llamaba "esta caja", "este ataúd", universo cerrado sobre ella misma.

Una noche, regresando de su trabajo, después de cenar y de tocar el piano como de costumbre, Guillermo entró en el cuarto de Frida.

Ella dejó a un lado el libro, abierto, y miró a su padre.

—Entonces, gran hombre, ¿cómo van los negocios?

Guillermo hizo con la mano un gesto evasivo y se sentó en la cama.

—Hija mía, en cuanto estés mejor, te prometo llevarte a hacer un viaje. Y después nos ocuparemos de tu futuro.

Los ojos de Frida brillaron.

—¿Y con qué dinero, si no es indiscreción?

—Bueno, calculo que si tú te mejoras podremos reducir los gastos. ¿No crees?

—Pues yo no pido nada mejor. ¡Salir de esta cárcel, por fin. . . ! ¿Y adónde?

—Al interior de México, adonde tú quieras.

Guillermo se levantó y se acercó al retrato todavía fresco de un hombre joven, colocado sobre una silla al lado de la cama.

—Es el retrato de Chon Lee, un compañero —explicó Frida.

Guillermo lo observaba con atención.

—¿Qué te parece?

—Estaba pensando en aquellos tiempos cuando te enseñaba fotografía. . . No tenías nada de paciencia, pero para pintar sí la tienes.

Frida sonrió, buscando una respuesta.

—Es porque a la fotografía le faltaba el color. . . Mientras que esto. . . me encanta, no puedo negarlo.

Guillermo volvió a sentarse en la cama.

—Es una respuesta, sin duda. Pero quién sabe si es la verdad.

—Supongamos que es la verdad.

—Supongamos.

Permanecieron silenciosos un momento. Frida continuó:

—En cuanto a mi futuro, sabes, no hace falta que te preocupes demasiado. Ahora creo que no podría hacer otra cosa que pintar.

—¡Ah! —lanzó Guillermo, irónico.

—A de artista. . .

—¿Y de qué vas a comer? ¿De azul cobalto y amarillo canario? ¿Algunos pigmentos aquí y allá serán vitaminas suficientes para mi *liebe* Frida?

—Ya me las arreglaré, papá, te doy mi palabra. . .

Guillermo no prosiguió el diálogo. Preguntó a Frida si necesitaba algo para la noche y como ella respondió negativamente, se alejó después de darle un beso.

¡Hacer un viaje, salir de su cuarto de enferma: el sueño! Frida sentía deseos de saltar de alegría, de correr a gritarlo por todas partes. . . pero esas mismas ganas le provocaban malestares. Se concentró, tratando de contener sus emociones dentro del corsé. Respiró profundamente, con ritmo medido, para aflojar todo su cuerpo. Entonces su espíritu se puso en marcha.

¿Adónde ir? Hacia el mar, sin duda. Para experimentar esa sensación de partir hacia un país lejano. Un puerto, pues. ¿Del Pacífico? No, era poco probable que algún día embarcara hacia el Japón. Evidentemente, tenía que ser Veracruz. Para soñar con Europa, ese laberinto de países y de riquezas diferentes unos de otros. Para tratar de descubrir lo que había sentido su padre al venir de Alemania. Para tratar de vivir lo que había sentido Alejandro algunos meses antes. Y lo que ella a su vez viviría, algún día.

Frida cerró el libro y luego apagó la luz. Pero no se durmió, siguió soñando despierta hasta muy tarde.

Ya no pensaba que me iba a morir. O digamos que lo visualizaba menos que unos meses antes. La muerte ya no era la trama de las horas de mis días; se había disuelto en el dolor que soportaba, en el fastidio que me causaba el simple hecho de no ser libre en mis actos, de no poder moverme y salir como me diera la gana, de no poder hacer casi nada sin ayuda de alguien. Dependencia de los demás, insoportable, y un agotamiento permanente: una carga para mí misma. El terror pánico a la muerte había sido relegado a un segundo plano, ciertamente, pero yo estaba siempre en el límite, y verdaderamente, en algunos momentos hubiera deseado morir. Hay una diferencia entre temer algo y desearlo, la imagen oscila en la cabeza. En un caso, se erigen defensas, en el otro el biombo cae por sí solo. . . No sé, podría haber disertado eternamente sobre esas preguntas. . .

Cuando ya había dejado de esperarlo, el cielo se aclaraba de repente; cuando todo me parecía posible, el horizonte se ensombrecía como antes de una mala tormenta. De la luz al gris plomo y del gris plomo a la luz. El desequilibrio, a menos que eso sea el equilibrio, justamente.

Durante toda esa época, Alejandro aparecía para mí como si fuera en el fondo el único elemento que me ligaba a la vida. Pero estaba lejos. Y yo me aferraba a él con tanta más fuerza. Lejos. Se había ido sin decir nada, como un ladrón —o para evitarnos a los dos una escena desgarradora, penosa (a las cosas terribles hay que dejarles el beneficio de la duda). Me enteré una mañana al despertar, por una carta que Cristina colocó al descuido a la cabecera de mi cama. Ay. No había más que eso: ay. Todo se reducía a esa palabra, que hubiera querido gritar hasta el infinito: ay. Aaaaayyyy. Febril, esperaba su regreso de un viaje que había hecho a Oaxaca, y de pronto me enteraba de que se había ido a Europa. Aaaaay hasta que me oyera, dondequiera que estuviese.

Los proyectos de viaje que hacíamos juntos, si a veces podía dudar de que llegaran a realizarse, nunca me habían hecho imaginar que Alejandro podía irse. O quizás yo, como una sobreviviente, estaba ciega; él era tan vital para mí, ¿cómo podía haber imaginado su alejamiento?

En la carta me decía que sólo estaría ausente cuatro meses, pero yo temí que mintiera para ahorrarme tormentos adicionales. En realidad, ya me había mentido: con sobrada razón podía dudar de sus afirmaciones.

Pero en fin, una sigue soñando, un poco a pesar suyo una se agarra de ese salvavidas, de la salvación imaginaria. Una está por ahogarse, pero en la superficie se vislumbra algo que nos hace resurgir. En mis cartas le pedía que me dijera cómo era el Rin, de qué color y de qué anchura, si había en sus riberas castillos habitados por fantasmas, cómo era la catedral de Colonia, cómo eran los cuadros de Durero y de Cranach vistos de cerca. Le preguntaba si tenía intención de visitar la Italia de Leonardo da Vinci y de Miguel Ángel, si pensaba ir a París a agotarse los ojos en el Louvre, a soñar con Esmeralda en el atrio de Notre-Dame, a bailar en Versalles, a asolearse en la Costa Azul. Le pedía que me describiera en detalle la Mona Lisa, todo lo que viera sobre la tela, y que me hablara más de la bella Eleonora de Toledo con su hijo Juan de Médicis, magníficamente pintados por Agnolo Allori, llamado el Bronzino.

Le manifestaba una alegría enorme ante cada uno de sus proyectos. Quizás era una manera de reducir la distancia, de estar más cerca de él, de participar en su vida.

Un modo de no estar excluida de su universo por una simple travesía en barco. Aunque a veces tenía la impresión de haberle escrito demasiado seguido, hasta invadirlo quizás, a mis ojos estaba completamente excusada porque no lo invadía *de verdad*.

La distancia hace ficticias las cosas... Sí... No... cuanto más una cosa se aleja, más se acerca al mismo tiempo, porque ya no pertenece más que a sí misma, a su propio mundo.

A cada paso suyo, mi corazón estaba con él, y menos triste. Y entre él y yo ya no estaba el océano, sino mis cuadros, que poco a poco se fabricaban en mi espíritu. Bien le había dicho que era yo su pequeña Botticelli. A de ay. A de ah, ah, ah.

Veinte años, fuera del tiempo

Pero al llegar a la altura del Bergstein, se
presentó a su vez la idea de mi futuro lejano.
¿Cómo iba a soportarlo, con ese cuerpo res-
catado de un armario de desechos?

Franz KAFKA.

A medida que pasaban los meses, se confirmaba la
evidencia de que Frida sería pintora.

Todo sucedió sin que ella pensara ni en las asechan-
zas de ese camino, ni en la posible gloria: la pintura le
llegó del fondo de sí misma. Fluía de sus aguas mentales,
de su memoria, de su imaginería interior, de las imágenes
exteriores que su historia había integrado. De su cuerpo,
por sus llagas abiertas, la pintura desbordaba, salía de
Frida.

La joven correspondió desde el principio a la definición del artista que obra por necesidad. Por eso mismo
tenía el principal elemento para realizar una obra fuerte
y personal. Buscando en ella misma para escoger un lenguaje, el de la pintura, podría salvarse, hasta donde era
posible, de su estado.

Después de su primer autorretrato emprendió la realización de retratos de los que la rodeaban, de sus amigos.
Cada vez que podía, Frida trabajaba en sus cuadros,
concienzudamente. Dudaba mucho, llegaba a romper y

127

quemar muchas de sus obras, cuando no la satisfacían. Avanzaba con lentitud, producía en pequeñas dosis y en pequeños formatos: lo que su salud le permitía hacer. Según que pudiera estar sentada o sólo acostada, que pudiera mover todo el cuerpo o sólo una parte, la experimentación con su nuevo material se veía impulsada o frenada.

Paralelamente, aparte de sus recursos propios, se documentaba todo lo posible sobre la pintura, leía, continuaba cultivándose y mostraba curiosidad por todo.

De cada una de sus experiencias, de sus estados de ánimo, de sus reflexiones, de sus penas y de sus escasas esperanzas, le hablaba a Alejandro en sus cartas. Le entregaba alternativamente sus debilidades y su valor y le pedía incesantemente que le escribiera, que la quisiera. Se sentía dividida entre el deseo de volver a verlo y el temor de que él no la soportara en el estado en que se encontraba. En mayo de 1927 le dice que es preferible que esté enferma ahora, que él está lejos. Le prometen que mejorará, pero describe su situación en términos sombríos: "...ya me aburro y muchas veces creo que sería preferible que me llevara de una vez... la tía de las muchachas". Tiene lesionado el nervio ciático y otros, dos costillas por lo menos, y repite las palabras de los médicos con terror y fascinación.

En junio le quitaron el corsé que le habían puesto en el Hospital Francés; debía ser reemplazado por otro, que describe como una envoltura gruesa. Pero si había sufrido cuando le pusieron el segundo, el tiempo que pasó sin ninguno, hasta que le colocaron el siguiente, fue otra tortura.

La espalda de pronto sin sostén, después de haber estado estirada casi como la de una mujer-jirafa, le causó a Frida la horrible sensación de que todo su cuerpo se iba a aplastar como un acordeón que se cierra verticalmente, cerrando sus pliegues.

Naturalmente, lloró, pidió ayuda creyendo que se iba a desplomar. La cabeza le daba vueltas, sentía sobre su

128

cuerpo enflaquecido las manos que la sostenían, le llegaban palabras que no conseguía oír del todo.

Temblaba de miedo. Había perdido mucho peso y las cicatrices se destacaban oscuras en la blancura de su piel. Decía que le dolían las piernas, las dos, no solamente la inválida. Todo parecía desordenado: sus propios ojos ya no parecían lanzar miradas sino gritos.

Había soñado con estar sin corsé, y ahora la suerte se daba vuelta y no quería más que una cosa: que le volvieran a poner un corsé.

Con el tercero, más grande que los anteriores, los médicos esperaban evitarle una operación, o por lo menos diferirla. Cada visita a un médico era ocasión de nuevas promesas, en las que Frida no creía en absoluto: estaba convencida de que todos los médicos eran ladrones y no sentían ningún interés por su estado.

Y cada cosa había que pagarla, y los Kahlo en ocasiones no tenían lo necesario para pagar una simple radiografía, que sin embargo era imprescindible. Todo lo que se había podido sacrificar por la salud de Frida se había sacrificado, según Guillermo, en una situación material ya bastante difícil; la casa de Coyoacán había sido hipotecada meses antes, los muebles franceses del salón y hasta las porcelanas y los cristales que habían adornado mesitas y aparadores habían sido vendidos a un anticuario de la calle de Bolívar. Pero apenas alcanzaba para ir tirando.

Frida se sentía vacilar entre su total desconfianza de los médicos, los reproches que no podía contener hacia sus padres, a quienes acusaba de no hacer todo lo posible para que ella fuera atendida como era debido, y su sensación de culpabilidad por ser una carga para su familia. Entonces sostenía con su padre conversaciones interminables en que trataba de convencerlo de que en cuanto fuera posible se pondría a buscar trabajo, conseguiría varios al mismo tiempo si era preciso, para aligerar las dificultades materiales de la familia, de las que se sentía en gran parte responsable.

El tercer corsé inmovilizó a Frida en la cama nuevamente, tanto y tan bien que se pensó tomarle, dos meses después, la radiografía de la columna en su habitación, sin moverla de su cama.

Obligada por las circunstancias a abandonar la pintura por algunas semanas, leyendo mucho, escribiendo pocas cartas, aferrándose —sin creerlas en realidad— a las promesas de curación reiteradas por los médicos, Frida cumplió ese verano veinte años. Su cumpleaños fue casi olvidado, entre los graves problemas de la casa.

Matilde rezó con toda su alma, agradeciendo a Dios el haber salvado a su hija, implorándole que le diera mejor salud, un futuro mejor, un buen marido. Rogó también que regresara la prosperidad a la casa. Guillermo regaló a su hija, sin una palabra ni una envoltura, una hermosa edición, de páginas ya amarillentas, del *Torcuato Tasso* de Goethe. Un trocito de papel marcaba una página donde una crucecita, dibujada a lápiz, indicaba dos versos. Frida leyó:

Und wenn der Mensch in seiner Quaal verstummt,
*Gab mir ein Gott, zu sagen, wie ich leide.**

Y sonrió pensando: "Este es mi padre. Siempre Alemania, los poetas, los filósofos. Habla tan poco, ¡pero cuánto lo quiero! Algún día se lo diré. . . Es como aquella historia de los versos de Nietzsche que le recitó a mi mamá cuando se conocieron: en el fondo, nunca se sabe si habla para él mismo solamente. . . Pero es posible que no, después de todo; que haya pensado en mí al leer esto. . .".

---

* "Y cuando el hombre, en su sufrimiento, queda mudo,/ un dios me ha concedido decir lo que padezco".

En la casa azul de Coyoacán, sin los dorados y los muebles franceses que tan bien captaban la luz, el salón respiraba una desolación total. Sólo el piano y la biblioteca de Guillermo escaparon de la liquidación general.

Fue por el piano por lo que los "Cachuchas" decidieron, una tarde de agosto, hacer allí la fiesta del cumpleaños de uno de ellos. El salón, de aspecto tan triste, recuperó por un rato una atmósfera cálida y jovial. Acompañándose al piano, cantaron, bailaron, recitaron poemas, discutieron. Frida, excepcionalmente, fue transportada en su silla de ruedas al centro de toda esa animación. No pudo participar activamente en la celebración, pero observó, escuchó. Y no pudo contenerse de llorar por su suerte, al sentir más que nunca, entre personas de su edad, la desgracia de que era víctima. ¿Podría volver a integrarse algún día a una vida normal? En ese momento, en ese lugar, esa pregunta la acosaba. Hubiera querido regresar a su cuarto, al féretro de su cama, esconderse bajo las sábanas, ocultarse en sus sombras, en su tibieza. Hubiera querido no pensar más en nada, solamente llorar, y llorar, hasta el agotamiento, olvidar también que ya habían transcurrido cuatro meses y Alejandro no había vuelto de su viaje, como ella tanto lo había esperado. Postergar su regreso, en su pensamiento, equivalía a revivir otra vez, paso a paso, todas las fases de la espera, y se preguntaba si podría soportarlo.

Cuando todos se fueron, ella quedó un momento sola en el salón vacío. Volvió Guillermo, y ella le pidió que tocara algo al piano, el *Danubio azul,* antes que la llevaran de vuelta a su cuarto. Guillermo se sentó bien erguido ante el instrumento y tocó con los ojos entornados. A los pocos compases, Frida se puso a cantar.

Cuando terminó, le dijo:

—¿No quieres empezar de nuevo?

Guillermo volvió a tocar el vals. Después se acercó a Frida y le tomó las manos:

—Hijita, tienes que dejar de llorar.

—¿Y qué otra cosa quieres que haga? —respondió ella, sollozando.

—Hay muchas cosas que hacer en este mundo, Frida. Y tú lo sabes. Pero hay que dejar de desesperarse cada tercer día. Eso no sirve de nada.

—Pero fíjate, nunca voy a poder ir a Viena, por ejemplo. Yo, que siempre he soñado con viajar. . . Tendré que conformarme con que los demás me cuenten sus viajes.

—Estar adivinando el futuro tampoco sirve para nada. . .

—Mira, me voy a poner a pintar paisajes, quizá sea una solución. . . Los lugares remotos al alcance de la mano; ¿qué mejor manera de soñar?

—No me hace gracia lo que dices. Te estás haciendo daño.

—Es que me siento muy mal. Nadie me cree. En el fondo ustedes me toman por una exagerada. Nadie me hace caso. Y esos médicos, que dan veinte diagnósticos diferentes. . . Eso no ayuda a que me tomen en serio: cada uno ve lo que le parece. . .

—Eres muy pesimista, de veras. Eso tampoco ayuda.

—Es que no puedo hacer otra cosa. Si en un momento tengo esperanzas, al momento siguiente. . .

—La vida tiene vueltas sorprendentes y felices cuando uno menos lo espera. Te digo que no hay que estar imaginándose el futuro. . .

—Pero es la lucidez.

—También es la subjetividad. Ten la humildad de creer que te puedes equivocar.

—Me parece que mis penas no han terminado.

—Hijita, te lo suplico, deja de llorar.

—Es que no sé si puedo.

Frida no quiso cenar. La llevaron de vuelta a su cuarto donde, por una vez, se durmió inmediatamente.

En septiembre escribía a Alejandro que en Coyoacán, que seguía igual, las tardes eran tristes y grises. En ese mes se cumplieron dos años del accidente, y seguía enferma y casi sin esperanzas. Además, se quejaba de sentirse sola y hablaban sin cesar del reencuentro, cuando él regresara.

Comienzo de una nueva vida

(. . .) entre nosotros, entre Frida y yo, nunca hubo lo que puede llamarse ordinariamente ruptura (. . .), seguimos siendo amigos. . .

Alejandro GÓMEZ ARIAS.

Cuando Alejandro volvió de Europa, en noviembre de 1927, encontró a Frida casi restablecida. Ya no estaba inmovilizada, y se dedicaba a buscar trabajo. Aunque sentía una gran fatiga en todo el cuerpo, Frida reconocía que, por el momento, sus dolores habían disminuido. Se afanaba, yendo y viniendo de un lugar a otro, solicitaba un trabajo de oficina, otro como dibujante de cuadros de anatomía, un tercero de bibliotecaria. En esas búsquedas desplegaba toda su energía y hacía gala de una enorme vitalidad. Estaba otra vez alegre.

Al paso de los meses, la relación con Alejandro había recobrado su carácter profundo: una amistad excepcional que los años y la vida no desmentirían nunca. A su regreso de Europa, Alejandro se absorbió en sus estudios superiores y se convirtió en un fervoroso militante de la Confederación Nacional de Estudiantes. Frida, por su parte, comenzó a frecuentar los medios artísticos de la ciudad de México a comienzos de 1928; la mayoría de sus miembros participaban, de cerca o de lejos, en la lucha comunista.

Sin embargo, cuando Alejandro se enamoró de una de las amigas comunes, Esperanza Ordóñez, Frida no pudo contenerse y le escribió que no podía ser cierto, que no era posible que hubiera dejado de quererla porque él era ella misma. Fue el último destello del amor de Frida.

Fue a través de su amigo Germán del Campo, figura destacada del movimiento estudiantil a quien apreciaba mucho, como Frida conoció a Julio Antonio Mella, el célebre militante comunista cubano exiliado en México. Editor, periodista, revolucionario convencido y apasionado, vivía entonces con la bella Tina Modotti.

Tina, de origen italiano, había llegado a México algunos años antes, con su compañero de entonces, el fotógrafo norteamericano Edward Weston. Tina, convertida a su vez en fotógrafa, se movía en un ambiente artístico y militante, escandaloso por sus costumbres bohemias, por sus ideas liberales de todo, por las intrigas que se anudaban y se resolvían al azar de los encuentros.

Las dos mujeres —no se sabía cuál era más hermosa— simpatizaron inmediatamente. Tina arrastró a su nueva amiga a las reuniones políticas, a las fiestas de artistas que se celebraban en distintas partes de la capital mexicana.

En esa época, el país estaba en plena campaña presidencial: en los primeros meses de 1928 fue asesinado el presidente electo Álvaro Obregón, y José Vasconcelos competía por el poder con Pascual Ortiz Rubio. Este último era blanco de los ataques de los liberales, que lo acusaban de no ser mejor que Calles, corrupto y tan dictador, decían, como Porfirio Díaz en sus tiempos. Paralelamente, los estudiantes luchaban por la autonomía de la Universidad, que conquistaron en 1929.

Frida se afilió al Partido Comunista, en el que militaban muchos de sus amigos.

Sus noches eran muy movidas: siempre había alguna

manifestación o algún debate al que no se podía faltar. O bien había una cena en casa de uno u otro, donde brotaban abundantes las discusiones, sobre la situación del país, sobre el sentido de la militancia, sobre las acciones por realizar, sobre las ideas en general y sobre el arte.

Fue en el cálido ambiente de esas noches llenas de gente, de algarabía, de música y de humo, donde Frida encontró a quien había de convertirse en el hombre más importante de su vida: Diego Rivera.

En el calor pesado del pleno verano, todos los ojos se volvieron hacia él cuando franqueó las puertas del salón de Tina Modotti en mitad de la noche. Llevaba en la mano una pistola, con la que apuntó al fonógrafo. Algunas parejas que bailaban se detuvieron cuando disparó. La bala fue a incrustarse en el aparato, que giró todavía dos, tres veces, lentamente, produciendo un sonido semejante a un gemido de agonía, para inmovilizarse luego por completo, entre los gritos de entusiasmo, los vivas, los aplausos. Diego Rivera sopló despreocupado en el cañón del arma aún caliente, enfundó nuevamente la pistola y sonrió, satisfecho, antes de dejar caer su inmenso cuerpo en un sillón y verse inmediatamente rodeado.

Frida quedó medio aturdida ante el incidente que había dejado fascinada a la reunión. Era evidente que Diego era una estrella, con su físico imponente, sus gestos y actos desmesurados. Todo en él parecía excesivo, incluso los cuentos que se puso a relatar ante un público embobado. Hablaba de Londres, donde había estado y que describió como una ciudad triste, donde jamás había fiestas como esa. Imitaba a los ingleses y sus calles, sus budines y su aristocracia: después estallaba en grandes carcajadas y todos reían con él. Marcaba una pausa para beber unos cuantos tragos de tequila o de mezcal en un vaso diminuto y asegurarse la atención de unos y otros, y a continuación recomenzaba sus narraciones donde se mezclaban la melancolía de Brujas y una discusión con Modigliani en París, en presencia de Picasso, impasible pero cuya vista aguda no perdía detalle de lo que sucedía. Un ojo inolvidable, decía, único, una mirada que jamás había visto en nadie más. Y volvía a Modigliani, que después de todo le había hecho un retrato magnífico. Contaba su vida en Madrid, donde había tratado de estudiar de cerca a Velázquez y Zurbarán, al Greco, a Goya. Por fin, se ponía muy serio para hablar de Guillaume Apollinaire, su amigo, que no merecía morir porque era un poeta entre los poetas y un ser excepcional, y lo citaba de memoria, en francés y con un extraño acento que lo obligaba a adelantar los labios para pronunciar las palabras:

J'étais au bord du Rhin quand tu partis pour le Mexique
Ta voix me parvient malgré l'énorme distance
Gens de mauvaise mine sur le quai a la Vera Cruz.*

O bien:

C'était un temps béni nous étions sur les plages
Va-t'en de bon matin pieds nus et sans chapeau
Et vite comme va la langue d'un crapaud
L'amour blessait au cœur les fous comme les sages.**

"¡Otra, otra!", gritaba una mujer, aplaudiendo y Diego buscaba y luego decía:

Vous êtes un mec à la mie de pain
Cette dame a le nez comme un ver solitaire.***

* "Yo estaba a la orilla del Rin cuando partiste para México/ Tu voz me llega pese a la enorme distancia/ gentes mal encaradas en el muelle de la Vera Cruz".

** "Era una época bendita, estábamos en las playas/ vete de mañana temprano, descalzo y sin sombrero/ y rápido como la lengua de un sapo/ el amor hería en el corazón tanto a los locos como a los sabios".

*** "Es usted un tipo de miga de pan/ Esa dama tiene la nariz como un gusano solitario".

Y la risa del recitante cubría todas las demás, riéndose por un lado de su mal acento francés, y por el otro de los versos de Apollinaire.

Frida observaba todo lo que ocurría a su alrededor, tratando de no perderse nada de lo que sucedía en su nuevo ambiente. Los modales de la gente, sus ropas, sus discursos inflamados. Esa noche vestía un traje de hombre y lucía un clavel rosa en el ojal. El pantalón ocultaba su pierna atrofiada y se movía poco, de modo que su cojera pasaba casi inadvertida. En medio de esa gente de hábitos extravagantes, sus ropas no sorprendían a nadie; incluso, la elogiaron. Ella se mostraba curiosa y trataba de adaptarse. Para adquirir aplomo y, según pensaba, cierto *caché,* empezó a fumar cigarrillos y llegó incluso a probar los puros. Era alegre y vivaz, y no ignoraba que tenía encanto: sabía utilizarlo y agradaba.

Muchas mujeres parecían girar alrededor de Diego Rivera. Sin embargo, era un hombre feo: grande, gordo, cuando estaba sentado parecía no saber qué hacer con su gran panza. Los rasgos de su cara estaban a la altura del resto: ojos saltones, una nariz más bien chata, labios gruesos y dientes estropeados. Parecía un patán completo, pero santificado por el aura del artista. En plena celebridad, puesto por las nubes y discutido, estaba en la avanzada de la actualidad por sus ideas, sus murales, las polémicas que suscitaba. O por su trabajo, simplemente.

No paraba de hablar. Aunque alguien quisiera olvidarlo, él se hacía presente y nadie podía esquivar su presencia. Frida se acercó al grupo con que platicaba Diego.

Él regresaba de la Unión Soviética, donde había sido invitado oficialmente y permanecido varios meses trabajando. Aparte del frío, contra el cual hacía falta armadura y escudo de lana, y fuera del hecho de que no hablaba el ruso, decía traer una excelente impresión del experimento socialista. Había asistido al décimo aniversario de la Revolución de Octubre, había pintado un mural en Moscú para la ocasión y además había colaborado como gráfico en varias publicaciones. Diego hablaba del pueblo soviético con gran entusiasmo y admiración.

—¡Lástima que tuve que regresar tan pronto!

—¿Cuándo regresaste?

—En mayo. . . Recibí de los camaradas mexicanos la orden de volver para la campaña presidencial de Vasconcelos.

—¡Vamos, no te hagas el modesto, a estas alturas ya puedes decir que te llamaron porque van a proponerte como candidato a la presidencia!

—Eso querían —respondió tranquilamente Diego—, pero me negué. Por razones de seguridad. Imagínate, soy pintor y tengo que andar con pistola. . . Si fuera presidente tendría que salir rodeado por un ejército. . . y de todas maneras terminarían por asesinarme, para no interrumpir la tradición. Entonces, me comprenden, pensé que no valía la pena. . .

Y todos reían.

—¡A los cuarenta años tienes la vida por delante! ¡Siempre puedes cambiar de opinión!

—Tienes que reconocer que un pintor presidente de la República, sería un estreno mundial.

—Sería sólo justicia, camaradas, sólo el arte está a la vanguardia de todo cambio social. . .

—Sólo el arte es revolucionario por esencia —dijo solemnemente una joven militante.

—¡Esa es la obscenidad más tonta y más linda de todos los tiempos! —le contestaron—. ¡Pero que alguien nos cante un corrido, antes de volver a la defensa de nuestra justa causa!

—¿Quieres decir que la música no es una justa causa? Ten cuidado con lo que dices, tú.

—*Re-ve-nons à nos mou-tons* —dijo en francés Diego, con énfasis teatral—. Entonces, ese corrido, ¿quién lo va a cantar? Beethoven decía que ningún hombre que sea amante de la música puede ser del todo malo, así que seamos buenos. . . ¡Música, maestro!

Las voces se sobreponían, entonando retazos de corridos. Diego sonreía, satisfecho. Todos bebían alegremente.

Tina fue a sentarse al lado de Frida.

—Tú no conocías a Diego, ¿verdad?

—Lo conocía y no lo conocía. . . Debo haberlo conocido antes que tú, pintó un mural en la escuela cuando yo era estudiante. Yo le hacía horrores. . .

—¿Ah, sí? Cuéntame.

—Una vez enjaboné el piso para que se cayera cuando pasara. . . Le robaba su almuerzo. . . Y lo peor: cuando estaba con una modelo (es decir, con una posible amante) yo me escondía detrás de una columna y le gritaba: "¡Aguas, Diego, que ahí viene Lupe!". . . Y viceversa. Puras chiquilladas, pero yo me divertía como loca.

—¡Me imagino! —dijo Tina abriendo más los ojos.

—Cuando uno es un picaflor a la vista de todo el mundo, siempre corre el riesgo de ser sorprendido en flagrante delito, como en las comedias francesas. Tonterías, pero son peligros bastante ridículos, por liberal que uno sea. . . Y tú, ¿también has sido su amante?

—¡Desde luego!

Y Tina estalló en una carcajada, sorprendida ella misma por la rapidez con que había contestado.

Frida sonreía tranquilamente.

—Amante, modelo, modelo, amante. . . Siempre el mismo programa. . .

—¿Qué quieres decir?

—No es ningún misterio. En todos los casos, es en realidad el mismo caso. . .

—¡Pero no me negarás que es todo un caso!

—Quién sabe si sea el caso. . .

De nuevo, toda la atención se había concentrado en Diego, que hablaba de Berlín, por donde había pasado de regreso de la Unión Soviética.

Frida era toda oídos. Berlín era Alemania, es decir, su padre, sus raíces, una lengua que conocía bien, una cultura que era en parte la suya. Diego estaba diciendo que en Berlín había una efervescencia cultural y política incomparable. Que había una gran solidaridad entre los intelectuales y los obreros, que había que tomar como ejemplo. Que los cafés eran unos puntos de encuentro y cuna de ideas increíbles. Que las manifestaciones políticas eran frecuentes y además extraordinariamente comprometidas y graves. Que los artistas y los intelectuales, alemanes o no, eran de una inteligencia y una creatividad sorprendentes, que las iniciativas brotaban constantemente, cada una más interesante que la otra. Que Bertolt Brecht tenía respuestas anonadantes.

Frida lamentaba que Alejandro hubiera sido demasiado joven para vivir ese Berlín del que hablaba Diego, que no hubiera podido ver esa Alemania y relatársela en sus cartas. También lamentaba no poder ir ella misma, y de pronto le cerró la garganta el deseo que siempre había tenido de viajar, hasta el accidente. Pero quizás no todo estuviera perdido, pensó, ahora que su restablecimiento parecía ir más en serio que las veces anteriores. Se puso a soñar con Europa y se hizo a sí misma la promesa de ir, si las enfermedades no la acababan.

Diego seguía hablando. Todo lo que decía lo acompañaba con gestos, inflamándose y magnetizando sin disputa a un público que estaba a su merced.

Iba de México a Alemania y de la Unión Soviética a Berlín pasando por las pirámides aztecas sin perder el paso jamás.

Al final de la velada, evocando nuevamente Berlín, contó un episodio ocurrido en un café, donde Lotte Schwartz, una joven con varios doctorados, originaria de Praga o de Viena, no sabía bien, le había dicho con voz grave y una gran sonrisa, después de haberlo escuchado largamente: "Diego Rivera, es usted el más grande, el más extraordinario narrador de historias que he conocido, ¡pero habría que estar loca para casarse con usted!".

Agregó que le había regalado un dibujo, y que ella le había prometido escribir un pequeño estudio sobre él.

Yo sabía que en esa época Diego estaba pintando murales en la Secretaría de Educación. Me parece que estaba acabando, en los últimos retoques.

Para mí, era un monstruo. En el sentido sagrado del término, pero también en sentido estricto. Todo en él era en grande escala. Productivo, prolífico, desbordaba de vida, de energía, de palabras, de gestos, de euforia, de ideas, de pintura. Ya en aquella época su obra se contaba en varios cientos de metros cuadrados. No digo que eso signifique talento, pero sí fuerza de trabajo, indiscutible. Una especie de Miguel Ángel mexicano: así es como yo lo definiría. Impresionante.

Todo el mundo conocía a Diego Rivera. Lo cubrían tanto de elogios como de insultos. Había campañas periódicas contra los muralistas, a quienes trataban de provocadores. Escribían cosas contra ellos sobre los murales. Recuerdo una canción de una obra de teatro que pretendía ser burlesca:

> *Las muchachas de la Lerdo*
> *toman baño de regadera*
> *pa' que no parezcan*
> *monos de Diego Rivera.*

Sus detractores llamaban "monos" a sus personajes, y era una crítica racista, porque con "monos" querían decir "indios". La burguesía no podía tolerar que Diego defendiera al pueblo y sus raíces mexicanas. No podía soportar que pintara indias voluptuosas cuando representaba en forma tan incisiva a la clase dominante. Las polémicas, naturalmente, intensificaban el sentimiento revolucionario.

En resumen, estaba subido a un andamio en el último piso de la Secretaría de Educación, cuando fui a verlo, llevando algunas de mis obras bajo el brazo. Lo había encontrado en varias reuniones, pero no había tenido ningún contacto directo con él. Fui a verlo así, no más, a puro valor.

Él estaba pintando, con una colilla en la boca. "Diego, baja", le dije sin más. Él me miró y sonrió, nada más. Yo insistí: "¡Vamos, baja!". Y esa vez se detuvo y bajó. "Oye, le dije, no vengo en busca de cumplidos sino de una opinión sincera y seria sobre lo que hago".

Él miró atentamente los cuadros y después me dijo: "Sigue pintando. Tu voluntad debe llevarte a una expresión propia". Me miró y añadió: "¿Tienes más?". Yo le respondí: "Sí, pero es muy difícil para mí transportarlos. Vivo en Coyoacán, en la calle de Londres número 127. ¿Quieres venir el domingo que viene?". Y me dijo que iría.

Y al domingo siguiente vino a la casa.

Me divertí en esperarlo trepada a un naranjo. Me eché a reír cuando apareció de sombrero, con un puro en la mano, dos cartucheras a la cintura y una pistola a cada lado. Pareció a la vez sorprendido y divertido de encontrarme allí, en las ramas, acechando su llegada. Recuerdo que me ayudó a bajar. Yo le dije: "Soy un mono". Él se rio.

Era un hombre jovial, y a mis padres no parecieron molestarles sus extravagancias ni su reputación. Diego siempre ha sabido meterse en la bolsa a las personas que le interesan. Y además, mi madre y mi padre debían estar orgullosos de que un personaje tan célebre se interesara por su hija. Hablaba un poco de fotografía con mi padre.

Nos hicimos amigos inmediatamente. Volvió otros domingos. Yo lo llamaba "gordo", y le decía que tenía cara de sapo. Él no se molestaba en absoluto, más bien se reía. Y además, es cierto que tiene cabeza de sapo.

Así fue. Las cosas siguieron su curso. Él me cortejaba, yo me burlaba de él, llegamos a ser muy cómplices y terminamos cayendo presa cada uno del encanto del otro, seducido el uno por el otro. El gigante y la cojita de Coyoacán.

Muy pronto él me pidió mi opinión sobre su trabajo. Me escuchaba religiosamente. Es raro porque, fuera de las bases clásicas de ambos, nuestras pinturas seguían caminos diferentes. Diego trabajaba a su escala, monumental, yo a la mía, en proporciones reducidas. Él, vuelto hacia el exterior, lo social, principalmente; yo vuelta hacia adentro, lo íntimo humano. Creo que esa otra complicidad, esa mirada puesta en el trabajo del otro que siempre tuvimos, nuestra confianza mutua y nuestro sentido crítico en esa materia, son de las cosas más hermosas que me ha sido dado vivir. Una de las cosas más hermosas de nuestra relación.

Una anécdota más. Un día, mi padre se acercó a Diego:

—Veo que está interesado en mi hija, ¿eh?

Diego no supo cómo interpretar la pregunta paterna y farfulló:

—¿Por qué? . . . Bueno, sí. De otro modo no estaría viniendo hasta Coyoacán para verla.

—Y bien, señor —le dijo mi padre—, tengo que advertirlo. Frida es una chica inteligente, pero es un demonio oculto. Un demonio oculto.

—Lo sé —respondió Diego.

Y mi padre concluyó:

—Bueno, ya cumplí mi deber.

Rivera

El obstáculo no me doblega: el rigor lo destruye
. . .
el rigor obstinado, el rigor destinado.

Leonardo Da VINČI.

Diego Rivera es, sin discusión, el pintor mexicano más célebre del siglo xx.

Nació el 8 de diciembre de 1886 en la ciudad de Guanajuato, de orígenes, según le gustaba decir, "españoles, portugueses, italianos, rusos y judíos". Tuvo un hermano gemelo que murió a los dos años.

Nacido en una familia de reputación más bien liberal, hijo de un maestro, de niño Diego parece haber sido particularmente travieso. Y para desesperación de su madre manifestó desde su tierna infancia un comportamiento que daba prueba de un ateísmo incorregible. Sus padres y sus tías se quejaban de tener en casa un diablo en carne y hueso que por definición no conocía dios ni ley.

Su padre lo destinaba a la carrera militar, que era una tradición en la familia, pero Diego se negó ferozmente, tomando otra dirección: hacía un dibujo tras otro. Ante su determinación, afirmada en alta voz, sus padres acordaron que el niño, desde su décimo año de vida, siguiera en México estudios secundarios normales durante

145

el día y de arte por la noche, en la Academia de San Carlos, de la que sería director treinta años después.

Pero estudiar pintura y tener buenos maestros no basta para ser pintor, como todos comprenden. Diego tenía la suerte de poseer ese complemento indispensable, o quizás esencial, para su vida de artista: la creatividad. Tenía una gran dosis de talento, ese extraño instinto, que no pasaba inadvertido.

A los dieciséis años terminó sus cursos secundarios y se dedicó a recorrer México durante cuatro años, antes de poder realizar su sueño de joven pintor: ir a Europa. La suerte le sonrió en 1906. A los veinte años, obtuvo una beca para estudiar en la Escuela de Bellas Artes de Madrid, donde trabajó sin descanso y con osadía, distinguiéndose además por un carácter considerado original y, desde luego, por su físico.

A comienzos de la segunda década del siglo, Diego dejó España para visitar un poco de esa Europa de la que decía que era preciso impregnarse culturalmente. Fue pues a Holanda, a Bélgica, a Inglaterra y a Francia. Curiosamente, en esa primera época no visitó Italia, cuya tradición pictórica, sin embargo, tanto influyó en él. Decidió entonces instalarse en París donde, de Diaghilev a Picasso, convivió con un mundo de artistas llegados de todos los confines del horizonte, confundiendo sus lenguas y sus costumbres, por amor al arte. Allí Diego trabajaría aún más que en Madrid.

Se cuenta que al ver los Cézanne que poseía la galería Vollard, sufrió tal impresión que enfermó y tuvo cuarenta grados de fiebre durante varios días. También se cuenta que periódicamente estallaba en violentas furias contra su propio trabajo, desesperado por no comprender cómo habían hecho Brueghel y Goya para alcanzar tal dominio del lápiz, del pincel. También sentía una admiración sin límites hacia Henri Rousseau y pensaba que Piccaso era un genio.

146

Desde 1911 expuso en el Salón de Otoño telas de inspiración cubista que no le valieron grandes elogios, aparte de algunas voces aisladas, como la de Guillaume Apollinaire, que declaró que Diego Rivera no era un artista insignificante. En 1913, en cambio, en el salón de los Independientes, dos telas suyas llamaron la atención: *Muchacha con alcachofas* y *La muchacha del abanico*. Un sagaz crítico de la época distinguió en ellas "la austeridad y la atracción de los frescos". En 1914 celebró su primera exposición personal, en el número 26 de la calle Victor-Massié; incluía veinticinco cuadros y pasó prácticamente inadvertida.

Después se separó gradualmente del cubismo para seguir su propio camino.

"El vaquero mexicano", como lo llamaban, trabajaba sin pausas. El *marchand* Léonce Rosenberg decía que era el más prolífico de los pintores de que se ocupaba.

La vida política era para Diego una preocupación constante. Geográficamente, históricamente, se hallaba en el centro de una diagonal que iba de la Revolución Mexicana, iniciada en 1910, a la Revolución de Octubre de 1917 en Rusia, pasando por la guerra del 14 en Francia. Adquirió la convicción, que lo acompañaría todo el resto de su vida, de que el arte, en este caso su propia obra, podía contribuir a hacer mejor el mundo, más humano.

Diego vivió en París diez años. Periodo de bohemia y de grandes esperanzas, del que obtendría grandes beneficios. ¿Y cómo no enriquecerse, además, en contacto con personas a cual más extraordinarias? Hasta las disputas, artísticas o personales, aportaban algo a sus protagonistas. Elie Faure, historiador y crítico de arte, gran amigo de Rivera, le hizo comprender que "no hay arquitectura monumental sin cohesión social" y que el individualismo terminaría con el regreso a la multitud, al pueblo, cuando el arte se integrara a los monumentos, como lo habían hecho los italianos, desde la Roma antigua hasta el Renacimiento, y los aztecas en su propia civilización.

Finalmente Diego decidió visitar Italia y pasó más de un año y medio estudiando su pintura y en particular los frescos, de Pompeya a Venecia pasando por Florencia y Verona. Sin olvidar Ravena y sus mosaicos. Al regreso de ese viaje, aconsejado por uno de sus amigos, volvió a México, repleto de enseñanzas. De alguna manera, iba a hacer mexicanas sus adquisiciones europeas, totalmente.

Había pasado en Europa catorce años. Cuando llegó a México, su padre se estaba muriendo.

La revolución había recorrido el país y parecía soplar en él un viento nuevo que a todos infundía entusiasmo, con la idea de que se estaba forjando una patria nueva. Se había emprendido un proceso social en el que Diego muy pronto encontraría su puesto.

Si en Francia no había sido reconocido, no dejó de haber quien lo echara de menos, como lo demuestran estas frases de una carta que le escribió Elie Faure, el 11 de enero de 1922: "... Desde que te fuiste, me parece que ha desaparecido una fuente de leyendas de un mundo sobrenatural; que está en peligro esa mitología nueva que el mundo necesita; que la poesía, la fantasía, la inteligencia sensible y el dinamismo del espíritu han muerto. Estoy melancólico —entiendes— desde que te fuiste...".

Diego nunca pasaba inadvertido. Diego dejaba huellas.

José Clemente Orozco, David Alfaro Siqueiros, Diego Rivera, los tres regresando del extranjero, se repartieron, en los años veinte, el muralismo mexicano oficial. Diego no era el que menos trabajo tenía y desde luego el hecho de que en esos años el arte fuera estimulado por los esfuerzos del gobierno no le molestaba en absoluto. "Estaba harto de pintar para los burgueses", declaró en 1923. Esperaba hacer con su obra lo mismo que habían hecho, siglos antes, los antepasados mayas o aztecas: hacerse comprender por el pueblo a primera vista. Más que nadie, él predijo el regreso a las fuentes exaltado por la revolución mexicana. Paralelamente a su fascinación por esa

148

civilización precolombina que erigía como modelo, en 1922 Diego ingresó al Partido Comunista. Le tocó la credencial número 992.

En 1923, tres artistas fueron elegidos miembros del comité ejecutivo del partido: Diego Rivera, Xavier Guerrero y David Alfaro Siqueiros. Poco después formaron una asociación que aspiraba agrupar a obreros, técnicos y plásticos. Para promoverla editaron un periódico, *El Machete*. Pero pese a sus objetivos humanistas, revolucionarios y populares, *El Machete* era demasiado caro y su tono era incomprensible para las masas trabajadoras. En 1923 también inició Diego la realización de una de sus obras más importantes: los ciento veinticuatro murales de la Secretaría de Educación, cuya ejecución le llevaría cuatro años.

En 1927, Diego recibió una invitación oficial de Lunacharsky para ir a la Unión Soviética a pintar un mural en el edificio del Ejército Rojo. Pero las cosas no salieron como se había previsto, por un lado porque Diego tuvo que enfrentarse en Moscú a una serie de detractores pertenecientes a la vieja escuela que consideraban que su modo de tratar los temas era demasiado moderno, y por otro porque se enfermó por el frío. El mural se inició pero quedó incompleto, aunque además colaboró en la célebre publicación *Krásnaia Niva* como dibujante y fue nombrado profesor de la Escuela de Bellas Artes de Moscú. En México, sus amigos no esperaban que regresara; pensaban que se iba a quedar a vivir en la Unión Soviética, patria de sus ideales.

Sin embargo, en mayo de 1928 regresó.

En París, Diego había vivido diez años con una rusa, también pintora, Angelina Beloff. Más que separarse de ella, la abandonó cuando regresó a México. Allí se encontró a una mexicana de Jalisco, Guadalupe Marín, con quien vivió siete años, aproximadamente hasta su partida para la Unión Soviética, y con quien tuvo dos hijas.

Angelina era tan suave, tranquila y rubia como Lupe morena, impetuosa e impulsiva. Si la relación con Angelina parece haber estado teñida de una gran serenidad, la relación con Lupe fue célebre por su sensualidad manifiesta y sus estallidos públicos.

Diego nunca fue un hombre fiel. En París, durante su relación con Angelina, tuvo otra con otra rusa, Marievna Vorobiev, de quien tuvo una hija, Marika. En México, tenía fama de ser amante de todas sus modelos. Así había ocurrido con Nahui Ollin, Tina Modotti y muchas otras, menos conocidas.

Ese era el hombre imponente, escandaloso, "mítico o mitómano", según Elie Faure, feo, encantador, bien instalado en la sociedad mexicana y en el mundo intelectual y artístico en particular, que entró en la vida de Frida como una mariposa de violentos colores, llena de sorpresas.

En torno a una boda

Diego y Frida formaban parte del paisaje
espiritual mexicano, como el Popocatépetl y
el Iztaccíhuatl en el valle de Anáhuac.

Luis CARDOZA Y ARAGÓN.

El 23 de agosto apareció en el periódico *La Prensa*
de la ciudad de México el siguiente anuncio:

"Diego Rivera se casó, el pasado miércoles, en el pueblo vecino de Coyoacán; el discutido pintor contrajo matrimonio con la señorita Frieda Kahlo, una de sus discí-
pulas. Como pueden apreciar [en la fotografía] la novia
fue vestida con ropa muy sencilla de calle, y el pintor
Rivera de americana y sin chaleco. La ceremonia fue mo-
desta; se celebró en un ambiente muy cordial y discreto,
sin ostentación ni formalidades pomposas. Después de su
casamiento, los novios recibieron las calurosas felicitaciones de unos cuantos amigos íntimos".

Ese mismo día, el *New York Times* publicaba:

DIEGO RIVERA MARRIED
Noted Mexican Painter and Labor Leader Weds
Frida Kahlo

151

Mexico City, Aug. 23 (AP). Announcement was made today that Diego Rivera, internationally known painter and labor leader, was married Wednesday to Frida Kahlo in Coyoacan, a suburb of Mexico City.*

Frida fue la última en casarse de las hijas de los Kahlo. Y probablemente su boda fue un alivio para sus padres. Por un lado, porque la eventualidad de quedarse solterona, en aquella época, no era bien vista; por otro lado porque temían tener que enfrentarse solos y por el resto de su vida a los gastos médicos ocasionados por Frida. Pese a todo, a Matilde le chocaba el hecho de que el futuro marido de su hija fuera mucho mayor que ella, gordo, feo, artista, bohemio, comunista, ateo, controvertido y mundano. Guillermo aceptó los hechos prácticamente sin discusión.

"... me enamoré de Diego, lo cual no les pareció a los míos pues Diego era comunista y decían que parecía un Brueghel gordo, gordo, gordo. Afirmaban que era como un casamiento entre un elefante y una paloma.

"No obstante, hice todos los arreglos necesarios en el registro de Coyoacán para poder casarnos el 21 de agosto de 1929.

"Nadie, con excepción de mi padre, fue a la boda. Éste le dijo a Diego: «Dese cuenta de que mi hija es una persona enferma y que estará enferma durante toda la vida; es inteligente, pero no bonita. Piénselo si quiere, y si desea casarse, le doy mi permiso»".

Frida Kahlo.

Diego, que no se había casado con Angelina Beloff y que con Lupe lo había hecho sólo religiosamente —cosa

* "Se anunció hoy que Diego Rivera, internacionalmente conocido como pintor y dirigente de los trabajadores, se casó el miércoles con Frida Kahlo en Coyoacán, suburbio de la ciudad de México".

que no es oficial en México—, se casó con Frida del modo más oficial, en el ayuntamiento de Coyoacán.

Es cierto que, según las fotografías de la boda, los dos vestían de manera sencilla, o en todo caso, muy poco convencional para gente de su rango: Diego lleva traje y corbata sobre una camisa de cuello arrugado, una ancha faja a la cintura y su eterno sombrero en la mano; Frida viste un vestido largo, estampado y de volantes, lleva el cabello recogido, rebozo y un pequeño collar. En una de las fotografías se ve que tiene en la mano un cigarro, cosa que escandalizó a muchos.

El contraste entre ambos es notable. Frida, al lado de Diego, muestra una carita casi infantil, con esa mirada directa, descarada, que se fijará siempre en el objetivo de las cámaras fotográficas sin pestañear, igual que mira a quienes contemplan sus cuadros. Diego, junto a Frida, parece aún mayor de lo que es, con sus rasgos marcados, pesados. Ella es menudita, él es francamente enorme. Matilde tenía razón: una paloma y un elefante.

Así pues Magdalena Carmen Frida Kahlo se unió en legítimas nupcias con Diego María de la Concepción Juan Nepomuceno Estanislao de la Rivera y Barrientos Acosta y Rodríguez. Ella tenía veintidós años, él estaba por cumplir cuarenta y tres.

Matrimonio entre dos monstruos, cada uno a su modo; dos creadores, dos seductores, dos apasionados. Un matrimonio que podía parecer un capricho, regido únicamente por las fuerzas instintivas, lúdicas, que parecían a punto de dominarlos a los dos. Un matrimonio que se anunciaba liberado ya de los auspicios del hastío, por lo menos.

Diego había vuelto de Europa repleto y disgustado de Europa. De París en particular, cuyo gris y cuyas tristes imágenes de la guerra quería olvidar. México lo esperaba, y Diego estaba dispuesto a embriagarse con el entusiasmo de sus luchas, de sus paisajes, de su pasado prehispánico cargado de mitología, de mística, de arte y de violencia, de sus tradiciones populares, de sus colores. Y también de sus mujeres. Estaba cansado de "la blancura de las mujeres europeas", y Angelina la dulce, la fiel, había perdido todo atractivo. Llevado por el impulso nacionalista, buscaba la "mujer mexicana" en todo su esplendor, e indudablemente la encontró en Lupe Marín, la tumultuosa, con su belleza salvaje.

Así Frida, al conocer a Diego, cambió su traje de hombre, sus ropas de obrero, su camisa de trabajador, su aire de muchacho frustrado, por la imagen de una mujer mexicana con enaguas de puntillas, faldas largas, vestidos de colores, peinados con cintas, joyas pesadas y sobre los hombros, siempre, un rebozo. Quería gustarle a Diego, y poco a poco se volvió más mexicana que las mexicanas sobre todo si pensamos que por sus orígenes era mitad centroeuropea y un cuarto española, que había estudiado en la escuela más reputada y elegante de México, que hablaba con fluidez el alemán y estaba impregnada de la cultura occidental. A riesgo de que la señalaran con el dedo, Frida pasó a un mexicanismo a ultranza, que hacía de ella una especie de princesa azteca de lenguaje caló. (Pero no era la única que usaba faldas largas y huipiles de tehuana. Había llegado a ser una moda entre las mujeres de su medio, tanto mexicanas como extranjeras).

La mujer de Diego Rivera, pese a lo que decía su padre, era hermosa, y se hacía notar.

Poco después de su casamiento, Frida y Diego organizaron una fiesta en la casa de Tina Modotti. Todos sus amigos acudieron y se armó el ambiente de los grandes días: discusiones interminables, pulque y tequila corriendo en abundancia, música, gritos de alegría. Estaba también Lupe Marín, quien se mostraba alegre y amistosa. Sin embargo, cuando menos se lo esperaban, avanzó solemnemente hacia Frida, la reina de la fiesta. Al llegar junto a ella exclamó, sonriendo:

—¡Atención, todos, un minuto!

Frida la miraba, intrigada pero sin desconfianza. La algarabía cesó y todas las caras se volvieron hacia Lupe. Todos estaban acostumbrados a los arranques espontáneos, a las provocaciones, las declamaciones, las declaraciones, las payasadas.

—¡Fíjense bien !

Súbitamente agarró la falda de Frida y se la levantó por encima de las rodillas. Frida quedó tan sorprendida que la dejó hacer.

—¿Ven estos dos palos? ¡Son las piernas que Diego tiene ahora en lugar de las mías!

Soltó bruscamente la tela y abandonó el salón, mostrándose aparentemente muy segura de sí misma, dejando al grupo entre exclamaciones y alguna risa aislada.

Frida no dijo nada y también abandonó la sala un momento después. Subió a la azotea, se deslizó entre las ropas tendidas y fue a recostarse en un pretil. La noche era clara, los ruidos de la fiesta habían recomenzado, pero le llegaban en sordina. Respiró hondo y miró hacia donde debía encontrarse la casa de Diego, en el número 104 de Reforma. Tenía ganas de regresar.

Una voz la llamó:

—¡Frida! ¡Frida! ¿Estás ahí?

—Aquí estoy, sí —respondió con voz cansada.

—No veo nada, con todas estas sábanas. . . Frida, tienes que venir. . . Diego está haciendo de las suyas.

—¿Cómo? ¿Qué pasa?

—Creo que esto va a acabar mal. . . con todo el tequila que ha bebido. . . Quizá tú puedas detenerlo. . .

Frida apareció en la penumbra y siguió al que le hablaba. Debía haber pasado un buen rato en la azotea. Diego estaba completamente borracho, pero ya era tarde. Había sacado la pistola y disparaba, mitad agresivo, mitad alegre. La pantalla de vidrio de una lámpara voló en pedazos, y las balas quebraron o atravesaron otros varios objetos. Una bala rozó la mano de alguien, rompiéndole el dedo meñique.

Soplaba un aire de pánico. Diego gritaba injurias, inventando una pelea.

—¡Está loco! —gritó Frida avanzando hacia él—. ¡Diego, mi gordo, ya basta!

Pero Diego no oía nada y se puso a insultarla también.

—Era lo que faltaba. . . ¡Como fiesta de casamiento, ésta va a ser inolvidable! Una que me levanta la falda, el otro que dentro de poco va a caer debajo de la mesa. . .

—¿Te rebelas?

—No te he hecho nada, Diego. En cambio tú has bebido demasiado y si quieres, puedes seguir, pero yo me voy a la casa.

El tono iba subiendo, la disputa no tenía ningún sentido. Nadie sabía cómo había empezado. Por fin, Frida se soltó y consiguió marcharse. Se fue a Coyoacán.

Pasaron dos o tres días antes que Diego regresara, avergonzado, a buscarla. Ella lo esperaba completamente tranquila. Ya había manifestado su reprobación al abandonar la fiesta y, alma orgullosa también, sabía que su fuerza consistía en no hacer reproches después. Diego que se hiciera su autocrítica si era necesario.

Volvieron a su casa, juntos y contentos.

No tardarían mucho en encontrarse en la casa azul; algún tiempo después se resolvió que, teniendo en cuenta las dificultades financieras que seguían padeciendo Matilde y Guillermo y el espacio de sobra de la casa de la calle de Londres, la pareja Rivera se instalaría allí.

Diego tenía mucho trabajo: terminaba los murales de la Secretaría de Educación e iniciaba otros en la Secretaría de Salud. Pronto decoraría también una parte del Palacio Nacional, a pedido del gobierno. Hacia el fin del año, el embajador norteamericano, Dwight W. Morrow, le pidió que pintara los muros del palacio de Hernán Cortés en Cuernavaca. El éxito de Diego crecía.

Sin embargo, empezó a recibir críticas del Partido Comunista por sus relaciones con el gobierno y las personas que frecuentaba. El día de su expulsión, él mismo se acusó ante sus camaradas de haber traicionado la causa justa "colaborando con el gobierno pequeñoburgués de México". Terminó su "autocrítica" declarando a Diego Rivera expulsado del partido. Después sacó una pistola, la tuvo en las manos unos minutos y de repente la rompió de un golpe seco, para gran asombro de los espectadores: era de yeso.

En Cuernavaca, la vida transcurría agradablemente. Frida había seguido a su marido y pasaba los días perezosamente, mientras él pintaba su mural.

Un mediodía fue a buscar a Diego en sus andamios para anunciarle una buena noticia.

—Diego, bájate de ahí. ¡La felicidad!

Diego bajó.

—Pero. . . —dijo ella, señalando el mural con el dedo— ¿qué es ese caballo?

—Frida, por Dios, es el caballo de Zapata.

—Ya veo. . . , ¿pero tú estás loco o qué te pasa?

—¿Te parece demasiado imponente?

—¡Pero Diego, mi amor, lo has hecho blanco! ¡El caballo de Zapata era negro! Negro como la noche. Negro como sus ojos. Negro como la eternidad.

—Está bien, lo volveré a pintar. Tus deseos son órdenes para mí. . . Déjame pensar. . .

—¡Pero no son mis deseos, es la realidad!

—Mmmm. . . Creo que lo voy a dejar blanco. Es mi idealización.

—¿Sabes lo que es la felicidad? —preguntó Frida, maliciosamente.

—El socialismo, quizás. . . o el nirvana.

—No, no, nada de eso. La felicidad hoy.

—Esa canastita de colores que traes humeando con la comida.

—Caray, Diego, estás perdido. La felicidad, hoy, es mucho más que eso: estoy embarazada... ¿Me oyes? Voy a tener un bebé de rana y paloma.

Pero la suerte decidió otra cosa. Tres meses después el doctor Marín, hermano de Lupe, tuvo que provocarle un aborto. Había diagnosticado una malformación pélvica que impediría que el embarazo llegara a su término.

Frida lloró desesperadamente. Las pesadillas de la época del accidente volvían ahora a llamar a la puerta de su cuarto. Diego estaba junto a ella y la consolaba lo mejor posible, pero ella se sentía sola. Una pregunta la obsesionaba, y no tenía respuesta: ¿Podría tener un hijo, algún día, o esa esperanza había muerto para siempre sobre los rieles del tranvía?

Era una unión que intrigaba. Que suscitaba olas de reprobación, de entusiasmo provocativo, de chismes, de curiosidad. Una unión que intrigó siempre. En la cabeza de unos y otros, más tarde o más temprano, la pregunta: "¿Cómo se aman esos dos?". Con matices: ¿cómo pueden amarse? ¿Cuál puede ser la naturaleza de su relación? ¿Quién ama a quién? ¿Se amarán, por lo menos? Y además: ¿es ella su madre, es él su padre, son cada uno el hijo del otro, es él hermano, es ella amante, él es el amante sin el cual ella no puede vivir, no cabe duda de que no son amantes, son compañeros, son amigos, sus relaciones deben ser perversas, su relación no tiene nada que ver con el erotismo, se necesitan el uno al otro, cada uno se basta a sí mismo, es desigual, debe ser asfixiante, esos veinte años de diferencia son un puente entre ellos, o un abismo? Es indudable que están unidos hasta la médula; ¿dramático? ¡Fabuloso!

Pero sí, todo eso.

Alimentábamos al medio artístico, y quizás algo más.

Pero claro, todo eso. ¿Amor? No lo sé. Si el amor engloba todo, incluyendo las contradicciones y las desviaciones, las aberraciones y lo indecible, entonces sí, que sea amor. Si no, no.

Nuestro matrimonio fue un pequeño escándalo. Todo el mundo intervino y nos dio consejos a cada uno. Por ejemplo, un día, en otoño, recibí una carta de Lupe: le advertía que ni ella (Frida) ni su padre ni su madre tenían

159

derecho a nada de Diego, puesto que sus hijos (entre los que mencionaba a Marika, a la que nunca había enviado un centavo) eran los únicos seres humanos a quienes tenía el deber de mantener. Otra alusión de mal gusto, quizás, al hecho de que habíamos decidido mudarnos a la casa azul... Yo ya me había hecho el hábito de no entrar en discusiones de ese tipo. En respuesta, un par de años más tarde pinté su retrato.

El compañero y amigo de Tina Modotti, Julio Antonio Mella, fue asesinado cuando ambos caminaban juntos por la calle, y ella sufrió una campaña de calumnias, acusándola de ser responsable del crimen. Pobrecilla. Se mostró valiente, siempre hermosa y serena. Vivimos una vida difícil: la vida, el amor, la amistad, la política, todo mezclado, siempre. Tina, que había resuelto no volver a dirigirle la palabra a Diego cuando éste salió del Partido (la "familia" de Diego, la "patria" de Tina) en el cual yo había permanecido, la tomó contra mí: "Frida, no estás vestida como revolucionaria". Su mirada era hermosa y su expresión desarmada. Mi único argumento "político" hubiera sido decirle que reivindicaba a la mexicana que había en mí. La única respuesta que tenía en el alma y que callaba era que a mi hombre le gustaba que me vistiera así, y que estaba bien.

Por momentos me sentía algo vacilante. Recordaba la época en que Diego estaba pintando los murales de la Escuela Nacional Preparatoria y yo iba a verlo vistiendo mi uniforme de colegiala alemana, con mi sombrero de paja cuyas largas cintas me caían por la espalda: "Sígame, joven". El candor de mi adolescencia, en medio de ese tumulto artístico y político, en medio de todos esos conflictos verdaderos o falsos, yo rogaba por no perderlo. Sabía que era como una bocanada de aire fresco. Creo que no lo he perdido.

Todas aquellas frases inútiles, salvo quizás para lo que hay de comadre en todos nosotros: Diego va a influir en ella; Diego la va a aplastar, la pintora es ella, ella va a perder su originalidad, ella tiene personalidad suficiente para ser intocable, y así hasta el infinito. Quizás Diego influyó un poco en mí al principio de nuestro matrimonio, trato de descubrirlo, no estoy segura. En aquella época, de todos modos, pinté muy poco. Estaba acostumbrándome a mi nueva vida, un poco dejándome estar, con la esperanza de tener un hijo. En los cuadros llamados "El camión" y "La niña", sí, creo que hay influencia de Diego. Represento a mis personajes con una preocupación didáctica muy grande. Pero en mi segundo autorretrato, en el que estoy ante un balcón con una pila de libros coronada por un despertador, y detrás se ve un avioncito volando en el cielo, a lo lejos, me parece que retomo el hilo de mis realizaciones anteriores y empiezo a abrir mi propio camino, aunque ese cuadro todavía es un poco débil.

Es curioso, ¿verdad? Pintaba menos en aquella época en que sufría poco. ¡Ay! Voy a alimentar las tesis sobre el sufrimiento como elemento determinante del arte. . . Todavía hay mucho que decir sobre eso. Ya volveremos sobre el tema.

Así pues, volviendo a la unión, monstruosa quizás, sagrada ciertamente, insisto en decir que fue una unión de amor. A nuestro modo, impetuosa como un río no navegable, como las cataratas del Niágara o las del Iguazú, vasta como un estuario, profunda y misteriosa como los fondos marinos atormentada como una tempestad en el Mediterráneo de Ulises, serena como el lago de Pátzcuaro y fértil como las chinampas aztecas, ruda y dorada como los desiertos, temible como un animal de presa, colorida como todo el universo viviente.

Estados Unidos

Su casa, de noche, siempre estaba abierta: iba quien quería. Ellos eran muy sinceros en sus relaciones con la gente. Nunca he visto otra casa como la de Diego. Allí encontraba uno princesas y reinas, una dama más rica que Dios, obreros, trabajadores. Ellos no hacían ninguna distinción. (. . .)

Frida era sensacional. (. . .) Su obra era surrealista. (. . .) Pero el surrealismo traducido por Frida quedaba muy parecido a México.

Louise NEVELSON.

Diego Rivera, a quien la prensa mexicana había bautizado, algunos meses antes, "el Mussolini de los artistas", recibió en el otoño de 1930 la propuesta de ejecutar una serie de murales en los Estados Unidos. En el San Francisco Art Institute y en el Luncheon Club de la Bolsa de Valores de San Francisco.

En los Estados Unidos no era ningún desconocido; más bien ya se había hecho una reputación sólida y escandalosa. Al invitarlo, los norteamericanos querían dar prueba de liberalismo. En México, en cambio, los críticos se escandalizaron, pero Diego respondía argumentando que con sus murales en el país capitalista combatiría abiertamente a la sociedad norteamericana y tocaría a su pueblo.

De todos modos, no tenía la costumbre de dejarse impresionar por los chismes y las calumnias. Después de la experiencia europea y la experiencia soviética, movido también por una curiosidad insaciable por todo lo nuevo, Diego partió con Frida hacia los Estados Unidos el 10 de noviembre de 1930.

¡Por fin el primer gran viaje, que Frida tanto había soñado!

Llegaron llenos de alegría a San Francisco y se instalaron en el número 716 de Montgomery Street, en casa del escultor Ralph Stackpole. Diego no empezó a trabajar de inmediato y hasta fin de año aprovecharon su libertad para visitar San Francisco y sus alrededores.

Después Diego trepó a sus andamios y Frida continuó explorando la ciudad sola. Estaba encantada de ella. Subía y bajaba incansablemente por sus calles, se extasiaba ante el encanto de las casas, aprendía el inglés con amigos. De la mañana a la noche estaba afuera, y la gente se detenía a contemplarla a su paso: en San Francisco, como en todas partes, lucía sus enaguas y sus faldas de volantes, sus blusas bordadas, sus varios rebozos, sus joyas de oro y de plata con jade, lapislázuli, coral, turquesa. En las veladas a que los invitaban, Frida se convertía en seguida en centro de atracción, por su alegría y las historias que relataba en mal inglés, por su humor, su delicadeza, las canciones mexicanas que entonaba de sobremesa. Edward Weston, el antiguo compañero de Tina, opinaba que parecía una muñeca. "En las proporciones solamente, porque por otro lado es fuerte y muy bella", escribió.

Lo que no impedía que Diego desapareciera varios días seguidos con una de sus modelos norteamericanas. Y Frida aprovechaba para pasarse horas vagando por el barrio chino, su zona preferida. Las vitrinas estaban llenas de objetos insólitos, y siempre encontraba una nueva joya o un corte de seda para hacerse una falda.

163

Sin embargo, su pierna derecha se le hizo presente, provocándole nuevos sufrimientos. Los tendones se estaban encogiendo y el pie derecho estaba un poco más atrofiado. Hizo una cita con el médico jefe del General Hospital de San Francisco, el doctor Leo Eloesser, hombre original, amante del arte, politizado, gran viajero. Examinada su espalda, informó a Frida que tenía una escoliosis muy importante y una vértebra desplazada.

El doctor Eloesser fue el primer médico a quien Frida "adoptó", a quien le tuvo confianza. En prueba de su reconocimiento pintó su retrato, en la casa de él, algunos meses después:

For Dr. Leo Eloesser with all love, Frieda Kahlo. San Francisco, Cal., 1931.

El 3 de mayo de 1931, Frida escribía a su amiga de la infancia, Isabel Campos: "No me caen muy bien los gringos. Son aburridos y tienen caras como bolillos sin hornear (particularmente las ancianas). . . Ni siquiera me atrevo a hablarte de mi inglés, parezco retrasada. Ladro lo esencial, pero resulta sumamente difícil hablarlo bien. A pesar de todo, logro hacerme entender, hasta por los malvados tenderos. No tengo amigas. Paso la mayor parte del tiempo pintando. En septiembre espero tener una exposición (mi primera) en Nueva York. No he tenido suficiente tiempo aquí; sólo podría vender unos cuantos cuadros. (. . .) Lo más impresionante es el barrio chino. Los chinos son muy simpáticos y jamás en la vida he visto niños tan encantadores como los suyos. Sí, de veras, son extraordinarios. Me encantaría robarme uno, para que tú misma lo vieras. (. . .) Tuvo sentido venir acá, porque me abrió los ojos y he conocido un sinnúmero de cosas nuevas y bellas".

Con su pierna dolorida, una nueva época en que se halló inmovilizada, Frida volvió a pintar con regularidad.

Pintó retratos de varias personas además del doctor Eloesser y se liberó de la influencia que hubiera podido tener sobre ella la pintura de Diego en México. Sus nuevos retratos están más trabajados, son más imaginativos, más poéticos.

Con felicidad, inició un cuadro en que se representaba a sí misma con Diego. Ambos están de pie, tomados de la mano. Diego tiene en la otra mano una paleta: el pintor es él. Frida inclina tiernamente la cabeza en dirección a ese gran hombre al que apenas le llega al hombro. Los pies de él son inmensos, los de ella apenas se ven. Como decía Weston, parece una muñequita.

Frida amaba ese retrato de los dos: era el sello de su unión, la prueba de su amor, del amor de ella a Diego, en todo caso, y de la modestia que ella sentía frente a él: una mujer mexicana, amante, sin pretensiones. Por encima de sus cabezas, según la tradición de los retablos, una inscripción en un listón rosa:

"Aquí nos ven, a mí, Frida Kahlo, con mi adorado esposo Diego Rivera. Pinté estos retratos en la bella ciudad de San Francisco, California, para nuestro amigo, Mr. Albert Bender, y fue en el mes de abril del año 1931".

Pero en el mes de junio sucedió que el gobierno mexicano volvió a llamar a Diego: había dejado sin terminar los trabajos que estaba haciendo en el Palacio Nacional. La pareja Rivera regresó pues a México, llevando en el bolsillo una invitación para que Diego realizara un mural en Detroit, más adelante.

Se instalaron en la casa azul mientras Diego, con los dólares reunidos en los meses anteriores, inició la construcción de otra casa, rodeada de cactos, ubicada entre las calles de Altavista y Palmas, en San Ángel.

Sus días estaban bien ocupados: Diego siempre igual a sí mismo, es decir inagotable, gracioso; Frida dinámica, alegre. Y luego, los proyectos, la futura casa —que estaría formada por dos partes unidas por un puentecito—, los amigos. Entre éstos un recién llegado, Serguei Eisenstein, que rodaba *¡Que viva México!*

—Imposible hallar un título mejor, señor Eisenstein —le dijo Frida al recibirlo en la casa azul.

—Ni un tema mejor —agregó Diego.

Eisenstein sonreía traquilamente. Diego y Frida se agitaban a su alrededor: querían saberlo todo sobre la película, se mostraban, como de costumbre, endiabladamente curiosos y platicadores, hacían sugerencias, se jactaban de la grandeza de su patria. Más tarde, con unas copas, Frida mostró al cineasta algunos de sus cuadros, los que se encontraban allí, un autorretrato, un retrato de Cristina, otro de Adriana, *La niña, El camión,* fotografías de cuadros que se habían quedado en los Estados Unidos.

Eisenstein observaba atentamente. Frida intervino:

—No se canse los ojos, mi querido señor, no valen mucho, sabe. . .

—En todo caso, tiene usted el ojo de un fotógrafo, reconózcame la capacidad de juzgarlo. Y pintora, sin duda lo es, aunque ponga cara de dudarlo. . . Debería ir algún día a la Unión Soviética, estoy seguro que le interesaría el arte de nuestros iconos. Veo en la pintura de usted la misma intimidad. Tiende al mismo recogimiento.

—¡Me hace usted demasiado honor! —exclamó Frida, rechazando el tema con un gesto. Permaneció pensativa unos minutos y después recomenzó—: Los iconos, es entrar en lo divino. Que es donde está usted, también. Pero, ¿quién soy yo a su lado? Yo trabajo, eso es todo. Lo que usted ve es mi universo. . . Venga ahora, venga. Vamos a tomarnos una fotografía en el patio.

Frida tomó afectuosamente del brazo a su invitado y lo condujo afuera. Allí exclamó alegremente, señalando con el dedo:

—Aquel árbol que ve usted allá, es donde yo, de niña, iba a sentarme a sus pies a soñar. Me hacía mis propias películas. . . ¡Que viva México! ¿No es eso?

Diego no dejaba de repetir que ya tenía nostalgia de su vida en los Estados Unidos; Frida se burlaba de él preguntándole si no era sobre todo de los dólares y la fama de lo que sentía nostalgia. Ella, en cambio, volvía a sumergirse poco a poco en su universo mexicano, sin lamentarlo: allí tenía su lengua, su familia, sus amistades.

Sin embargo, la vida dio la razón a los deseos de Diego; los Estados Unidos lo llamaban de nuevo, por la voz de Frances Flynn Payne, consejera artística de los Rockefeller. Diego Rivera fue el segundo pintor (después de Matisse) que tuvo el honor de que le solicitaran una exposición retrospectiva de su obra en el Museo de Arte Moderno de Nueva York.

Por lo tanto, volvieron a hacer sus maletas y se embarcaron hacia la costa del este de los Estados Unidos a fines de noviembre. El viaje fue animado por las historias extraordinarias y las rarezas de Diego, sus juegos con la pistola, sus discursos sobre el Estado y el futuro del mundo. Y Frida, como Cleopatra en sus barcas del Nilo, adornada y admirada, cantaba corridos, desplegaba todo su encanto y su ternura, la agudeza de su inteligencia, prodigaba su sonrisa, y no sólo a los hombres, sino también a las mujeres. Había comprendido que atraer las miradas hacia ella era el mejor medio de alejar a las mujeres que se acercaban a Diego.

El barco sólo se calmó al entrar en la bahía de Manhattan. Silencio a bordo, los viajeros eran todo ojos. Frida pensaba en su padre al llegar de Hamburgo a Veracruz y se sentía aún más emocionada. El Nuevo Mundo capitalista se erguía ante ella, milagro de luces y fulgores reflejados en el agua.

Se estremeció de placer y de temor ante la belleza del monstruo urbano, que se burlaba de ella con los reflejos que arrojaba y con todo lo que debía esconder en sus sombras. "¿Cuántos, se preguntaba, han vivido este momento extraordinario? ¿Cuántos tendrán el privilegio de vivirlo todavía? ¡Cuántos habrán llorado! ¡Cuántos habrán muerto de emoción! La mano del Hombre es mucho más grande que la mano del hombre creado por Dios, querida mamá. . .".

En el muelle se había congregado una pequeña multitud para darles la bienvenida. Había alguos amigos y entre los presentes estaba el director del Museo de Arte Moderno en persona, A. Conger Goodyear, para dar la bienvenida a los recién llegados, que fueron conducidos en seguida al hotel Barbizon-Plaza.

Apenas instalados, Diego y Frida fueron arrastrados por el torbellino mundano. Frida se dejaba arrastrar con cierto placer, aunque de vez en cuando también expresaba en voz bien alta su disgusto por todas aquellas fiestas que parecían ignorar la miseria del mundo. Los amigos de John Rockefeller Jr. y de su esposa, Abby, la contemplaban con cierta tolerancia. Sin embargo, cuanto más se acostumbraba Frida a los palacios, a los sirvientes, a los choferes, a las facilidades del *confort,* más provocativa se mostraba. Ya no sólo desplegaba su natural espíritu travieso sino que adquiría destreza en lanzar dardos en las veladas mundanas. Pero era una artista y la mujer de un artista y eso le daba derecho a tomarse ciertas libertades que sin duda no se habrían permitido a gente de otra categoría. Frida resultaba divertida.

La exposición del Museo de Arte Moderno era para Diego una empresa enorme: tenía que presentar alrededor de ciento cincuenta obras, de simples esbozos a fragmentos de murales. Aparte de las cenas, Diego estaba totalmente entregado a su tarea, estimulado también por su indiscutible celebridad, que lo embriagaba. Tres días antes de Navidad, en el frío de Nueva York, la inauguración congregó una multitud. Soplaba un viento extraño en el museo, donde se codeaban los más altos representantes del capitalismo con los defensores del comunismo. Pero eso era casi de buen tono. Los primeros se sentían más liberales, y los segundos tenían la impresión de que su lucha ganaba puntos. Además, era la alianza, por un día, del Norte y el Sur.

A juzgar por las cifras, la exposición fue un éxito: en un mes, asistieron casi sesenta mil personas.

Diego causaba sensación. A él le gustaban los Estados Unidos, y ellos le pagaban con creces. Nueva York era una ciudad a su medida. Bajo las lámparas y los fogonazos de los fotógrafos, se sentía cómodo. En todas las fiestas, las damas de pelo rizado giraban alrededor de él. Aunque arrojara el humo de sus gruesos puros contra sus pieles. A pesar de eso, lo encontraban aún más encantador, *charming. Oh, Diego, you are a genius! What a wonderful man, really!* Algunas eran melosas hasta el ridículo. Si mi Diego hubiera sido más feo, más les habría gustado. Nunca he conocido a nadie que manejara tan bien como Diego el arte de la contradicción para ser siempre la estrella. En lo artístico, en lo político, en lo cotidiano, siempre se las arreglaba. Hombre de piruetas.

And what about me? Molesta, en el fondo. A menudo me daban náuseas entre las copas de champaña. No por el champaña mismo, sino más bien por el ruido de las conversaciones. No a la vista de los collares de perlas, sino por su ruidito, cuando las mujeres los sacudían jugando a la norteamericana. Y esos perfumes que se hacían traer de París, mezclados al olor de los puros habanos de los hombres. Yo sentía nostalgia de los olores de la Merced, del olor a tortillas del Zócalo. Frente a los platos elegantes de nombre siempre francés, me venían ganas de comer una enchilada de mi mamá, un guacamole, un pedazo de ate de guayaba, un poco de cajeta con cucharita y un buen vaso de pulque.

Había exclamaciones de admiración cuando alguien mencionaba el año del vino —siempre francés— y yo me ponía a pensar que en mi país la gente se envenenaba todos los días bebiendo tres gotas de agua estancada. . . Recordaba, con un *petit-four* —también en francés— en la mano, las fotografías de terrible miseria en los propios Estados Unidos que había visto. Entonces hubiera querido hacerme pequeñita y hundirme aún más en aquellos sillones tapizados de terciopelo extraordinariamente blandos, hechos para el letargo intelectual. Y me preguntaba cómo sería la existencia, por ejemplo, del muchacho que nos servía con tan lindos guantes blancos, la del *groom* del hotel Barbizon-Plaza, la de los borrachos y los mendigos que arrastraban sus restos de vida hacia el Bowery, a esas horas, en pleno invierno. Volvía a pensar en la carrera del oro y en la Revolución Mexicana, en todas las guerras, las pasadas y las que quizá nos esperaban. *I felt sick, you know.*

Me preguntaba a mí misma si era honrada. No por encontrarme en un salón burgués, sino porque las cosas en que yo creía eran posiblemente una causa perdida. Y porque yo, de todos modos, estaba del lado del poder y sigo estándolo: por mi educación nada más ¿verdad? Diego, él, no ha dudado nunca, me parece; cambiar de opinión con facilidad no es lo mismo que dudar. En definitiva, quizás yo tenga más integridad que él. Cierta puerilidad que me hace andar más derecho. ¿O no es más que pretensión?

Entre dos tarjetas de invitación en sobres siempre forrados, sin embargo, me dejaba aspirar por Nueva York. Me encantaba caminar desde el extremo sur del Central Park, donde vivíamos, hasta *downtown*. Mi territorio estaba circunscrito entre Little Italy y Hester Street. No paseaba tanto por el Chinatown de Nueva York como por el de San Francisco. Entonces me hubiera gustado vivir por McDougal Street, y se lo decía a Diego, que me respondía que quizá más adelante. Me sentía incómoda con las carantoñas del hotel, y las reverencias nunca han sido de mi gusto.

Tenía algunas amigas, sobre todo Suzanne y Lucienne Bloch. Sobre todo Lucienne, que fue una de las ayudantes de Diego en los murales y después se casó con Stephen Dimitroff, otro ayudante. Tendré ocasión de volver a hablar de ella. Se reía de mí porque siempre llevaba algo de regreso de mis andanzas: dos metros de listón, un chal italiano, unas viejas perlas de madera para hacer un collar. Decía que nunca había conocido una mujer con mi habilidad para juntar elementos dispares, con o sin valor, y exclamaba que la elegancia, en el fondo, era sin duda ese arte. Yo me sentía muy halagada.

Mi coquetería formaba parte de la tirantez en que vivía. Trataba de no perder de vista las causas nobles que mi conciencia defendía, y de inmediato me invadía una multitud de imágenes de apoyo. Pero al mismo tiempo me hundía en los placeres neoyorquinos. Por arranques.

Pero a menudo sentía vergüenza. Y no sólo por mí.

Extrañaba México y no pintaba bastante.

En la frontera de México
y los Estados Unidos

"Esta ciudad [Detroit] me da la impresión de una aldea antigua y pobre, parece como un poblado, no me gusta nada. Pero estoy contenta porque Diego está trabajando muy a gusto aquí y ha encontrado mucho material para sus frescos que hará en el museo... La parte industrial de Detroit es realmente lo más interesante, lo demás es como en todo Estados Unidos, feo y estúpido".

Frida Kahlo.

Veinticinco mil dólares por un mural en Detroit; la industria norteamericana no escatimaba los medios. ¿El tema? La industria misma. ¿El espacio por cubrir? Inmenso, pero no demasiado impresionante para ese otro Miguel Ángel, como a veces le decían. ¿Lugar? El Detroit Institute of Arts, administrado por la Detroit Arts Company, bajo la responsabilidad de Edsel Ford, presidente de la Ford Motor Company.

En abril de 1932, Diego y Frida llegan a Detroit. Diego ya había recibido desde Nueva York una proposición de los Rockefeller para pintar un mural en uno de sus edificios.

Diego pasó semanas visitando las fábricas de Detroit, llenando bloques de croquis de edificios y los materiales que encerraban. Corría de un lugar a otro, mostrando gran curiosidad y mucho entusiasmo. Se siente dedicado en cuerpo y alma a su enorme tarea. Frida, en cambio, durante el día al menos, parece tranquila: está nuevamente embarazada. Y además, la ciudad no le gusta. Detroit es una ciudad de trabajo, terriblemente conservadora. En ella reina una atmósfera más pesada que la de San Francisco o Nueva York, y Frida se siente menos libre.

En Detroit, las extravagancias de los Rivera adquirían otra dimensión, también porque ellos mismos, al sentirse menos cómodos allí, se mostraban más agresivos. Ya no hacían reír, sino que los veían como animales raros. Sin embargo, no se libraban de las invitaciones mundanas.

Durante una velada en casa de Henry Ford, Frida bailaba con el dueño de casa y él le dijo:

—Lleva usted un vestido muy bonito, querida Frida.

—Es lo que creo yo también, querido señor —respondió ella—. ¿Usted creía que los comunistas deben andar mal vestidos?

—No era eso lo que quería decir —dijo Ford, haciéndola girar al ritmo de la música.

—Nos han dicho que estamos alojados en el mejor hotel de la ciudad. . .

—En efecto, en efecto. . .

Frida lanzaba a su compañero miradas de desafío. Mientras seguían girando, continuó:

—Nos han dicho también por qué es el mejor hotel de la ciudad.

Henry Ford sonrió amablemente.

—Porque no aceptan judíos —agregó Frida, alejándose un poco para observar mejor el efecto de sus palabras.

Ford quedó en silencio, después dijo:

—Usted sabe, son cosas que dicen. . .

—En todo caso, sé que tanto Diego como yo tenemos sangre judía en las venas. Y que usted está bailando conmigo.

Frida provocaba a Ford deliberadamente: tenía fama de antisemita. Ford no reaccionaba, estaba habituado a ese tipo de extravagancias. Pero se sobresaltó cuando Frida, tras maniobrar entre las parejas que bailaban para llevarlo a un lado, le preguntó a quemarropa:

—Y usted, señor Ford, ¿usted no es judío?

No esperaba respuesta. Seguramente no la habría recibido. Se sentó en un sofá y se puso a frotarse la pierna derecha, por debajo de la falda: el aparato ortopédico la lastimaba. Debido al embarazo sentía náuseas todo el tiempo y todo lo que había bailado, girando, no la ayudaba. Salió al jardín y vomitó. Vomitaba sin cesar, y no comía casi nada.

Al terminar la velada, encontraron un automóvil con chofer esperándolos. Henry Ford se adelantó:

—Es un regalo para Frida.

Frida quedó atónita:

—Pero, yo no sé manejar. . .

—El chofer quedará a su disposición.

Frida empezó a tener hemorragias. El doctor Pratt la recibió y la tranquilizó. El bebé no estaba en peligro, pero era necesario que ella se agitara menos. Ella obedeció y sobre todo, trató de poner en orden sus ideas. Sentía que estaba inquieta y dispersa en la vida cotidiana. Diego se irritaba por eso y lo comentaba con Lucienne Bloch, quien estaba viviendo con ellos:

—No sé qué hacer con Frida. No está bien. . . ¡No sé qué hacer! No trabaja lo que debiera.

Frida se decía lo mismo. Necesitaba, por un momento, olvidarse de Detroit, preocuparse menos por Diego, que no parecía tener necesidad de ella, dejar de pensar en Nueva York o echar de menos México. Tenía que ponerse a trabajar, único modo de canalizar todas sus corrientes de pensamiento.

Y empezó a pintar un autorretrato en que se representa en la frontera entre México y los Estados Unidos:

"Carmen Rivera pintó su retrato el año 1932", se lee en el pedestal donde está de pie.

Diego casi nunca estaba presente, y ella tenía todo el tiempo para trabajar. A la luz del día, el cuadro iba tomando forma, revelando su mundo de entonces, ordenándolo. A su izquierda, los Estados Unidos, quizás solamente Detroit: chimeneas, aparatos y cables eléctricos, al fondo, una fábrica en cuyas cuatro chimeneas está escrito FORD y cuyo humo forma una nube; edificios. A su derecha, un templo azteca, vestigios prehispánicos, en el cielo el sol y la luna y sobre todo, plantas y flores cuyas raíces están pintadas en corte. De pie entre esos dos mundos tan opuestos, aquel en que tiene sus raíces y el otro, que sólo está unido al primero por un contacto eléctrico, con un vestido largo rosa y guantes largos, como si se dispusiera a salir hacia una fiesta, Frida, siempre seria. Sus espesas cejas negras se unen en la frente como las alas de un pájaro: símbolo del rostro de Frida; símbolo también de su anhelo de partir, de volar, aunque no puede caminar; símbolo de sus escapadas imaginarias, en suma.

Frida se sentía más serena. Su pincel de marta al extender suavemente los colores apaciguaba sus inquietudes. A su lado, sus tubos de pintura, alineados, la tranquilizaban. Por la noche, limpiaba sus pinceles y su paleta, lo secaba todo, ponía cada cosa en su sitio, lista para volver a utilizarla al día siguiente. Al terminar la jornada, sentía que la invadía una extraña fatiga que la dejaba satisfecha. Las horas sin Diego pasaban más pronto.

En junio ya empezaba a hacer mucho calor. Ella seguía teniendo hemorragias y náuseas, pero trataba de luchar contra todo, pintando. Sin embargo, subsistía cierta inquietud en cuanto a la existencia misma de la criatura. Los médicos aseguraban que la vida de la madre no estaba en peligro, Diego dudaba, pero sobre todo, en el fondo, no tenía ganas de tener un hijo. Le decía, con todo, que hiciera lo que ella tuviera deseos de hacer. Para ella el riesgo era enorme. Que su cuerpo pudiera funcionar normalmente le causaba una felicidad inesperada; por otro lado, correr el riesgo de que Diego reaccionara negativamente, de que rechazara al niño, de poner en peligro su relación en los términos en que estaba establecida, todo eso la perturbaba enormemente y la llevaba a la desesperación. Y todas esas cosas entrechocaban en su cabeza cuando, sentada frente a su caballete, establecía en ella misma la frontera entre México y los Estados Unidos, volvía a dibujar el vínculo con el primero como para consolarse y en el segundo todo lo que nunca aceptaría.

Llegó el mes de julio. Por las ventanas abiertas, el calor entraba cargado de olor a hormigón caliente y polvo. Frida abandonaba de tanto en tanto su silla de trabajo y levantaba la cortina de una ventana. Esperaba las tormentas de las tardes del verano de México. Hacía un calor terrible, se abanicaba con su ligera paleta de madera: por un momento el olor de la trementina era más fuerte que el que llegaba de fuera.

Acariciándose el vientre, miró un calendario colocado sobre un mueble. Pronto cumpliría dos meses de embarazo.

La cuestión de tener hijos nunca fue fácil entre Diego y yo. Yo hubiera dado cualquier cosa por tener un hijo, pero él no. Su pintura siempre estuvo antes que nada, y eso es normal. Y además, él ya tenía a Marika y las hijas de Lupe.

Cuando descubrí que estaba embarazada por segunda vez, en los Estados Unidos, Diego dijo que temía por mi salud. Se preocupó por saber qué pensaban los médicos. El doctor Pratt sostenía que, pese a mi primera experiencia catastrófica, el embarazo podía llegar a su término si yo me mantenía muy tranquila, y que el nacimiento tendría que ser por cesárea. Escribí al doctor Eloesser pidiéndole consejo, y me respondió que concordaba con la opinión de su colega. En cuanto al contexto psicológico espinoso al que me enfrentaba, en el fondo tenía que decidir sola.

Creo que la falta de motivación de Diego no tenía tanto que ver con la inquietud que sentía por mi salud como, y casi exclusivamente, con la importancia de su vida de pintor. Yo lo comprendía perfectamente y estaba dispuesta a ceder y abortar. Si los médicos me tranquilizaban sobre mi suerte, también me ponían en la situación de tener que hacer una elección crucial.

¿Sellaría nuestra unión un hijo? ¿O por el contrario, la disolvería? Horas y horas interrogándome, considerando todos los casos posibles. El agotamiento mental, las lágrimas, para nada: no conseguía tomar una decisión.

Pesar el pro y el contra y establecer, para cada caso considerado, una cadena de deducciones: inútil; volvía a encontrarme en el punto de partida.

Tenía dos meses de embarazo. Todo era posible aún.

Dormía mal, trataba de discutir con Diego. Después, me ponía nuevamente a pensar en círculos. Pero poco a poco, último recurso natural, de la confusión surgió mi deseo. Mi hijo, mi bebé, yo lo quería. Mi deseo de tenerlo era más fuerte que las razones para no tenerlo. Y la angustia desapareció, como una se deshace de algo demasiado usado que ya no le pertenece. Volvió el sueño.

Un mes y medio después, el destino me hizo una burla grotesca. El destino tiene dientes de tiburón. En una noche, lo perdí todo. Dicen que mis llantos, mis gemidos, mis gritos se oían desde afuera. Por la mañana no quedaba más que un Diego con expresión triste, una Frida al borde de la inanición, cuyas trenzas medio deshechas estaban literalmente empapadas de lágrimas, el aullido desesperado de una sirena de ambulancia. Hoy quedan estas páginas que escribí entonces:

Fue como un inmenso esputo de agua, oro y sangre. Después no vi más nada, el suelo era blando bajo mis pies, el miedo, desgarramientos de relámpago fragmentaban mi cuerpo, una desolación absoluta, mi carne se hacía fluida, libraba una batalla perdida de antemano, una dislocación de los miembros, brutal, la desorganización caótica de una unidad, un cuerpo abierto vaciándose de su vida, dando la muerte, dándose la muerte.

Un dolor capaz de enloquecer.

Un terror pánico. El terror. Una desgracia, el sudor, la sangre, ningún elemento sólido en que apoyarme a recobrar mis fuerzas: muros como de polvo, objetos en movimiento. Ninguna consistencia, imágenes todas confusas. Puñaladas lanzadas contra el azul del cielo. Fisuras negras de hollín en los colores de la vida. Una palidez insostenible dibujando la línea del horizonte. Una historia grave.

Yo no quería eso. Todo, pero no eso. No esa pérdida irremediable de lo que me llenaba, no esa amputación, esa mutilación de mi propia vida, no esa degeneración violenta de mi yo. La locura no está tan lejos. La locura está a dos pasos. La locura roza o posee ese lugar frágil entre todos donde el dolor se hace total, golpea a ultranza sobre cada trocito de la vida, ahoga la luz, anuda cada gesto, anula toda tentativa de salvamento, trata de amortajar cada burbuja de aire, se encarniza en desmantelar las fuerzas.

No se puede decir "salgo rota", no se puede decir "vivo un desgarramiento": todavía no he salido de nada, todavía no he recobrado la vida. Y tampoco *soy*, aunque fuera fantasmal. Estallidos, roturas, desgarramiento impetuoso, torrente de lágrimas, y nada que llene ese vacío sin nombre: ¿yo, eso? Una extrañeza poderosa, arrasadora me ha invadido, me tiene bajo su yugo, me deja muda de desesperación, vacía de vida, sí, lo repito, vacía de sentido también. El cuerpo despojado de sentido, despojado de lo que poseía tan cariñosamente (tan carnalmente). Desorden, derroche. Vacilo como un barco ebrio, ebrio de deriva, una barca hueca. Asesinada, nunca tan asesinada.

Hijo mío, soy culpable. Si supieras qué culpable me siento. Hice todo por guardarte al calor, protegido. Amado, amado, te he amado antes de verte, de conocerte, de reconocerte. Pero no fue suficiente. Algo te faltó, una parte de ti te falló. Quizás sea ese espacio en que tu padre había puesto una cruz en la palabra "ausente". Te faltó él, en el fondo, me faltó a mí. Yo no tuve fuerzas para llenar esa parte de ti que no venía de mí, y que se hizo ausencia, haciéndote incompleto, frágil. Yo no tuve fuerzas para llenar la ausencia de él en mí, tampoco.

Tú y yo estuvimos unidos, ese tiempo, ligados por el mismo designio, golpeados por las mismas cosas, sufriendo las mismas imperfecciones. La culpa no me toca más que a mí, y a mí sola. Hubiera debido ser capaz de amarnos por dos, de protegerte contra todas las desgracias y más aún. Hubiera debido ser lo bastante fuerte para evitarte sufrimiento, para evitar tu pérdida, nuestra destrucción. Te pido perdón, infinitamente perdón.

Jamás recobraré la sensación de ti. Ese deseo tan pleno que desplegó sus alas aquella noche, hundiéndose como una lluvia de chispas en mi calor, en el júbilo de mis miembros como un juego de rebotes. Él, tendiendo a esperarme, yo, tendiendo a recibirlo con toda la fuerza de mi placer, tendiendo a poseerlo para que tú echaras raíces en mí. Y tú te instalaste en el hueco de mi vientre como en tierra familiar, como si desde siempre hubieras sabido que allí era tu lugar. Te estiraste, hiciste tu nido oscuro y húmedo.

Soy culpable, hubiera debido ser más fuerte, mil veces más fuerte, evitarte todo mal, retenerte en mí, cuerpo y alma. Todo se deshizo, un abismo se abrió en mí y alrededor de mí: tú ya no estás ahí y mi propio cuerpo roza su pérdida, se desintegra. Ya no está permitida la esperanza.

Aniquilada. Como si un bloque de granito me hubiera pasado por encima. Traté de esquivarlo, de escapar. Pero mis fuerzas me abandonaron, paralizándome en el lugar, desarmada, enorme ante la nada. Aniquilada. Sin cabeza para pensar, ni cuerpo, ni sexo. Tú me habías llenado, colmado. Tu pérdida me lo retira todo, brutalmente. Privada del florecimiento que tú me habías traído. Arrancarme de lo que tu presencia en mí me había dado, tan violentamente, es algo sin medida: pierdo todo sin matices, sin discernimiento. Me estiro hacia la nada.

Mi hijo que no vio la luz, pierdo mi meridiano.

Estábamos tan cerca; ¿cómo pudiste abandonarme? ¿Cómo pude dejarte hacerlo? Unidos estábamos, estamos. Adonde iba, yo te llevaba. Adonde tú vas, me llevas. Creí, y desespero. Junto a ti estaba yo, junto a mí estabas tú. Mejor aún: juntos, los dos en uno. Quisiera rebelarme pero no puedo, el abatimiento es extremo. Me arrastra como a una ahogada en el rodar de olas cargadas de arena áspera.

¿Cómo hice, dime, para traernos a esta situación? No pude socorrerte, tú no pudiste socorrerme, nadie nos socorrió.

No hay más nada que decir: mi vocabulario es tan pobre como mi desolación.

Hijo mío, tú no tenías precio: tú reunías en ti todo lo que a mis ojos tenía precio: Diego, el amor, la vida, la comunicación, la entrega de mí misma. Es preciso proteger lo que se ama, saber que es preciso, de todo y contra todo.

Un dolor de enloquecer .

Te guardo en mí como un secreto herido, ahora. Miro a mi alrededor, el silencio me traga, los objetos se esfuman, mis piernas me fallan. No hay ningún punto de referencia, ningún lugar en ninguna parte. Soy esa materia difusa, el silencio está en mí. Cuatro paredes blancas que transpiran un olor a éter, que contienen un universo deshecho. Esperar.

La muerte de un hijo
la muerte de una madre

"Amo las cosas, la vida, la gente. No quiero que la gente muera. No tengo miedo a la muerte, pero quiero vivir. El dolor sí que no lo soporto".

Frida Kahlo.

El 4 de julio de 1932 desapareció el bebé. Un falso parto se lo llevó durante la noche. Frida se había retorcido de dolor durante horas, y después reclamó que le dejaran el feto para verlo, tocarlo, dibujarlo, guardarlo de una manera u otra. Súplicas vanas. . . Una ambulancia fue a buscarla para llevarla al Henry Ford Hospital. Parecía perder toda la sangre.

Los días que siguieron continuó reclamando su bebé muerto, como una loca. Después pidió solamente a los médicos que le prestaran libros de medicina, a fin de poder estudiar las láminas anatómicas para traducir a la pintura su estado. Los médicos se negaron, pero Diego le llevó el libro tan solicitado.

Pasó dos semanas en el hospital. Totalmente desesperada, se puso a hacer un esbozo tras otro. A veces rompía todo, porque el papel se arrugaba a fuerza de empaparse de las lágrimas que caían de sus ojos. Hablaba poco, lloraba todo el tiempo. Muy pálida, flaca, agotada, volvía a unirse a la vida dibujando lo que le había hecho mal.

A través del velo de su mirada húmeda, a pesar de sus dedos temblorosos, las imágenes aparecían.

Se representa de pie, desnuda, con un collar alrededor del cuello y grandes lágrimas en las mejillas. En su vientre, un feto, fuera de ella pero conectado con ella por un cordón umbilical, otro feto, un varoncito, más grande. Brotando de su sexo, la sangre corre a lo largo de una pierna y se infiltra en la tierra, la alimenta, hace nacer en ella raíces y plantas: la vida renace. En el cielo, un gajo de luna llora también, mirando a Frida. . .

Diego se mostraba inquieto. Pensaba que sólo la pintura podía salvarla, darle ánimo. Le hizo prometerle a Lucienne que en cuanto Frida saliera del hospital la llevaría a un taller de litografía.

—Sí —dijo Frida sin pestañear—, quiero grabar en piedra los dibujos de estos últimos días.

—Es un trabajo lindo, la litografía —observó Lucienne—, iremos juntas. Te gustará.

—Ya lo sé, Lucienne. Ahora, tengo que trabajar o desesperarme.

Frida trataba de contener las lágrimas, pero los sollozos la sacudían, moqueaba. Lucienne se acercó a ella, la abrazó. Frida apoyó la cabeza en el hombro de su amiga y murmuró:

—Lo más importante es no contrariar a Diego. Cuando no estoy bien, dice que no lo quiero. Tú sabes que no es cierto, Lucienne, ¿verdad? . . . Es duro conmigo. . . En realidad, es que el arte es exigente.

—Diego ha recibido una carta de Chicago: lo invitan a pintar allá un mural para la Feria Mundial.

Frida alzó la cabeza y se secó las lágrimas.

—¡Ah! . . . ¿Y en Detroit?

—El trabajo efectivo no comenzará hasta el 25 de julio. Y las críticas ya llueven.

Frida salió del Hospital Henry Ford el 17 de julio. Estaba sumamente débil, pero se puso a trabajar sin demora. Continuó su serie de esbozos sobre el tema de su maternidad interrumpida, que la llevaría hasta el cuadro *Henry Ford Hospital,* óleo sobre una placa de metal.

En él aparece acostada en una cama de barrotes, donde están inscritos el nombre del hospital y la fecha de ejecución del cuadro. Está desnuda, con el vientre redondo y los cabellos en desorden. Siguen corriendo lágrimas de sus ojos y la sábana de la cama está manchada de sangre. En una mano tiene los cordones que la unen a seis elementos dispersos en el espacio: un caracol, un feto de sexo masculino, el perfil de su cuerpo a nivel del vientre, una extraña máquina metálica, una orquídea, los huesos de su pelvis. En el horizonte, una ciudad industrial. . .

Cuando estuvo en condiciones de desplazarse, fue con Lucienne al taller de litografía. Recomenzaba todas las veces que hacía falta. Silenciosa, obstinadamente, reconstruía su maternidad frustrada. Lucienne la observaba, la ayudaba. Frida se mostraba interesada en su trabajo, aunque extremadamente nerviosa. No estaba contenta con el resultado. Pero pese a todo, pese a las muecas de las personas que pasaban por el taller y la veían trabajar, pese a un calor agobiante, Frida perseveraba.

—Para estar desesperada, más vale ser productiva —le decía a Lucienne—. Siempre es algo que le robamos a la pura y simple autodestrucción. . .

Lucienne la tomó por los hombros, sonriendo, y la llevó afuera.

—Diego debe estar por llegar del museo, vamos.

El 3 de septiembre, llegó un telegrama de México, anunciando el estado crítico de Matilde, que tenía cáncer. Frida se desmoronó. Fue imposible conseguir comunicación telefónica entre los Estados Unidos y México. Le dijeron que había dificultades con las líneas. Frida quiso tomar un avión, pero no los había en el trayecto Detroit-México.

185

—¡Para qué sirve tener tantas fábricas! —gritaba—. Todo este pretendido progreso. . . para nada.

No había más que una solución: el tren, el autobús. Miles de kilómetros. . . ¿Se sentía capaz de enfrentarlo?

—Haré cualquier cosa, ¿me entienden? Me voy a México en carreta si es preciso.

Diego pidió a Lucienne que acompañara a su mujer; él no podía abandonar su trabajo. El 4 de septiembre, las dos tomaron el tren. Frida no decía una palabra, lloraba como una criatura. Durante horas, miraba desfilar el paisaje, con los ojos enrojecidos. Por la noche, a pesar del ruido del tren, Lucienne la oía sollozar en la oscuridad. Las hemorragias recomenzaron. En el sur de los Estados Unidos, el río Grande se había desbordado debido a las grandes lluvias, y el tren tuvo que ir muy despacio para andar sobre los rieles inundados. Al llegar a Nuevo México resolvieron continuar en autobús.

Frida apenas podía caminar. Le dijo a Lucienne:

—Si no voy a una iglesia a rezar, no voy a llegar viva. . . Lucienne, me estoy yendo en sangre, y los autobuses me dan miedo.

Lucienne trató de calmarla.

—¿Qué le he hecho yo a Dios para tener tan mala suerte, dime?

Lucienne sentía que la desesperación de Frida era más fuerte que todas las palabras que ella pudiera pronunciar para consolarla.

Ya cerca de la frontera, hicieron una breve escala en Laredo, Texas. La terminal de autobuses era ruidosa y animada. Había algunos norteamericanos, pero sobre todo chicanos. La sala de espera era triste, sombría y sucia. Los pasajeros eran muchos a pesar de la hora avanzada. En los bancos, las gentes se abrazaban con sus equipajes en las rodillas o entre las piernas. Algunos dormían, apretando un paquete con una mano y sujetando con la otra un sombrero sobre la cara.

Hacía un calor de tormenta, se sentía la proximidad

de México en el olor de las comidas que vendían comerciantes ambulantes. Frida sujetaba el brazo de Lucienne, la gente las miraba.

—Lucienne, vamos a dar un paseo por ahí afuera.

—¿Te sientes fuerte?

—No. . . pero acá me ahogo.

Las callejuelas estaban en sombras. Algunas luces vacilantes indicaban un café abierto, algunas siluetas vacilantes, unos borrachos. Frida andaba a pasitos, apoyándose en Lucienne. De cuando en cuando se detenían para que Frida recobrara el aliento.

—¿Crees que podríamos sentarnos en uno de esos cafés?

—Creo que sería más prudente no hacerlo.

—¡Qué idea, hacer salir un autobús a las cuatro de la mañana!

Cuando volvían hacia la terminal, una india muy gorda las abordó. Mirando fijamente a Frida, le dijo:

—Tú, muéstrame las líneas de tu mano. Estás en peligro.

Frida apretó el brazo de Lucienne y volvió la cabeza.

—¿Qué le hace pensar eso?

—Tu mirada. Los ojos son el espejo del alma.

—Si mis ojos hablan tan bien, no necesito mostrarle mi mano. . . No quiero saber nada más, usted sería capaz de decirme que no voy a llegar al final de este viaje. . .

La india rebuscó bajo su falda. Luego tomó la mano libre de Frida, puso algo en ella y volvió a cerrársela sin miramientos.

—Llévate esto. Ojalá te traiga felicidad.

Un pequeño cuadrado de celofán encerraba una estampita de la Virgen, unas tiritas de tela roja, algunos granos y dos milagritos de metal blanco, como los que en su adolescencia Frida compraba en el atrio de la catedral de México: uno representaba una pierna, el otro un corazón.

Los paisajes, en el norte de México, eran muy hermosos. Paisajes de montaña, salvajes y verdeantes debido a las lluvias del verano. La luz era cruda, Frida entornaba los ojos. Trataba de retener lo que veía. Tenía deseos de no olvidar nada de esas formas de la naturaleza, de esos verdes violentos: los integraría a sus cuadros.

—Siento náuseas, debo estar jodida, Lucienne, pero ¡Dios!, ¡qué hermoso es mi país!

El 8 de septiembre, por fin, llegaron a su destino. Frida apenas se sostenía en pie. Cayó en brazos de sus hermanas, que la esperaban, y fue a dormir a casa de su hermana Matilde. Al día siguiente estaba a la cabecera de su madre. No había ninguna esperanza de salvarla. Frida, incapaz de razonar por sí misma, incapaz de escuchar a los demás, en una palabra: desesperada.

Su madre murió el 15 de septiembre y ella no hizo más que sollozar, día y noche. Permaneció en México más de un mes, consolando como podía a su padre y dejándose consolar a su vez por sus hermanas. De tanto en tanto iba con Lucienne a ver cómo andaba la construcción de la casa de San Angel. Ni el hecho de encontrarse en México ni la acogida de sus amigos la consolaban. Sin embargo decía que estaba contenta de estar en su casa. Pero estaba Diego, al otro lado de la frontera. . .

El 21 de octubre, Frida y Lucienne estaban de regreso en Detroit, después de un viaje tan largo y agotador como el de ida.

Frida volvió inmediatamente a su trabajo. Diego estaba muy ocupado en el Detroit Institute of Arts, y acababan de confirmarle su compromiso para pintar un mural en el Rockefeller Center de Nueva York, en la primavera de 1933. Él también adelgazaba, debido a algunos problemas de salud, y eso lo ponía irritable. Frida sabía que lo mejor que podía hacer, costara lo que costara, era pintar.

Entonces pintaba, lloraba, pintaba.

Como burlándose de la pérdida del bebé, especie de muerte de ella misma, pintó *Mi nacimiento,* donde una mujer acostada, con la parte superior del cuerpo cubierta por una sábana —como los muertos— con las piernas abiertas, está dando a luz a un niño cuya cabeza con los ojos cerrados —como un muerto, él también— sale del cuerpo sobre un lecho manchado de sangre. Esto ocurre en medio de una habitación vacía; sólo un retrato de una *mater dolorosa,* con dos puñaladas en el cuello, cuelga sobre una pared. El cuadro choca por la austeridad misma con que está representada la violencia de ese nacimiento. ¿Nacimiento, parto o muerte de Frida? ¿Nacimiento o muerte de su hijo? ¿O renacimiento?

Frida estaba resuelta a pintar su universo, real o simbólico, sin dejarse limitar por ninguna traba moral o estética. En su dolor, Frida era libre.

El trabajo de Diego recibía críticas de todas partes, pero él no paraba. Como un diablo se defendía, y su celebridad seguía creciendo. Centro de polémicas políticas o artísticas, no hacía sino su voluntad y ese era su orgullo.

De regreso a Nueva York en marzo de 1933, en una atmósfera de fiebre iba a emprender el mural del Rockefeller Center, entre detractores y defensores.

Frida, por su parte, estaba contenta de volver a Manhattan. Allí se sentía más como en su casa. Como un pez en el agua, iba de los artistas a los aristócratas. En un concierto de Chaikovsky en el Carnegie Hall, hacía muñequitos de papel y se reía de tonterías que platicaba con su vecina. A un periodista que había ido a entrevistarla y le preguntó qué hacía en sus momentos libres, le respondió sin vacilar:

—Hago el amor, señor.

El hombre sonrió, molesto y divertido a la vez, y continuó:

—¿Cuál sería su ideal de vida?

—Hacer el amor, darse un baño, hacer el amor, darse un baño, hacer el amor, darse un baño. . . ¿continúo?

—Gracias, no, señora Rivera. Creo que podemos parar ahí.

—Desde luego, todo tiene fin. *You don't feel shocked, do you?*

—¡Oh, no! Usted sabe, en nuestra profesión. . . Los artistas. . .

—Como los psicoanalistas: ¡no piensan en otra cosa! ¡Pero son más sexy que ellos!

—Este. . . Señora Rivera, ¿quisiera decirme unas palabras sobre Detroit?

—Un hoyo. . . de acero. Con los burgueses un poco más blindados que en otras partes. Es normal.

"Salíamos todos juntos y nos divertíamos mucho, nos hacíamos los locos. Teníamos la costumbre de ir a un restaurante italiano de la Calle 14, en un sótano. Había un mantel blanco y, para dar un ejemplo, nosotros lo cubríamos de azúcar y yo hacía un dibujo que luego le pasaba a Diego, en el extremo de la mesa, él le agregaba algo, y así seguía. Eran verdaderas composiciones así, improvisadas. Derramábamos un poco de vino o cualquier otra cosa, después pimienta. . . y cuando nos íbamos, el mantel estaba convertido en un verdadero paisaje".

Louise NEVELSON.

La vida neoyorquina no era demasiado favorable al trabajo de Frida. Ella tenía deseos de ver buen tiempo, después de los meses pasados en Detroit, después de la muerte de su madre. Visitaba a amigos pintores, se paseaba por Greenwich Village o simplemente se quedaba en su casa, leyendo. Sin embargo, emprendió la pintura de un cuadro muy surrealista por su composición heteróclita: *Mi vestido cuelga ahí:* edificios norteamericanos, un templo griego, una multitud de trabajadores en forma de *collage,* la estatua de George Washington, chimeneas de fábricas, un basurero con desechos de todo tipo, simbólicos o reales, un teléfono, un tanque de WC, una iglesia, el mar, un barco, una estatua de la Libertad, un reloj, un teléfono, algunos inmuebles en llamas, Mae West —"la máquina de vivir más extraordinaria que he visto ¡ay! solamente en la pantalla", decía Frida—, y, sobre todo, un vestido de Frida colgado en medio del cuadro, pero sin su propietaria. Revoltijo del mundo norteamericano tal como ella lo veía, la tela parece ser un desafío, la imagen de su repugnancia a la sociedad norteamericana en que tan bien se siente Diego pero donde Frida siente que ella no existe. Sólo su apariencia —su vestido— encuentra un sitio allí.

Diego, durante ese tiempo, vivía una prueba. Su mural del Rockefeller Center era atacado por todos. El color dominante era el rojo, y en el centro de la pintura aparecía la cara de Lenin. Nelson Rockefeller le pidió que hiciera algunas modificaciones. Diego respondió que aceptaría, a la larga, cambiar la cabeza de Lenin por la de Abraham Lincoln. Eso no satisfizo a Rockefeller, que optó por terminar el episodio por la fuerza: envió obreros a cubrir el trabajo hecho y pidió a Rivera que abandonara el lugar. Él lo hizo, desencadenando una serie de peticiones y manifestaciones en su favor. No sirvió de nada. Rockefeller, gran señor, pagó el precio estipulado pero no modificó su decisión.

Cuando Nelson Rockefeller abordó a Frida en el estreno de ¡Que viva México! de Eisenstein, ésta le lanzó una mirada negra y, sin decir una palabra, le volvió la espalda y se alejó.

Algunos meses después el mural de Diego fue borrado, y simplemente anulado el contrato en Chicago que le habían prometido. Trabajó sin embargo para la New Workers' School, y ejecutó varios murales para la sección trotskista de Nueva York.

Pese a la reticencia manifestada por Diego ante la idea de regresar, pese a que, como lo deseaba Frida, habían terminado por abandonar el hotel Barbizon-Plaza para instalarse en la esquina de la Quinta Avenida y la Calle 8, por fin decidieron volver a México.

El año 1934 empezaría en la casa de San Ángel, en México.

Antes de partir, en medio de un frío polar, me fui sola a pasear por el puente de Brooklyn. Soplaba un viento cruel y tenía que sostenerme la falda con las dos manos, por miedo a salir volando.

Yo había insistido mucho en regresar, es cierto. Pero ahí, en mitad del puente, mi corazón latía violentamente a la vista de Manhattan. Sentía que lo amaba con locura, y tanto más porque estaba en libertad de partir. Era un día gris y yo llevaba un vestido rojo, largo, que asomaba por debajo de mi abrigo.

Ahí me estuve, muy pequeña en realidad, pero a la vista del *downtown* plateado y cobrizado por la luz, me agrandaba, temblando. La ciudad, magnética, me daba algo de su fuerza. Me eché a llorar. La gente me miraba, un negro se me acercó: *"Do you feel OK, young lady?"*. ¡Oh, sí! *I felt perfectly OK.* Bajo mis pies, un barco de vela extraordinario, como en la antigüedad, blanco y negro, hinchaba su velamen. Por encima de mi cabeza, un cómico avioncito parecía querer arrojarse contra las fachadas resplandecientes. Si hubiera podido, con gusto me hubiera dado una vuelta en el Staten Island Ferry, pero era demasiado tarde, pronto caería la noche.

Wall Street estaba totalmente desierta, aún más abrumadora en el silencio. Yo caminaba despacio, la pierna me dolía.

Los últimos tiempos de nuestra estadía en Nueva York no habían sido del todo agradables. Hubo campañas contra Diego, que lo agotaban, ratos en que yo me sentía harta de ese pinche país y él quería quedarse contra todo. Pero también habíamos tenido buenos momentos, meses en que la puerta de nuestra casa estaba abierta noche y día para que los amigos pudieran entrar y salir según su regalada gana. Eso creaba una cierta animación. Y el día que Diego —y no por primera vez— recibió el dinero del Rockefeller Center, lo dividió en partes iguales que metió en otros tantos sobres para distribuirlos después entre nuestros amigos artistas del Village, a cual más pobres. ¡Qué fiesta! ¡Qué felicidad! También estuvo la relación de Diego con la hermosa Louise Nevelson, pero no quiero hablar de eso. Por una vez, no se iba detrás de la primera coqueta que se presentara. Louise era fabulosa, una personalidad terrible, una escultora grande, notable, cuya obra, seguramente, marcaría todo el arte del siglo XX. En ese sentido yo comprendía a Diego y tenía que aceptar una escapada del genio; mejor dicho, de los genios.

Me dolía, pero callaba. Diego siempre volvía a mí.

La partida fue épica, todos fueron al muelle, todos. Al final no teníamos un centavo, de modo que todos pusieron para pagarnos el viaje y, para asegurarse de que subiéramos al barco, algunos de ellos subieron con nosotros por un momento. Hicimos escala en La Habana. Fue deliciosa. Nos paseamos por el malecón, donde había hermosísimas casas coloniales, una gran animación norteamericano-cubana, mujeres carnosas y sensuales, hombres traviesos; el viento estaba cargado de un olor salado, fuerte, el mar era verde. En un café al aire libre comimos langostas enormes. Yo recordaba que era el país de Julio Antonio Mella y me preguntaba qué sería de Tina.

Miraba a Diego y me sentía enamorada de mi único sapo-rana. En paz.

Desembarcamos en Veracruz. . .

Nos instalamos en la casa de San Ángel. La parte más grande, ocre-rosa, era para Diego, la más pequeña

—azul— para mí. Pasábamos de una a otra por un puentecito. Diego estaba contrariado por haber tenido que regresar, y yo me sentía en gran parte culpable. Pero, ¿qué hacer?

A pesar de llevar una vida animada y de los buenos amigos —de John Dos Passos a Lázaro Cárdenas, el presidente—, de una casa espaciosa, con hermosos cactos y hasta monos, la vida con Diego estaba en peligro. Tenía que terminar los murales del Palacio Nacional, y le proponían rehacer su mural del Rockefeller Center en el palacio de Bellas Artes. Durante el año de 1934, yo estuve enferma con frecuencia: tuve que operarme del apéndice, después resolvieron hacerme la primera operación en el pie derecho —amputación de cinco falanges, nada más— que no terminaba nunca de cicatrizar y me dolía mucho, y tuve otro aborto provocado —esta vez los médicos diagnosticaron trompas infantiles que no me permitirían llevar el embarazo a término. Diego se quejaba de lo que gastaba en médicos por mi causa. Decía que por mí "estaba en bancarrota. . .".

Por último no encontró nada mejor que hacer que andar con Cristina, mi hermana menor. Era como clavarme el cuchillo en la herida: ella era un poco parte de mí, pero estaba en mejor estado que yo. Traté de razonar, pensando que, después de todo, no tenemos más que una vida y hay que vivirla lo mejor posible, cualitativa y cuantitativamente. Pero de todos modos sufría. Y además me sentía culpable de sufrir, porque ese sufrimiento era indigno de alguien que pretendía tener ideas liberales. Era un círculo vicioso del que no podía salir. Pasaban los meses y la relación continuaba.

Decidí tener un departamento para mí sola, pero no resolvió nada. En el verano de 1935, cansada de la situación, me fui a Nueva York, con la esperanza de que el viaje estableciera un corte donde podría ver más claro.

En Nueva York hacía un calor tórrido. Me instalé en un pequeño hotel cerca de Washington Square, con mi amiga la pianista Mary Shapiro. Veía amigos, caminaba y tomaba baños casi fríos, le escribía a Diego. En el fondo, ¿qué eran todas esas relaciones en comparación con nuestro amor? Pecadillos, incluso su asunto con Cristina. Comprobaba una vez más que necesitaba a Diego y él a mí, y que por esa razón no había que romper nada entre nosotros y tratar de aceptar lo demás.

Volví a México con la paz en las manos, dispuesta a un nuevo *modus vivendi,* dispuesta a todo con tal de que no nos perdiéramos mutuamente.

Hacía todo lo posible por no sentirme herida por las historias entre Diego y Cristina u otras. Nuestro contrato tácito de vida en común implicaba apoyo recíproco e independencia.

Pero cuando el escultor Isamu Noguchi y yo nos enamoramos locamente el uno del otro, las cosas no fueron tan sencillas. Durante meses vivimos de citas clandestinas, de amor robado al tiempo, a Diego, a mi vida. A Isamu le molestaba mucho todo eso. Veía a Diego vivir a la vista y paciencia de todo el mundo su vida de conquistador y no comprendía mi prudencia. A pesar de todo, tengo la impresión de que viví casi un año seguido bailando y haciendo el amor. Nuestra relación terminó cuando apareció Diego con su pistola. Isamu comprendió y desapareció.

Fue también un año en que trabajé poco. Sin embargo, pinté *Unos cuantos piquetitos,* un cuadro considerado inquietante, originado en un hecho real. Un hombre había asesinado a una mujer a cuchilladas y ante el juez declaró: "Pero si no le di más que unos cuantos piquetitos. . .". ¡Y probablemente sin mala intención! Mi cuadro: el asesino, de pie y vestido, con el cuchillo en la mano; sobre una cama blanca, su víctima desnuda, ensangrentada. . . ; sangre por todos lados, salpicando —en tamaño natural— hasta el marco de mi tela, así fue como representé la escena.

¿Por qué esa idea morbosa? Quizá haya sido simplemente una defensa. Esa mujer asesinada era en cierto modo yo, a quien Diego asesinaba todos los días. O bien era la otra, la mujer con quien Diego podía estar y a quien yo hubiera querido hacer desaparecer. Sentía en mí una buena dosis de violencia, no puedo negarlo, y la manejaba como podía. Me sentía como otra Artemisia Gentileschi, que en el siglo XVII había pintado a Judith degollando a Holofernes sin poder, en el fondo, vengarse de la realidad que la había violado, y no en una tela.

León Davidovich Trotski: el huésped

"Estoy mal, y voy a estar peor todavía, pero poco a poco
aprendo a estar sola y eso ya es algo, una ventaja, un pequeño triunfo".

Frida Kahlo (1937).

En los tormentos de su vida conyugal, Frida había
abandonado por un momento sus vestidos mexicanos, sus
joyas, sus peinados con listones. Llegó a hacerse un autorretrato con el pelo corto. Después, al acercarse de nuevo
a su marido, volvió a sus antiguas costumbres vestimen-
tarias.

En 1936 la operaron por tercera vez del pie derecho:
le quitaron los huesos sesamoides y le hicieron una simpa-
tectomía. Pero la úlcera trófica del pie subsistió. En cuanto a la columna vertebral, los dolores disminuían y luego
reaparecían cuando menos lo esperaba. Frida sufría, pero
el sufrimiento, en lugar de atenuar su sed de vivir, la ati-
zaba, y a lo largo de los años indudablemente fortaleció
su carácter.

Estaba lejos ya de ser la jovencita descarada que había sido. Se había forjado una personalidad muy propia,
original, sensible, profunda y, si hemos de creer a todos
los que la conocieron de cerca, extremadamente brillante.
Pese a la gran diferencia de edad que la separaba de Diego, su madurez y su brillo no tenían nada que envidiar
a la autoridad de él. La gente adoraba a Frida no por ser

198

la esposa de Diego sino por ella misma. Inspiraba admiración y respeto, quizás aún más que Diego. Ella recibía a la gente con los brazos abiertos, y una vez que los aceptaba en su mundo, les daba un afecto sin límites.

Frida no pintaba con regularidad. A veces pasaban semanas, incluso meses, sin que la pintura le interesara mayormente; después, de pronto, se ponía a pintar día y noche.

Quizás para establecer un contrapeso a su vida afectiva y familiar, tan atormentada, en esa época pintó una especie de cuadro genealógico, *Mis abuelos, mis padres y yo,* donde México, su familia, su casa, la fecundación, están en manos de la niña Frida o rodeándola. Alrededor de diez años después reharía otro cuadro de su familia.

"Como pintora, Frida nunca le debió nada a Diego. Quiero decir, Diego nunca fue su maestro, jamás le corrigió un dibujo (. . .) y en muchos terrenos era lo contrario, porque Frida tenía autoridad sobre él (. . .), mucha (. . .). Moral y artística".

Alejandro GÓMEZ ARIAS.

Cristina volvió poco a poco a ser la hermana preferida de Frida, su mejor amiga. Complementarias, cómplices, unidas una a la otra por un vínculo indestructible, casi nunca se separaban. Los hijos de Cristina, Isolda y Antonio, actuaban con Frida como si ella fuera otra madre, y ella les devolvía su afecto. Estaban como en su casa en San Ángel, para gran felicidad de Frida. Intercambiaban con ella dibujos y cartas llenas de ternura, juguetes, risas.

La casa doble de San Ángel estaba muy animada: los Rivera y sus amigos, las hermanas de Frida, sirvientes, choferes. Y además, los animales: monos, pericos, perros.

Todo eso significaba un tren de vida bastante costoso, y los Rivera vivían en general por encima de sus posibilidades. Frida, que no ganaba un centavo, se sentía culpable por los gastos médicos que Diego tenía que afrontar permanentemente. Por fin halló una solución ilusoria: amigos acreedores. . . Una cosa es segura: las relaciones de dinero no eran sencillas entre la pareja Rivera. Frida le hacía llegar a Diego, por medio de amigos comunes, pequeños mensajes pidiéndole (no se animaba a hacerlo de viva voz) dinero para algún gasto relacionado con la casa, la limpieza de sus trajes, o alguna medicina indispensable. Esa dependencia incomodaba mucho a Frida, pero no sabía cómo salir de ella, y trataba de compensar su incomodidad multiplicando sus atenciones para con Diego y sus íntimos, mostrándose digna de él, por su comportamiento, su inteligencia, su trabajo.

Es preciso recordar que a los gastos cotidianos y paracotidianos, se sumaban las adquisiciones de objetos de arte prehispánico de Diego, una colección que al final de su vida tendría 55 481 piezas. Sin olvidar las colecciones de milagros, retablos y objetos folclóricos de Frida, sus múltiples muñecas, sus trajes, sus joyas. . .

Estaban lejos de la abundancia norteamericana, pero tampoco estaban en la pobreza. Aunque pasaban periodos económicamente difíciles, no les hacían mucho caso. En conjunto, y pese a ocasionales lamentaciones de uno y otro sobre el tema, eran ricamente bohemios y revolucionarios.

Cuando, el 18 de julio de 1936, estalló la Guerra Civil Española, el presidente de México era Lázaro Cárdenas, reformador y liberal que estaba haciendo una política constructiva para el país. En México reinaba un clima de libre expresión, con debates políticos abiertos. Diego seguía siendo atacado por los comunistas al tiempo que se iba acercando a los trotskistas. Frida se metió en la lucha por la defensa de la República Española, haciendo todo lo que se podía hacer a distancia. En el medio en que actuaban los Rivera, fueron muchas las personas que partieron rumbo a España, mexicanos, norteamericanos,

La columna rota *(1944)*
(Col. Dolores Olmedo, México)

Frida y Diego

Diego y Frida 1929-1944 *(1944)*
(Col. Francisco González Váquez,
México)

Diego y Yo *(1949) (Col. Samuel A.*
y Carol J. Williams, Chicago)

Autorretrato como tehuana *(1943)*
(Col. Jacques y Natacha Gelman,
México)

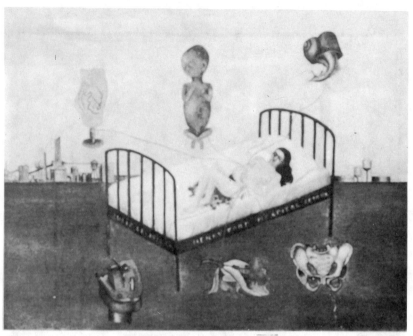

Hospital Henry Ford *(1932)*
(Col. Dolores Olmedo, México)

La novia que se espanta de ver la vida abierta.

La novia que se espanta de ver la vida abierta *(1943)*
(Col. Jacques y Natacha Gelman, México)

Sin esperanza *(1945)*
(Col. Dolores Olmedo, México)

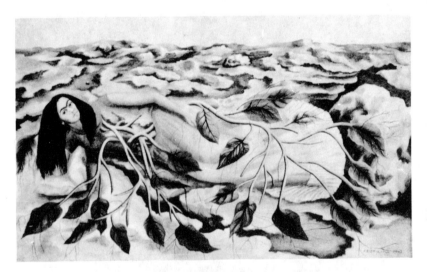

Raíces *(1943)*
(Col. Part., Houston)

Autorretrato con trenza *(1941)*
(Col. Jacques y Natacha Gelman, México)

Frida Kahlo en su jardín
(Foto Gisèle Freund)

Frida y el aborto *(1932)*
(Col. Dolores Olmedo, México)

Frida Kahlo y el doctor Farill
(Foto Gisèle Freund)

Autorretrato con monos *(1943)*
(Col. Jacques y Natacha Gelman, México)

franceses. El apoyo internacional se organizaba con dinamismo.

Tina Modotti, quien había sido expulsada de México
a Alemania después del asesinato de Julio Antonio
Mella, y que se encontraba entonces en la Unión Soviética, salió de Moscú rumbo a España sin vacilar. Pero
Frida, con su salud vacilante, ¿qué iba a hacer en medio
de una guerra civil? Muy poco. Y los riesgos eran muy
grandes. Por esa razón se limitó a ser lo más activa que
pudo en su propio país. Organizó reuniones, escribió cartas, reunió víveres y artículos de primera necesidad, cajo-
nes de uniformes y medicamentos para enviarlos al frente.

De nuevo la política, cuando en el mes de noviembre
llegó de Nueva York un telegrama preguntándole a Diego
si podía conseguir que el gobierno mexicano concediera
asilo político a León y Natalia Trotski. De la Unión Soviética a México, pasando por Turquía, Noruega, Francia, la vida de los Trotski había sido un largo y doloroso
trayecto de refugiados desde 1929, año en que Stalin los
expulsara de la Unión Soviética, donde ya vivían depor-
tados en Kazajstán desde 1928. Un camino sembrado de
emboscadas, de trampas, de muerte.

Diego estaba enfermo, pero tomó el asunto muy a
pecho. Fue a ver al presidente Cárdenas, que estaba entonces en el otro extremo del país, para pedirle su aproba-
ción, y la consiguió.

El 9 de enero de 1937 el matrimonio Trotski llegó
por fin a Tampico. Frida y algunos camaradas fueron a
recibirlos: en el extremo del muelle, separada del grupo,
fue su silueta, saludando con la mano, lo primero que
vieron los Trotski. Natalia no quería desembarcar: tenía
miedo de que algún stalinista los atacara. Finalmente se
organizó un cuerpo de seguridad alrededor de ellos y cuarenta y ocho horas después llegaron a la casa azul de
Coyoacán rodeados de policías.

En esa época, la casa azul estaba deshabitada; el propio Guillermo Kahlo se había ido a vivir con una de sus hijas, conservando de su antigua casa sólo un cuarto donde guardaba su equipo fotográfico.

Guillermo, que había visto su casa transformarse en pocos días en un pequeño "blocao" —las ventanas que daban a la calle fueron tapiadas con adobe, había policías por todas partes y camaradas de guardia por la noche— preguntó a su hija:

—*Liebe* Frida, ¿no crees que tengo derecho a alguna explicación?

—Papacito, es que vamos a recibir a uno de los hombres más grandes de este siglo.

—Vaya palabras importantes —dijo Guillermo—. ¿Y quién es ese hombre?

—León Davidovich Trotski, compañero de Lenin, personaje fundamental de la Revolución de Octubre, fundador del Ejército Rojo, en fin, un revolucionario ruso de alto nivel. . .

—¿Y todas estas precauciones?

—Es también un hombre en peligro de muerte. . .

—Y tú, ¿no tienes miedo?

—Si me pongo a tener miedo voy a ser totalmente inútil, y no es eso lo que queremos, ¿verdad?

—¡La política! ¡La política! . . . "Durante la vida, la voluntad del hombre no está en libertad. . .".

—¿Qué dices?

—Nada, nada. . . Es Schopenhauer. . . Voy a decirle a tu amigo Trotski que toda esa política no sirve para nada, es mala para el hombre. Voy a decirle. . .

"No puedo negar que mi vida no fue de las más ordinarias. Pero las causas de ello deben buscarse más en las circunstancias de la época que en mí mismo. Naturalmente, tenían que existir además algunos rasgos persona-

les para que yo haya desempeñado ese papel, bueno o malo, que he desempeñado".

León TROTSKI.

León y Natalia Trotski se instalaron con agrado en la casa de Coyoacán. No sólo el lugar era agradable, sino que, después de meses de vagabundeo, se alegraban de hallar un refugio por fin. El trabajo político se organizaba poco a poco: con Jean van Heijenoort, el secretario, una dactilógrafa, camaradas asignados a una tarea u otra. Antonio Hidalgo, alto funcionario mexicano, aseguraba la comunicación con el presidente Cárdenas. Diego y Frida se mostraban atentos y generosos.

Dentro de la casa, las actividades estaban muy bien organizadas. Por la mañana se establecía el programa del día para cada uno. Se había formado una comisión investigadora internacional "para examinar las acusaciones lanzadas contra Trotski y su hijo en el proceso de Moscú". No había un minuto que perder. Todo se hacía con extremo rigor, fruto de la experiencia de Trotski en tantos años de lucha. No había que dejar nada librado al azar. Y menos que nada, la elección de las personas que rodeaban a Trotski.

Sin embargo, Frida y Diego parecían gozar de una situación especial. Diego, con su facilidad habitual, llegó a establecer con Trotski una relación mucho más abierta y libre que las que éste tenía generalmente con quien fuera. Pese a cierto anarquismo natural de Diego, que Trotski veía con malos ojos, su espontaneidad y su generosidad naturales no podían dejar de ganárselo.

"Frida era una mujer notable por su belleza, su temperamento y su inteligencia".

Jean VAN HEIJENOORT.

Frida tenía muchas ventajas que sabía utilizar; León Davidovich era un hombre fuerte, de inteligencia poderosa, una personalidad frecuentemente dura, pero sin duda atractiva. Además era un hombre de cincuenta y ocho años, perseguido, que había vivido con Natalia en un universo cerrado, un poco austero quizás pero unido por las mil luchas a que los había expuesto la vida. Una vida que no se había prestado ciertamente a las diversiones ni a las ligerezas, porque había estado siempre en peligro.

No se puede atribuir a la "debilidad" el juego amoroso que empezó a tramarse entre León Davidovich y Frida, sino más bien a la vida misma, a sus impulsos, a su oculta fuerza. El mundo de Trotski era un mundo difícil; el de Frida, en un orden diferente, también. Dos personalidades que se encontraron y se dieron por un momento la una a la otra algo de sí mismas, ese es quizá el espacio en que se anudó esa relación.

Teniendo en cuenta el contexto, tanto político como psicológico, que rodeaba a Trotski y a Frida, la relación estaba lejos de poder ser fácil. Natalia Sedova era una gran dama y la compañera de toda la vida del hombre y combatiente Trotski. Frida tenía por marido a un gigante, mujeriego pero tremendamente celoso.

Trataron de ser discretos: entre ellos hablaban en inglés (que Natalia no entendía). Trotski le recomendaba libros y deslizaba entre sus páginas cartas para Frida. Estratagemas de cualquier enamorado, que por lo demás no pasaron inadvertidas para Natalia, quien empezó a sufrir. Diego seguía en la ignorancia.

Era primavera. Pero todo sucedía principalmente en interiores, en forma sumamente política, aun con riesgo de asfixia. La relación entre Trotski y Frida era cada vez más visible: llegaron a reunirse en casa de Cristina, y los visitantes habituales de la casa azul estaban inquietos: cualquier gesto podía ser comprometedor. A pesar del calor y del placer que los dos protagonistas debían hallar en sus relaciones, en realidad estaban acosados. Había que resolver la situación antes que tuviera consecuencias políticas. . .

La pareja Trotski decidió reflexionar, cada uno por su lado. En julio, Trotski se fue al campo por unos días. El 8 le escribió a Natalia: "Piensa en mí sin inquietud". Pero por el otro lado le escribía a Frida, al parecer, suplicándole que no lo abandonara. Y Frida, según una de sus amigas norteamericanas, había declarado que estaba "harta del viejo". El 11 de julio, Frida fue a visitar a Trotski en su refugio rural. Seguramente en el programa del día estaba el desenlace de su relación. Como suele suceder cuando un amor termina, es imposible averiguar quién terminó con quién. Chismes todavía circulan...

Trotski redobló su ternura hacia Natalia, con quien se reunió tres semanas después. Frida y Natalia, entre sí, se mostraban a veces frías, otras cordiales. Frida prestaba pequeños servicios a Natalia. La pareja Rivera iba a visitar a los Trotski en la casa azul, según su costumbre: con calor, alegría, apoyo. Diego, que un día llegó a platicar con Trotski con un perico en la cabeza, parecía seguir ignorando lo ocurrido.

Aparentemente, las relaciones entre Trotski y Frida no reflejaban sino una profunda amistad, cosa que tranquilizó a los íntimos de la casa.

Siempre con miedo de la GPU, Trotski pidió a Frida que le devolviera las cartas que le había escrito, y ella se las dio. Para sellar la paz, a menos que haya sido para sellar su reciente amor, Frida le regaló un autorretrato, el 7 de noviembre de 1937.

En él está de pie, muy hermosa, muy digna, con una falda larga color rosa y blusa roja, los hombros bien envueltos en un rebozo ocre. A ambos lados de la figura se abren cortinas blancas, como si estuviera en una representación oficial, en una entrega de premios. Tiene en una mano un ramillete de flores y en la otra una hoja de papel en que se lee: "A León Trotski, con todo cariño dedico esta pintura el 7 de noviembre de 1937. Frida Kahlo, San Ángel, México".

Ese mismo mes, Diego ingresó a la sección mexicana de la Cuarta Internacional. Pese a sus famosas declaraciones, su anarquismo innato y sus frecuentes virajes, por el momento militaba asiduamente al lado de los trotskistas.

(Alrededor de dos años después, en una foto de grupo, Natalia tachó furiosamente la cara de Frida).

Sexteto

En el umbral, Frida Kahlo de Rivera, la
excepcional. . . Sus telas alrededor de ella y,
como ella, trágicas, fulgurantes.

Jacqueline LAMBA,
Lés léttrés nouvéllés, septiembre-octubre de 1975.

Hacia el fin del año, los ataques de los stalinistas contra los trotskistas se hacían cada vez más marcados y frecuentes, y en la casa azul la atmósfera era de inquietud y tensión. En una casa vecina, se observaron idas y venidas sospechosas. . . Diego resolvió comprarla. Mil cuarenta metros cuadrados. . .

En febrero de 1938, cuando la situación hacía pensar que Trotski estaba en peligro y ya se habían tomado precauciones para su protección, llegó a México la noticia de la muerte de su hijo, Liova. (Su otro hijo, Sergio, había desaparecido en la Unión Soviética desde 1935).

Fue Diego, avisado y acompañado por Jean van Heijenoort, quien llevó la noticia a Trotski. La casa azul, pese a lo grato de sus paredes, de sus bugambilias y sus naranjos, no podía servirle de consuelo. El calor de sus amigos no aliviaba sus heridas. Por todos lados, ese hombre, sobre quien Frida había confiado poco antes a una amiga que era lo mejor que le había ocurrido en ese

año, era un hombre perseguido. Luchando incesantemente.

En abril se anunció la llegada a México de André
Breton y su esposa Jacqueline. El Ministerio de Asuntos
Extranjeros de Francia había delegado a Breton para dar
una serie de conferencias en el país, que en su opinión era
surrealista por esencia.

La pareja vivió unos días en casa de Lupe Marín,
antes de instalarse para una estadía algo más larga en
casa de los Rivera, en San Ángel. Frida los recibe con
entusiasmo: Breton ya era famoso y su mujer, Jacqueline.
era pintora como ella.

Breton adoró de entrada la pintura de Frida, pero ésta
muy pronto lo encontró arrogante, aburrido y demasiado
teórico en sus concepciones artísticas. Ella no quería recurrir a ninguna teoría para hablar de su pintura. Y para
hacerla, mucho menos: era libre.

Entre ellos, hablaban en inglés.

—Usted es surrealista —le dijo Breton.

—¿Por qué me dice eso?

—Porque corresponde usted perfectamente a la definición.

Frida lo miró directamente a los ojos:

—Me parece que no quiero corresponder a ninguna
definición.

—Entonces, Frida, permítame decirle que es usted
surrealista sin saberlo.

Frida reflexionó durante dos minutos.

—No, no soy surrealista. Todo eso está de más. Puedo decirle una cosa: pinto mi propia realidad.

Breton sonrió. Frida observó que correspondía a las
descripciones del hombre francés ideal, atractivo y seductor. ¿Iban a meterse en una discusión sobre Freud y el

inconsciente, lo adquirido y lo espontáneo, los juegos de azar...?

—¿Cuáles son sus pintores preferidos, Frida?

—Mmmm... Amo con todo mi corazón a Piero della Francesca. Me gusta Rembrandt, Grünewald, también, y el Aduanero Rousseau... Y todos los artistas anónimos que son mis antepasados.

—¿Y a Antonin Artaud, que vino aquí antes que yo, no lo conoció?

—No. Y ese es uno que también quiere a mis antepasados. Lo encontré, en fin, lo vi alguna vez en el Café París.

—...

—¡Oh! Ya sabe usted, un café de locos. Cada mesa enemiga de la de al lado, insultos que llueven entre grupos donde todos se conocen... imposible dialogar. Por razones políticas...

Se echó a reír.

—El París —prosiguió después, conteniendo la risa—, ese sí que era un café surrealista... Todo depende del sentido que se dé a las palabras, claro. Imagínese el lugar: las mesas muy juntas y rodeadas cada una por un grupo, el tono que sube sin cesar, debido a los chistes y a los insultos (lo repito, casi siempre políticos), yo, la encarnación del "esplendor mexicano", como dice Diego, escondiendo en la enagua un frasco con un poco de coctel casero para levantarme la moral cuando haga falta... ¿Y Artaud? ¡Oh! Muy protegido por la patrona del café... Una cabeza de loco, encorvado, sentado siempre solo al fondo del café... Y alrededor de él, todos aquellos payasos... nosotros, quiero decir...

—Un gran poeta, Artaud.

—Demasiado grande para mezclarse en esa ensalada artístico-política. Un salvaje. Que sabía lo que quería. Sin duda, no necesitaba de nadie... Toda mi vida recordaré esa imagen, aquel hombre con cara de loco sentado al fondo del café París... Alucinante.

Frida sirvió un agua de piña.

—¿Y él también es surrealista?

—Es una cuestión compleja.

—Voy a decirle una cosa, André. Lo mejor que usted ha hecho son los cadáveres exquisitos. En los Estados Unidos, en Detroit, yo me he pasado horas haciéndolos. . . Siempre me reprochaban que en los que yo había puesto mi granito de sal no había más que sexo, erecciones y. . .

Estalló en una carcajada.

—. . . ¡todavía me acuerdo de la cara de Lucienne Bloch desdoblando los papeles! ¡Se ponía colorada!

—Frida, escuche, a mí realmente me gusta mucho su pintura. Debemos pensar en exponerla en París.

—Acabo de recibir una carta de la Julien Levy Gallery de Nueva York proponiéndome hacer una exposición en otoño.

—Y bueno, después venga a París, allí la recibiremos nosotros.

Frida miró a Breton con el rabillo del ojo.

—Sabe usted, hay muchos pintores que merecen más que yo una exposición. . . Yo no valgo mucho, soy una autodidacta. Y no he pintado mucho. . . y no tengo el menor deseo de gloria, ni ambición. Pinto para divertirme, sobre todo.

—Es un modo talentoso de divertirse.

Los vasos de agua de piña estaban vacíos. Frida los recogió.

—Recuerde: yo no pinto mis sueños sino mi propia realidad.

—En su pintura, sus sufrimientos se han transformado en poesía.

—Creo que es hora de prepararnos. Ya no tenemos que ir muy lejos para nuestra pequeña excursión, pero todavía tenemos que ir a recoger al Viejo y a Natalia en Coyoacán. Dígale a su linda mujer que lleve algún abrigo. . . si quiere le prestaré un rebozo. . .

Canastas bajo el brazo, cuadernos y plumas en las bolsas, pistola al cinto, los Rivera, los Trotski y los Breton, acompañados por Jean van Heijenoort y algunos camaradas más, repartidos en dos o tres coches, solían hacer excursiones a los alrededores de la ciudad de México.

Visitaron las pirámides y los templos de Teotihuacán, subieron al imponente Popocatépetl, otra vez fueron más lejos, hasta los maravillosos bosques del Desierto de los Leones, y también pasearon por Taxco y Cuernavaca.

Trotski se alegraba de poder salir un poco de su refugio de exiliado, Breton estaba deslumbrado por todo lo que veía en México. El grupo, que podía incluir hasta diez personas, se desplazaba y actuaba en general en forma compacta, alerta para rechazar cualquier ataque contra Trotski. De vez en cuando se tomaban fotografías.

Pero no sólo contemplaban los paisajes. También discutían apasionadamente. Del México prehispánico, con Diego y Frida, de la política y el arte entre todos. Se mezclaban las lenguas: francés, español, inglés. Muy pronto surgió entre Trotski y Breton la idea de una federación internacional de artistas revolucionarios independientes, con un manifiesto que redactaría principalmente Breton. Entre los dos había más de una divergencia: para el primero, todo debía conducir a una acción política; para el segundo, la política formaba parte del arte y la poesía. Breton quería "sondear la complexión del artista". Trotski sólo estaba interesado en ella en la medida en que permitía esperar aplicaciones concretas. Sin embargo, sus discusiones eran muy interesantes para ambos. Ante cada tema que abordaban, los dos tenían el mismo interés por llegar hasta el fondo.

Un día, el grupo decidió ir hasta la región de Michoacán y pasar allí varios días. Diego andaba siempre buscando objetos folclóricos y Breton lo seguía, fascinado. En algunos pueblos de los alrededores de Pátzcuaro, los campesinos fabricaban cerámica pintada de carácter votivo o simplemente supersticioso. Y máscaras de madera, también pintada, representando temas que en ocasiones también se remontaban a la época prehispánica.

Fueron hasta la isla de Janitzio, situada en medio del lago de Pátzcuaro, donde los botes de los pescadores, con sus grandes redes, parecen mariposas sobre el agua. Al llegar a la isla, se les acercó un pequeño grupo, simplemente por curiosidad o tratando de venderles sus deliciosos pescados blancos asados a las brasas. Janitzio y su pueblecito parecían un espejismo, y los más curiosos eran quizás los miembros del grupo, recorriendo las callejuelas serpenteantes, mirando en cada rincón e inspeccionando a cada india con sus faldas de colores, los niños increíblemente hermosos que se despiojaban mutuamente con la mayor seriedad, el minúsculo cementerio donde crecían pequeños cactos hasta en las grietas de los muros.

Cuando volvieron a subir al bote para abandonar la isla, Frida dijo:

—Miren la belleza de esas mujeres lavando ropa, allá, al borde del lago. . .

Las mujeres, de rodillas, oyeron y se irguieron para ver a los extranjeros.

—¿Hasta cuándo tendrá todavía el tiempo esta lentitud en Janitzio?

—Esta isla tiene una morfología sagrada, por cerca que esté del mundo, está lejos del mundo. Pertenece más al agua que a la tierra.

Frida miró a Breton: éste tenía un aspecto señorial, muy hermoso. Indudablemente, pensó ella, es un seductor, dotado de una enorme fuerza magnética. Tiene la fuerza de la intuición y de la sensibilidad, por eso es poeta. Pero también descubría en él un talento hecho de astucia, una autoridad que sabía utilizar, y por eso era el "papa" de los surrealistas. También Diego era astuto, pero burlonamente; Breton lo era con nobleza.

Alrededor del barquichuelo, los botes de los pescadores oscilaban suavemente, hundiendo sus grandes redes como alas de mariposa en el agua plateada del lago.

El agua. . . el agua. . . es la creación misma. Ese cuadro mío que tanto le gusta, *Lo que me dio el agua,* no es más que eso: el agua, espacio mental en que lo imaginario ha hecho sus elementos, reales, rituales, metafóricos, no importa, eso es mi vida. . . La crueldad de mi vida, incluso, que el agua trae, hace asomar, disuelve. . . Están dispersos, unidos por el agua, mi memoria. . .

Breton la escuchaba, atento. Después, sus pensamientos se desviaron hacia el manifiesto que debía escribir. No conseguía empezarlo. En cierto modo, temía la mirada de Trotski sobre su prosa. ¿Dónde estaba la escritura automática, dónde estaban la espontaneidad, la facilidad? Se sentía bloqueado. Y Trotski lo apremiaba.

—Llegamos —dijo Frida—. Pasaremos de nuevo por Pátzcuaro, vale la pena, apenas lo hemos visto y es un pueblo lindísimo. . .

Al llegar a Pátzcuaro, el grupo se instaló en la gran sala sombría de un restaurante colonial frente al zócalo. Estaba fresco. Era la calma después del paseo.

Un momento de descanso y las discusiones sobre el arte y la política recomenzaron. En el fondo, había una especie de brecha entre los trotskistas y los surrealistas. En cuanto a Diego, se apoyaba ya en un pie, ya en el otro. Algunos meses después pensó en ser secretario de la sección mexicana de la Cuarta Internacional, con la mayor naturalidad. Después, como a los militantes les pareció incongruente, decidió que se dedicaría exclusivamente a la pintura. . .

Frida charlaba alegremente con Jacqueline Breton cuando Trotski, para gran asombro de todos, anunció que tenía ganas de ir al cine. Diego le dijo que era peligroso, pero Trotski no quiso saber nada: en su opinión, tenía derecho a disfrutar de su escapada.

En el camino de regreso a México, una noche, en un pueblo, un cine anunciaba una película norteamericana, de vaqueros. Diego intentó nuevamente disuadir a Trotski, pero sin éxito.

—Tápese la cara con un pañuelo —le sugirió Diego—, para que no lo reconozcan.

—Pero no hay peligro —dijo Trotski—. No aquí.

—Nunca se sabe, los enemigos están por todas partes.

Se pusieron de acuerdo. Todo el grupo rodeó a Trotski para entrar al cine, y en la sala casi vacía se instalaron en un círculo alrededor de León Davidovich. La película era mala, y el sonido y los cortes que se producían intempestivamente no la ayudaban mucho. Pero a pesar de las pistolas prontas y de la tensión de todos los presentes, era una diversión bastante rara, para disfrutarla a cualquier precio, y todos rieron a carcajadas.

De vuelta en la capital, cada uno volvió a sus actividades. Breton terminó por armarse de valor y emprendió la redacción del famoso manifiesto. Trotski lo leyó y aportó a su vez algunas ideas. En la versión final podía leerse:

"(. . .) Si para el desarrollo de las fuerzas productivas materiales, la revolución debe instaurar un régimen socialista de modelo centralizado, para la creación intelectual debe desde el primer momento establecer y asegurar un régimen anarquista de libertad individual (. . .)".

Los Breton partieron poco después hacia Francia. Frida se puso a trabajar intensamente todo el verano, con miras a su exposición en Nueva York, en octubre.

Olvidó las discusiones políticas, los amigos y sin duda hasta un poco a Diego, para sumergirse exclusivamente en su trabajo.

Diego había querido que yo no hiciera otra cosa que pintar. Ese deseo suyo me alegraba, porque significaba que creía en mí. Cuando me asaltaban las dudas sobre nuestra relación, sobre su amor, pensaba que lo que él quería era que mi mundo fuera lo bastante fuerte para no necesitar del suyo, ni de él. Para él quedar completamente libre. Por último, el uno en el otro, para mí simplemente, para mi equilibrio y para mi supervivencia, sentía que me hacía falta apegarme por entero a la pintura, echar raíces en ella.

Los años 1937-1938 reflejan, me parece a mí, esta afirmación, y en ese sentido marcan un viraje. Sigo en la misma línea, ciertamente, pero ahora comprendo que nada me desviará de ella. Trabajo más, con una concentración y una aplicación aumentadas. Sé que allí se juega mi vida.

Frente al caballete, en aquel tiempo tenía yo fuerza para pasarme las horas. Tenía una paciencia increíble, en especial porque he pintado principalmente en formatos muy pequeños. Hay personas que, habiendo visto fotografías de mis cuadros, quedaron atónitas cuando se enfrentaron a la realidad: donde se imaginaban un gran cuadro, se encontraban frente a una pintura de treinta centímetros por cuarenta, a veces menos, raras veces más.

Todo un mundo en miniatura. Ahí no se puede dejarse ir a grandes pinceladas, se requiere una atención particular y eso da más calambres en la mano. Es preciso impedir que la imaginación provoque dispersión, canalizar toda la energía que la muñeca quisiera desplegar. Alguien como el Bosco, por ejemplo, compensa un delirio imaginativo con un trabajo pictórico extremadamente minucioso. De otro modo no habría sido soportable, ni para los demás ni para él. (Tomo al Bosco, porque me gusta mucho, pero no pretendo comparar mi obra con la suya. Trato de comprender).

Cuando observo mi obra retrospectivamente, pienso que soy una gran pintora. No, no tengo miedo a las palabras, tienen su verdad. La pintura se construye sobre lo que la precede, algunos pintores, en medio, rompen esa larga elaboración: se desvían porque construyen su pintura sobre ellos mismos, o arrojan su fuerza a la cara y perturban el hilo de la continuidad. Se les cree locos. Sólo hay que pensar en Van Gogh. Sin embargo, cuando miramos su pintura, ella refleja un gran equilibrio. Hablo del equilibrio plástico, que no es nada insignificante si se compara con el mental. Es necesario saber caer al construir un cuadro. La personalidad —si es que hay personalidad— ya está en la parte delantera del cuadro. Si uno ha hecho obra de introspección, es visible, golpea. Todo se reúne en una intensidad mayor e inmediatamente discernible, el equilibrio de un gran pintor es llameante.

Es preciso que el cuadro te mire tanto como tú lo miras a él.

En ese juego, creo que puedo decir que soy, en cincuenta centímetros cuadrados de pintura, más fuerte, me atrevo a decirlo, sí, que Diego en un mural de veinticinco metros cuadrados. Y es importante: es necesario que las cosas nos cuestionen la vida. Determinarse en relación con ellas, así es como avanzamos.

Con frecuencia nos olvidamos de recordar que además, en la historia de la pintura hay pocos retratistas. Verdaderos, se entiende. Personas que, al pintar una cara, te muestran violentamente lo que hay detrás. Es un trabajo de penetración psicológica. Basta mirar una cara

216

pintada por el Greco o por Piero della Francesca: no oculta nada de lo que podría disimular. Todo está ahí, inmediato: se ve lejos en el ser, y su presencia te toca fibras muy profundas. El cuestionamiento de que hablaba, y también la mirada del cuadro sobre ti.

Por momentos me pregunto si mi pintura, del modo como la viví, no fue más semejante a la obra de un escritor que a la de un pintor. Una especie de diario, la correspondencia de toda una vida. El primero fue el lugar donde liberé mi imaginación a la vez que analizaba mis actos y mis gestos, por la segunda habría dado noticias de mí, o simplemente habría dado de mí, a mis seres queridos. Por otra parte, mis cuadros casi siempre los regalé, y generalmente estaban destinados a alguien desde el principio. Como cartas.

Mi obra es la biografía más completa que pueda hacerse sobre mí.

Durante el verano de 1938, si bien recuerdo, el actor norteamericano Edward G. Robinson me compró cuatro cuadros de una sola vez. Mi primera venta grande. Estaba dividida entre el gusto ligado al reconocimiento y una incomodidad imposible de reprimir: ¿Merecía mi trabajo que lo adquirieran con tanto interés? Tenía ganas de destruir los cuadros, de esconderme. Por lo demás fue Diego quien se encargó de los tratos financieros, porque yo era incapaz. Sin embargo, también tenía mis deseos de brillar.

Y ese fue el lado que se impuso cuando me fui sola a Nueva York, en otoño. La Julien Levy Gallery acogía mis cuadros del 1 al 14 de noviembre. Veinticinco cuadros.

Llegué unas semanas antes. Para volver a meterme en la tina, para hacer frente a los últimos preparativos.

Pese a una salud totalmente precaria, me hallaba moralmente en buen estado, y experimentaba un curioso sentimiento de libertad al estar de pronto lejos de Diego. Tenía ganas de liberarme de su dominio afectivo, de ejercer mi capacidad de seducir, de afirmarme. Debí parecer completamente desenfrenada. Pasaba de un hombre a otro sin desconcertarme.

La noche de la inauguración, me sentía particularmente excitada. Me había vestido como una reina y eso producía su efecto. En la galería había una multitud. Desde los Rockefeller hasta Alfred Stieglitz, el fotógrafo y Georgia O'Keeffe, su esposa pintora, pasando por Meyer Schapiro, Dorothy Miller, etc., todos se apiñaron para ver los cuadros y, en general, todos parecían impresionados. Fue un éxito absoluto. Tuve buenas críticas y aparecieron fotos mías en los periódicos; uno de ellos criticó el prefacio de André Breton que abría el catálogo, porque se había publicado en francés; un periodista tuvo la grosería de decir que mi pintura era más bien obstétrica. . .

Sin duda nunca habría mirado al fondo de sí mismo, no sabe lo que es una mujer, ignora lo que el arte implica de dolor, oculto o declarado, y quizás lo confundió con una broma decorativa.

Diego, desde lejos, se preocupaba todo lo posible por mi exposición y fue él quien escribió sobre mi trabajo las más bellas palabras, que envió a un crítico de arte, Sam A. Lewinson. Percibo en ellas una enorme ternura:

"Te la recomiendo, no como esposo, sino como admirador entusiasta de su obra ácida y tierna, dura como el acero y delicada y fina como el ala de una mariposa, adorable como una sonrisa hermosa y profunda y cruel, como la amargura de la vida".

En mis desvergonzadas andanzas tuve una preferencia. Ésta se convirtió en amor, llamado Nickolas Muray. Lo había conocido en México, donde habíamos descubierto complacidos que los dos teníamos orígenes húngaros, él más que yo. Yo lo admiraba como fotógrafo, y nunca hablo de su celebridad sino de lo que yo sentía ante sus imágenes, y amaba la suavidad al mismo tiempo que la belleza, la humanidad, la vivacidad del hombre. Fue allá, en Nueva York, donde nos unimos tanto el uno al otro.

Nueva York-París

Bello es lo que procede de una necesidad interior del alma. Bello es lo que es bello interiormente.

Vassily KANDINSKY.

El invierno neoyorquino, que Frida ya había conocido. Sin embargo, como contrapartida de la efervescencia de su primera exposición individual, como si siempre tuviera que pagar caras las alegrías de la vida, surgieron los dolores del pie derecho, tan bien escondido bajo sus faldas y sus enaguas de puntillas.

De médico en médico, periplo familiar, uno de ellos consiguió finalmente aliviar la úlcera trófica que padecía. Un trofismo inevitable y que no podía detenerse. El accidente no había hecho más que acentuar un proceso ya iniciado con las secuelas de la poliomielitis, la parálisis de la pierna.

El consuelo, el calor, Frida los encontraba junto a Nickolas Muray, fotógrafo norteamericano en plena gloria.

Diego le escribía, pero estaba lejos. Si Frida se sentía culpable por la prolongación de su ausencia, Diego la tranquilizaba pronto asegurándole que ese viaje le daría los mayores beneficios a su trabajo. Su interés era indudablemente sincero, y Frida lo creía, pero, ¿dónde estaba la apuesta afectiva, para el uno y la otra? ¿En la libertad

220

que ambos, a distancia, aprovechaban, en el apego que manifestaban el uno al otro aun de lejos, o ambas cosas?

A comienzos de diciembre, para el cumpleaños de Diego, Frida le escribió:

"Niño mío. . . de la gran ocultadora:

Son las seis de la mañana
y los guajolotes cantan,
calor de humana ternura
soledad acompañada.
Jamás en toda la vida
olvidaré tu presencia
Me acogiste destrozada
y me devolviste entera.
Sobre esta pequeña tierra
¿dónde pondré la mirada?
¡Tan inmensa, tan profunda!
Ya no hay tiempo, ya no hay nada.
Distancia. Hay ya sólo *realidad*
¡Lo que fue, fue para siempre!
Lo que son las raíces
que se asoman transparentes
transformadas
En el árbol frutal eterno
tus frutas dan sus aromas
tus flores dan su color
creciendo con la alegría
de los vientos y la flor.
No dejes que le dé sed
al árbol del que eres sol,
que atesoró tu semilla
Es «Diego» nombre de amor".

En esas líneas dejaba ver su vínculo con él, inalterable. Y si Diego ponía en peligro su relación por sus amores incesantes, los de Frida, a pesar de su intensidad, no

221

anulaban su cariño a Diego, sagrado. Sin embargo, se entregaba a ellos por entero.

Así sucedió con Nickolas, a cuyo contacto se abrió sin vacilación. Nickolas evidentemente estaba al tanto de la existencia de Diego, Frida no lo ocultaba, pero sin embargo amaba como si la figura de su marido no pudiera impedir nada. Se dejó llevar al amor por Nicholas sin vacilación, sin reticencias. Disfrutaba de la vida con su nuevo hombre; de su inteligencia, de su sensualidad, gozaba con la imagen de mujer hermosa, original y deseable que él le devolvía. Se mostraba posesiva, exclusiva.

Cuando otra mujer en la misma situación hubiera sentido escrúpulos, Frida, con la mayor naturalidad del mundo (y eso era lo más desarmante en ella), exigía a su amante que le fuera fiel, a menos que se tratase, si es que la engañaba, de una cuestión "puramente física", en cuyo caso era preciso que se guardara bien de "amar" a la dama en cuestión. . .

Frida y Nickolas se paseaban por las calles de Nueva York como enamorados, deteniéndose en las esquinas para besarse, riendo a carcajadas a la menor ocasión, extasiados el uno del otro. Entre dos sesiones fotográficas de Nickolas, y cada vez que Frida no se quejaba de su pierna, bailaban hasta el agotamiento las canciones de moda. Frida estaba exultante.

A fin de año, Frida recibió, en Nueva York, noticias de París. Llegó al estudio de Nickolas con el corazón palpitante, tanto de placer como de angustia. Tenía en las manos una carta arrugada y los dedos manchados de tinta.

—Vine. . . corriendo —jadeó—. Caía. . . nieve derretida. . .

Respiró hondo mientras buscaba un pañuelo en su bolsa.

—. . . venía leyendo por la calle. . . la tinta se corrió. . . ¡Nick! ¡Los surrealistas me esperan en París!

—De triunfo en triunfo, preciosa. . .

222

—Pero, mi adorado Nick, no quiero separarme de ti. . .

—¿Por cuánto tiempo?

—Alrededor de un mes —respondió Frida, pensativa—. ¿Sabes qué?

Nick la interrogó con la mirada; Frida se frotaba suavemente la pierna bajo el vestido. Se había quitado la media mojada.

—Ellos creen que yo soy surrealista, pero no soy.

—No vamos a discutir eso de nuevo. . . En el fondo, Frida, las definiciones no tienen mayor importancia, con tal de que conserves tu integridad.

—¿Qué es ser surrealista? —continuó Frida—. Si es sacar los objetos de su contexto para ubicarlos en otro contexto, la pintura no ha hecho otra cosa desde siempre. . . Si es jugar al absurdo, ahí no los acompaño.

—Si tú sabes dónde te sitúas, lo demás no tiene mucha importancia, te repito. Sé que estás fuera de su alcance.

—El problema de los surrealistas es que se toman demasiado en serio. En Breton es evidente.

—Tienes suerte, las personas no te impresionan mucho. Eres libre sin angustia y sin volverte presuntuosa.

—Es porque en el fondo no tengo ambición. Aparte de mi búsqueda pictórica. . . pero eso no tiene nada que ver con el éxito social, es decir, con todo el juego de las apariencias. . .

—¿Hay alguien que te haya impresionado realmente?

Frida reflexionó y empezó a contar con sus dedos cubiertos de anillos, en silencio.

—Ni los aristócratas, ni los grandes industriales, ni las celebridades del mundo del arte o de la política. . . No, ni Rockefeller, ni John Dos Passos, ni Steinbeck, ni Reed. . . Sí, un hombre me impresionó realmente, me pareció excepcional hasta el fondo del alma: ¡Trotski!

—Tú me impresionas por tu fuerza natural.

—Nick, ¿cómo decirte que te adoro, que pienso en ti

todo el tiempo, en tus ojos, en tus manos, en tu sonrisa, cómo decirte que te amo con todo mi corazón, y que no hay en mí otra cosa que tú? (Aparte de Diego que tiene allí un lugar particular e inmutable, pero eso ya lo sabes)... Siento tanto amor por ustedes dos que me desborda y me desdoblo... me vuelvo dos Fridas, una tan llena de amor como la otra...

Después, lloró, porque París le parecía un planeta lejano, porque ninguno de sus hombres estaba allá, porque ella no hablaba francés, porque sin duda iba a hacer mucho frío... Pero era también su viejo sueño de Europa que se realizaba, y dentro de ella todo se mezclaba, el accidente al que había sobrevivido, la angustia, el placer.

En Nueva York había vendido doce cuadros, de veinticinco obras expuestas. Le hicieron algunos encargos, entre ellos un autorretrato que pintó en el propio hotel Barbizon-Plaza, y un retrato de Dorothy Hale para su amiga Clare Boothe Luce, de la revista *Vanity Fair*.

Esta última tela tuvo una historia muy movida. Dorothy Hale, joven actriz norteamericana, llegó a los titulares de los periódicos en octubre de 1938, cuando una mañana a las seis se puso su mejor vestido, trepó a una ventana y se arrojó desde lo alto del edificio neoyorquino llamado Hampshire House. Frida, impresionadísima, comunicó a Clare Boothe Luce su intención de pintar un recuerdo de la actriz, y Clare le propuso comprarle el cuadro cuando estuviera terminado, para regalárselo a la madre de la difunta. Trato hecho. Pero cuando, algunos meses después, el cuadro llegó a manos de su compradora, soplaron vientos de escándalo: el retrato de Dorothy Hale representaba el *suicidio* de Dorothy Hale.

Era típico de Frida: había pintado la tragedia de la existencia de la actriz, cristalizando en la tela la angustia que debió preceder a la decisión de suicidarse y el paso al acto mismo. Un fantasma que sin duda no era desconocido para Frida. Pero que no sería muy del gusto de la compradora, y que era imposible regalar a una madre dolorida como recuerdo de su hija.

Mientras tanto, Frida había partido hacia Francia en enero de 1939. Se preguntaba si estaba bien pasar tanto tiempo lejos de México y se preocupaba por la situación política de Europa. No se hacía muchas ilusiones sobre su exposición.

Su llegada a París no fue demasiado auspiciosa. Breton, según Frida, no se había ocupado de la exposición, por lo cual los cuadros estaban inmovilizados en la aduana y todavía no se había pensado en ninguna sala para recibirlos. Frida tuvo ganas de irse inmediatamente y telegrafió a Diego, quien le aconsejó que se quedara, aunque sólo para estar segura de llevar sus cuadros a lugar seguro. Y además, en París hacía un tiempo totalmente gris, como ella jamás había visto, y los departamentos eran todos diminutos.

Durmió algún tiempo en casa de los Breton, en la calle Fontaine, donde compartía el cuarto de la hijita de sus anfitriones. No conseguía acostumbrarse: tanto en México como en Nueva York la gente tenía más espacio para vivir. Estaba de mal humor y no dejaba de echar pestes contra "esa banda de hijos de la chingada lunáticos, los surrealistas", según sus propias palabras. Nada los disculpaba a sus ojos: los encontraba demasiado intelectuales, inútiles, sucios, falsos (y holgazanes), llenos de discursos teóricos sin ningún mérito, que se pasaban todo el tiempo discutiendo en los cafés, etc., y se preguntaba qué hacía entre ellos, y por sobre todo, no quería que nadie la confundiera con ellos.

Frida se sentía sola. Caminaba por una ciudad lluviosa, amenazada por la historia, donde los que hubieran podido ser sus amigos no le simpatizaban y cuya lengua ignoraba completamente. El francés le parecía complicadísimo y no conseguía recordar ni los nombres de las calles. . . Sin embargo, casi a pesar suyo sentía que la ciudad era hermosa, y volvía sin cesar a algunos lugares: la plaza de Vosgos, los muelles y Notre-Dame (donde encendió cirios por ella misma, por Diego, su padre, Nick, Trotski, Cristina y sus hijos, algunos amigos. . .), Montparnasse, del que Diego le había hablado tanto. Trató de ir a Montmartre pero la rindió la fatiga, y los jardines de Luxemburgo le hacían sentir nostalgia por los hijos que no había tenido.

Sin embargo, conoció a algunas personas que le interesaron: Paul Eluard, Yves Tanguy, Max Ernst, Marcel Duchamp. . . La obra de los dos últimos le encantó, y simpatizó con Duchamp, quien la ayudó. Resolvió el problema de los cuadros en la aduana y se ocupó de la cuestión de la galería.

A pesar de las dificultades relacionadas con organizar la exposición, Breton desarrolló su idea: Frida no sería la única en exponer; bajo el nombre "México" reunirían una exposición que ciertamente incluiría sus cuadros, pero también figurillas prehispánicas, máscaras, milagros, objetos folclóricos, retratos mexicanos del siglo XIX, fotografías del mexicano Manuel Álvarez Bravo. . .

Y Frida cayó enferma. Tuvo un problema de colibacilos en los riñones, con fiebre alta que obligó a internarla en el hospital norteamericano de Neuilly. Cuando bajó la fiebre y se aliviaron los dolores, se alegró mucho de estar en el hospital americano: ¡allí podía hablar inglés!

La esposa de Duchamp, una norteamericana llamada Mary Reynolds, fue a hacerle una visita.

—¡Qué gusto de verte! —exclamó Frida al verla llegar—. Dime, ¿son buenas noticias?

—Por desgracia, no.

—¿Y ésta es la ciudad luz? ¡Ciudad desgracia, diría yo! Dime pues, ya espero lo peor.

—La galería para la exposición ya está: la galería Pierre Colle, en la calle de Seine. . . Pero el socio de

Colle no quiere exponer todos los cuadros, tiene miedo al escándalo.

—¡Muy bien, que se vaya al carajo! Me voy de aquí y hago mis maletas. . . Evidentemente, las obras de los surrealistas no causan escándalo, ¡son tan poca cosa!

Mary permaneció un instante en silencio, antes de decir:

—Frida, además, la situación política. . .

—¡Todos los países tienen situación política, y menos artistas falsos que éste, te lo aseguro!

—La exposición se inaugura el 10 de marzo. . .

—Y apenas estamos en febrero. . . —observó Frida, haciendo ademán de tirarse de los cabellos.

—Pero te traigo una buena noticia, con todo: cuando salgas de aquí te llevaremos a vivir con nosotros.

Frida le dio un beso.

—Ustedes son un amor y jamás podré agradecerles todo lo que hacen por mí. . .

Se levantó y miró por la ventana del cuarto.

—. . . De todos modos, no tengo más remedio que quedarme. . . Diego quiere que me quede, y además, ahora, le he prestado doscientos dólares a Breton para restaurar los dos cuadros antiguos mexicanos. . .

Tenía prisa por regresar a Nueva York y volver a encontrarse con Nickolas Muray. Le escribió:

"(. . .) Te amo, mi Nick. Soy tan feliz con la idea de que te amo —de que tú me esperas— de que tú me amas. . .".

"Mi amante, mi amoroso, mi Nick —mi vida— mi niño, te adoro. . .".

A fines de febrero se instaló en casa de los Duchamp. Mary se ocupaba de ella con devoción y Frida se lo agradecía. Se sentía bien.

La exposición no fue un éxito comercial; la situación política no se prestaba, pero fue un éxito por el interés y la estima que suscitó. Frida fue la estrella. Obtuvo el reconocimiento de los pintores, de Ives Tanguy a Picasso quien, muy impresionado, escribiría después a Diego Rivera:

"Ni tú, ni Derain, ni yo sabemos pintar caras como las de Frida Kahlo".

Pero también rozó otros ambientes, como el de la alta costura. Elsa Schiapparelli, seducida por la manera de vestir de Frida, creó para las elegantes el vestido "Madame Rivera". Y en la portada de *Vogue* apareció la mano de Frida, cubierta de anillos. . .

Y el museo del Louvre le compró un cuadro.

De un modo u otro, el reconocimiento existía, y no de personas insignificantes. . . Frida lo comprendía y lo apreciaba en su justo valor, aunque sin envanecerse.

A fines de marzo dejó París por El Havre. No llovía. Se iba con el espíritu tranquilo. En el barco que la llevaba de regreso a Nueva York, logró incluso comenzar *El suicidio de Dorothy Hale:* en mitad de la tela, el alto edificio neoyorquino, solo entre bancos de nubes; la mujer cayendo, en tres momentos: pequeñita, al saltar por la ventana, pero al tocar el suelo no hay más que ella, extendida sobre la línea inferior de la tela. Dorothy muerta yace en un charco de sangre, y todavía pierde sangre por la nariz, las orejas, la boca. La sangre salpica el marco del cuadro. Sin embargo, la mujer es muy bella, y mira fuera de su muerte, fuera del cuadro. . .

Un día, en los Estados Unidos, Diego declaró: "No creo en Dios, pero creo en Picasso". Tenía razón. El hombrecillo es único. También Louise Nevelson lo dijo, a su manera: "En la cuna, Picasso ya dibujaba como un ángel".

Yo voy a decir una tontería, pero ni modo: ¡qué ojos tiene! Una mirada como nunca he visto nada semejante. Sus ojos parecían mirar todo lo que tenía alrededor, fijarse de antemano en la tela. Era terrible esa mirada. Gracias a ella, él ya era siquiera medio pintor.

Lo recuerdo muy bien. Aunque era el centro de la exposición, durante la exposición me mantuve un poco apartada. Vassily Kandinsky me felicitó: lloraba de emoción, y tenía las gafas todas empañadas. Me expresó su admiración en un inglés apenas comprensible, teñido por un acento maravilloso, mientras se secaba las lágrimas con el dorso de la mano. ¡El alma rusa! ¡Y nada era fingido! Joan Miró me abrazó, con pocas palabras pero mucha expresión y mucho cariño. Max Ernst, siempre muy frío, pero aparentemente sincero, me dijo que siguiera por mi camino. Picasso también me abrazó, y no paraba de elogiarme.

Ese reconocimiento de mi trabajo me tocaba hasta lo más hondo, especialmente porque los que me estaban felicitando eran pintores de los más grandes, de los que sabemos, y con justicia, que son avaros en cumplidos. Pintores de personalidades tan diferentes, cada uno tan especial, interesándose por la Friduchita. . .

Hasta que me fui de París vi con frecuencia a Picasso. Se mostró muy abierto, tan abierto como hostil debe ser cuando alguien no le cae bien. Pasamos ratos juntos; cantábamos mucho: una canción mexicana, una española. . . Un día me regaló unos pendientes muy bonitos que todavía deben estar por ahí si es que no los he regalado.

Encuentros como ese, así como el haber conocido a personas como los Duchamp, Tanguy, y haber conocido algunos lugares de la ciudad, hacen que no lamente haber ido a París. Por lo demás, allí los artistas charlaban más de lo que trabajaban, en particular los franceses, y eso me chocaba. Sé bien que la historia estaba en la antesala, lista para derramar su veneno, la atmósfera estaba pesada, pero, ¿es esa una verdadera excusa para un artista que necesita trabajar?

En una de las raras veladas que pasé en un café, me rebelé: Eluard defendía la pintura de Dalí, al que yo ni siquiera le concedo el título de pintor. Un fabricante de imágenes, apenas. . . Son raros, los franceses. Ponen por las nubes a un buen señor como Renoir, no digo que no valga nada, pero en fin, tampoco es gran cosa comparado con Monet, por ejemplo. Y a Derain lo dejan injustamente en la sombra, considerando que su obra es menor.

Cuando sus frases me exasperaban demasiado, me decía que lo que tienen de grande los franceses, son sus extranjeros.

Y hablando de extranjeros. . . Reuniendo las informaciones recogidas aquí y allá, entre los camaradas de la IV Internacional y otros, tuve la impresión de que la ayuda prestada a los republicanos españoles dejaba mucho que desear. Le escribí a Diego e hice todo lo que pude. Conseguí que alrededor de cuatrocientos refugiados fueran recibidos en México. No era mucho, no bastaba, pero tuve muy poco tiempo.

Esa guerra es uno de los acontecimientos políticos que me han marcado más. Cruel, desgarradora.

Bebía mucho, salvo cuando estuve en el hospital, por los colibacilos. Mucho: nunca rodé por el suelo y tampoco conté las copas. Pero sin duda eso no quiere decir nada: el alcohol marca de modo diferente los cuerpos y los espíritus. Como no soy personaje de Dostoievski, bebí, como todo el mundo, para olvidar algunas cosas y agudizar otras en mí, pero sin que jamás me llevara a la violencia. No hay nada peor que la borrachera violenta; es imperdonable porque es falso decir que uno no se da cuenta de nada. Es mala fe. Por mucho que uno haya bebido, se da cuenta perfectamente, con ligeras alteraciones y amplificaciones, de su estado. Uno se da cuenta si de repente tartamudea, si se ríe más fuerte, si anda menos derecho; uno se da cuenta perfectamente de las miradas que le dirigen los demás. Uno se da cuenta de cuándo es el momento de parar porque todo se vuelve pesado, el cuerpo, las frases. No creo a los que dicen que no beben cuando beben ni a los que se refugian detrás del alcohol para no cargar con su responsabilidad.

Beber puede ser un buen afrodisiaco, pero también es una buena máscara. Como tal, nunca lo utilicé.

Entonces, mucho, sí, pero no puedo evaluar más que en relación conmigo, con mis estados. Y en eso, el alcohol nunca me ha cambiado fundamentalmente, y por eso no busco excusas.

En París, el coñac era bueno.

Nunca he pintado bien cuando bebo. Nunca he pintado la ebriedad.

Las dos Fridas

Mexicanísima en todas sus manifestaciones, continúa causando un gran asombro: su pintura y su vida, su vida y su pintura, ligadas entre sí igual que las dos Fridas, tal como ella las pintó. . .

Elena PONIATOWSKA.

Frida tenía prisa por regresar a Nueva York, por volver a encontrarse con sus viejos amigos, con Nickolas. Veinticuatro horas antes de la llegada ya tenía sus maletas prontas en su camarote. La que contenía sus enseres de pintura, una especie de maleta cuadrada bastante alta, mitad de madera y mitad de piel, con su nombre grabado, estaba metida entre otras dos para que no se cayera. De pronto estaba harta de viajar, de verse entre dos países, dos hoteles, con su vida como doblada en cuatro en su equipaje.

Oyendo una algarabía, subió a cubierta, mientras la sirena lanzada su profundo grito. El cielo estaba casi blanco y un sol tímido parecía desplazarse por él. Entornando los ojos, Frida se protegió de la luminosidad del cielo colocando ambas manos sobre las cejas. Al acercarse el barco, Manhattan parecía moverse, masa de concreto y acero muda y sonriente, para dar la bienvenida a Frida. Las lágrimas corrieron por sus mejillas, el olor del puerto le provocaba un ligero mareo. Nick la esperaba.

Frida dejó que todos descendieran primero, por miedo a caerse. En una mano llevaba la maleta de pintura, con la otra se recogía el ruedo de la falda. El equipaje la seguía en el carrito de un porteador. El taxi estaba ahí.

En el coche, Frida se apretó contra Nickolas. Éste la apartó para contemplarla mejor, y sacudió la cabeza.

—¿Por qué me dices que no, Nick mi adorado?... Sí, sí, mírame, estoy aquí, tú estás aquí, en todo el mundo no hay nada más que este momento.

Nickolas sonrió, con el ceño fruncido; Frida volvió a su primera posición y, con la cabeza inclinada, contempló la calle sin decir una palabra.

—Frida...

Ella asintió con la cabeza.

—... tengo una noticia que darte, buena, mala, no lo sé: voy a casarme.

Frida no hizo un gesto. Contrajo los párpados hasta no ver más que negro y no oír más que los latidos de su corazón. Después se irguió, abriendo los ojos. Tomó en las suyas las manos de Nickolas y las besó suavemente.

—No digas nada por ahora, mi Nick. Ya hablaremos de esto más tarde... Ten la seguridad de que te deseo toda la felicidad del mundo y te amaré pase lo que pase.

Lo único que sentía era un inmenso vacío. No le venía ni una lágrima, ni un pensamiento. Su espíritu quedaba en blanco, como el cielo, su corazón ya no latía con tanta fuerza, todo era calma en su cuerpo. Demasiada calma, quizás. Hasta esas palabras que con tanta rapidez había dicho a Nick no eran suyas.

En el ascensor del hotel no escuchó al botones que le hablaba. En cuanto penetró en su cuarto se dirigió al baño a vomitar. Después puso la cara bajo el chorro de agua fría antes de dejarse deslizar hasta quedar sentada en el suelo. Allí, acurrucada sobre sí misma, sollozó largamente, preguntándose si esa relación se deshacía porque ella la había llevado demasiado lejos o, al contrario, porque no la había llevado lo bastante lejos. Se preguntaba si era su lado mexicano, excesivo y apasionado, el que lo había aniquilado todo en la tormenta de su vida. O si era su cuerpo deformado el que atraía a algunos hombres en la misma medida en que en el fondo les daba miedo. O la imagen omnipresente de Diego, de quien todos sabían que la necesitaba tanto como ella a él.

Se puso de pie, irguiendo la espalda.

Se paseaba por su cuarto de hotel y lloraba al comprender que todo lo que ocurría era simplemente normal: ella se había entregado por entero a Nickolas, eso de todos modos estaba en su naturaleza, pero no esperaba nada de él y jamás le había presentado un proyecto común. Cada vez, ella daba mucho de su amor, permaneciendo por último inaccesible.

Empezó a deshacer su equipaje, pero no tuvo ganas de terminar. Sobre las maletas abiertas colocó el retrato, todavía inconcluso, de Dorothy Hale. Lo observó, sentada en el borde de la cama. "También las nubes deben desbordarse sobre el marco —pensó Frida. Todo desborda fuera de sí: la sangre, las lágrimas, las nubes, la vida misma. . .". Desde donde estaba sentada se veía en el gran espejo colgado sobre la cómoda. "Maldita sea, uno siempre vuelve a caer en uno mismo. . .".

Más tarde, sintió necesidad de llamar por teléfono a Nickolas para repetirle que no estaba para nada resentida con él, que se alegraba muchísimo por él, que lo adoraba, que era su amiga para toda la vida. También le hizo algunas recomendaciones: le pidió que conservara los lugares que habían consagrado su amor, los objetos, las fotografías que lo simbolizaban. Nickolas prometió y le aseguró a su vez su amistad.

Seguía llorando, pero ya no eran las lágrimas del desgarramiento, sino otras más dulces. La ternura, la amistad, eran un consuelo, porque evitaban la pérdida total. La pasión se diluía en ellas, olvidando las rupturas. Por fin se durmió, sin haberse molestado en quitarse ni los anillos, ni las cintas del pelo.

Dudaba de irse de Nueva York, temiendo tener dificultades con Diego en México, aunque tenía ganas de regresar después de un viaje que en definitiva había sido bastante largo. Dejó sus valijas deshechas, incapaz de decidirse, tratando de escapar, en las calles de Manhattan, de sus pensamientos, al recuerdo de Nick, a las decisiones que había que tomar. Por suerte, los amigos estaban allí y la rodeaban. Finalmente dejó el hotel para instalarse en casa de una amiga, pero siempre vacilando sobre si quedarse o no. Volvió a trabajar un poco: dibujos, naturalezas muertas con frutas tropicales, los últimos toques del *Suicidio de Dorothy Hale*... Pero sentía una incomodidad, algo que le impedía tomar la decisión de regresar, quizás la idea de alejarse definitivamente de Nick o un presentimiento de lo que le esperaba en México.

Hasta que una mañana dio el paso.

En México, la situación estaba tensa, en todos los planos. A Diego se le atribuían muchas aventuras, entre ellas una importante con una húngara, pintora. En cuanto al plano político, no faltaban las complicaciones.

Trotski estaba a punto de mudarse, después de haber roto con Diego Rivera.

—Dicho sea entre nosotros, Diego, cuando recibí en París la carta de Trotski en que me pedía que interviniera ante ti, no pude hacer otra cosa que defenderte... Pero, ¿cómo se le ocurre a alguien que se llama Diego Rivera querer ser secretario de la sección mexicana de la IV Internacional?

—Pero le fui bastante fiel, no creo que sea nada inmerecido. Y tampoco soy un perfecto irresponsable...

—Pero es que tú ante todo eres pintor, no político. Tú mismo lo dijiste hace poco cuando querías renunciar a la Cuarta...

—No estaba de acuerdo con los "métodos" del Viejo...

—Dijiste que en adelante te ibas a dedicar a la pintura. . .

—Son mis contradicciones. Mis caprichos, si tú quieres. . .

—Pero comprende que en la cabeza de alguien como Trotski, un hombre capaz de enojarse con sus amigos de toda la vida por una palabra mal elegida, eso basta para perturbar la confianza. . . Lo que está en juego es mucho. . . y es peligroso.

—En la política, las rupturas son inevitables. Igual que en la vida.

Frida sabía que ella estaría de parte de Diego, pasara lo que pasase. Pero no podía dejar de inquietarse por Trotski y por Natalia, obligados a mudarse una vez más. El propio Trotski había anunciado que, en vista del deterioro de sus relaciones, harían lo necesario para desocupar la casa azul.

Frida no se sentía en absoluto cómoda en esa situación, pero no había nada más que pudiera hacer o decir. Especialmente porque le habían dicho que Diego se había enterado de su relación con Trotski. No era más que un rumor, pero parecía muy probable, considerando la agresividad que manifestaba hacia ella y hacia Trotski. ¿Había sido ese el factor decisivo en la ruptura entre ambos? No quería saberlo ni hablar de ello. Estaba aburrida tanto de los celos de Diego como de su infidelidad permanente.

—A las demás mujeres no las amo —se excusaba él—. La única que necesito es mi Friduchita.

—Conocer al detalle tus sentimientos no modifica en nada el problema —le respondía infaliblemente Frida.

Por algún tiempo en México se habló de amores de Diego con la actriz Paulette Goddard. Después de sus amores con Irene Bohus, la húngara. . . Frida se sentía desgarrada. ¿No habrían llegado demasiado lejos las cosas? ¿No era el momento de tomar una decisión radical acerca de sus vidas? Pero no conseguía librarse de su ca-

236

riño a Diego, y por eso sufría. Y ese sufrimiento se acentuaba tal vez por la pérdida de Nickolas, que la había herido mucho más de lo que dejaba ver, pero de la cual no podía hablarle a Diego.

Al acercarse el verano, Frida decidió ir a vivir, una vez más, a la casa azul.

El sitio era bello, amplio y luminoso, alegre por los colores que encerraban sus muros, azul, verde, ladrillo, oro, por la exuberancia de las plantas del patio, y vivir allí era agradable. La casa, gracias a sus múltiples partes de vidrio, parecía hecha para recibir el cielo y el sol. Sin embargo, Frida se desesperaba. Como no quería salir ni ver a nadie, daba vueltas en círculo. Se confiaba a pocas personas: a Nickolas, por carta, quien le aseguraba en sus respuestas su apoyo y su afecto; a Cristina, siempre presente.

Pasaba horas en su taller, aun cuando no estaba trabajando. Si esa casa era su mundo, el taller era su corazón. Frida sabía que era de allí de donde podía obtener algún consuelo. Cristina, además, le decía:

—Debes pensar en ti misma y en tu trabajo ante todo.

—Pero, ¿te das cuenta de que Diego no viene a verme?

—Razón de más, Frida... Fuiste tú la que decidió irse...

—Es que no podía más... Lupe Marín me dice que soy una idiota porque dejo que las otras mujeres me quiten a Diego... Pero yo no estoy segura de que volviéndome rapaz resolvería el problema... No sé si tengo razón... Lo sé todo... No sé nada...

Frida lloraba:

—¡Esta casa es chica para tantas heridas! —dijo riendo entre sus sollozos.

Cristina sonrió.

—Es terrible, me siento a la vez fuerte y lo bastante rica interiormente para ser capaz de vivir por mí misma... y tan frágil que un solo pensamiento, no te digo un acto, me hace trizas...

Los sillones de hamaca en que estaban sentadas las dos hermanas rechinaban suavemente a cada movimiento. Rayos de sol jugaban en los vidrios del taller.

—Comprendo a esa pobre Dorothy: se sentía tan hecha pedazos que tuvo necesidad de realizar su sentimiento...

—Y tú, píntalo.

—Claro, yo puedo pintarlo. Una manera imaginaria de reconstituir una unidad rota... aunque la represente rota.

—La fuerza que tienes en eso...

—Mi supervivencia.

Y al pronunciar esas palabras sintió que la invadía una ola de calma. Se secó los ojos y detuvo el sillón antes de añadir:

— Hay una sandía en la cocina para los niños. Está muy perfumada.

Frida empezó a pensar en un gran cuadro que se llamaría así: *Las dos Fridas*. De tamaño natural o más, una Frida en buen estado junto a una segunda Frida herida, perdiendo sangre... Una amada y la otra no.

Pero de nuevo, sin poder contenerlo, las lágrimas le nublaban la vista, la imaginación, los pensamientos, los deseos. Ya no sabía si lloraba por Diego o por ella misma, de dónde le venían tantas lágrimas, lo que drenaban de dolor, de vida y quizás incluso de alegría. "Como es posible irse en sangre, se decía, así yo me estoy yendo en lágrimas... Lágrimas, cliché en negativo de la sangre... En el fondo es la misma cosa. Flujo, licuefacción de las palabras, del cuerpo... Fluidificación de las heridas que no cicatrizan. Si uno no se endurece, en el fondo...". Y volvió a pensar en su cuadro *Lo que me dio el agua* y en lo que había dicho sobre él Breton y que ella comprendía vagamente: "El cuadro (...) ilustraba, sin que ella lo supiera el pensamiento que recogí una vez de la boca de Nadia: «Soy el pensamiento en el baño en la pieza sin espejo»".

Mi noche es como un gran corazón que late.

Son las tres y media de la mañana.

Mi noche es una noche sin luna. Mi noche tiene grandes ojos que miran fijamente una luz gris que se filtra por las ventanas. Mi noche es larga y larga y larga y parece siempre estirarse hacia un fin incierto. Mi noche me precipita en tu ausencia. Te busco, busco tu cuerpo inmenso junto al mío, tu aliento, tu calor. Mi noche me responde: vacío; mi noche me da frío y soledad. Busco un punto de contacto: tu piel. ¿Dónde estás? ¿Dónde estás? Me vuelvo en todas direcciones, la almohada está mojada, mi mejilla se le queda pegada, mis cabellos húmedos contra las sienes. No es posible que no estés aquí. Mi cabeza divaga, mis pensamientos van, vienen y chocan, mi cuerpo no puede comprender. Mi cuerpo te quiere aquí. Mi cuerpo, este cuerpo mutilado, quisiera olvidarse por un momento en tu calor, mi cuerpo reclama algunas horas de serenidad. Mi noche es un corazón. Mi noche sabe que quisiera mirarte, seguir con mis manos cada curva de tu cuerpo, reconocer tu rostro y acariciarlo. Mi noche me ahoga de tu ausencia. Mi noche palpita de amor, que trato de contener pero que palpita en la penumbra, en cada una de mis fibras. Mi noche quisiera llamarte pero no tiene voz. Y sin embargo, quisiera llamarte y encontrarte y apretarse contra ti un momento y olvidar este tiempo que me destroza. Mi cuerpo no puede comprender. Tiene tanta necesidad de ti como yo, es posible que después

240

de todo él y yo no seamos más que uno. Mi cuerpo te necesita, tú me has sanado muchas veces. Mi noche se ahueca hasta no sentir más la carne y el sentimiento se hace más fuerte, más agudo, despojado de la sustancia material. Mi noche me quema de amor.

Son las cuatro y media de la mañana.

Mi noche me agota. Bien sabe que me faltas tú y toda su oscuridad no alcanza para ocultar esa prueba. Esa prueba brilla como una hoja afilada en las tinieblas. Mi noche quisiera tener alas que volaran hacia ti, te envolvieran en tu sueño y te trajeran de vuelta a mí. En tu sueño tú me sentirías cerca de ti y tus brazos me envolverían sin que tú despertaras. Mi noche no oye consejos. Mi noche piensa en ti, sueña despierta. Mi noche se entristece y se extravía. Mi noche acentúa mi soledad, todas mis soledades. Su silencio no oye más que mis voces interiores. Mi noche es larga y larga y larga. Mi noche tendría miedo de que el día no llegue nunca más pero a la vez mi noche tiene miedo de que llegue, porque el día es un día artificial en que cada hora vale por dos y sin ti no es realmente una hora vivida. Mi noche se pregunta si mi día no se parece a mi noche. Eso explicaría a mi noche por qué temo el día, también. Mi noche tiene ganas de vestirme y empujarme afuera en busca de mi hombre. Pero mi noche sabe que todo lo que se llama locura, de todo orden, origen de desorden, está prohibido. Mi noche se pregunta qué es lo que no está prohibido. No está prohibido confundirme con ella, eso lo sabe ella, pero se ofusca de ver confundirse con ella una carne al borde de la desesperanza. Una carne no está hecha para desposar la nada. Mi noche te ama con toda su profundidad, y de mi profundidad resuena también. Mi noche se alimenta de ecos imaginarios. Ella puede hacerlo. Yo fracaso. Mi noche me observa. Su mirada es lisa y se desliza en todas las cosas. Mi noche quisiera que tú estuvieras aquí para deslizarse en ti con ternura. Mi noche te espera. Mi cuerpo te espera. Mi noche quisiera que tú descansaras apoyado en el hueco de mi hombro y yo me apoyara en el hueco del tuyo. Mi noche quisiera ver tu gozo y el mío, verte y verme temblar de placer. Mi noche quisiera ver nuestras miradas y tener nuestras miradas cargadas de deseo. Mi noche quisiera tener entre sus manos cada espasmo. Mi noche se volvería dulce. Mi noche gime en silencio su soledad al recuerdo de ti. Mi noche es larga y larga y larga. Pierde la cabeza pero no puede alejar de mí tu imagen, no puede engullir mi deseo. Mi noche se muere de no saberte ahí, y me mata. Mi noche te busca sin cesar. Mi cuerpo no llega a imaginar que algunas calles o una geografía cualquiera nos separan. Mi cuerpo enloquece de dolor al no poder reconocer en medio de mi noche tu silueta o tu sombra. Mi cuerpo quisiera besarte en tu sueño. Mi cuerpo quisiera en plena noche dormir y en esas tinieblas ser despertado por tu beso. Mi noche no conoce sueño más hermoso y más cruel hoy que ese. Mi noche aúlla y desgarra sus velos, mi noche se clava a su propio silencio, pero tu cuerpo sigue inhallable. Me haces tanta y tanta falta. Y tus palabras. Y tu color.

Pronto va a amanecer.

(Carta a Diego ausente, 12 de septiembre de 1939. No enviada).

El apego

"La pintura llenó mi vida. Perdí tres hijos y otra serie de cosas que hubieran podido llenar mi horrible vida. Todo eso lo reemplazó la pintura. Creo que no hay nada mejor que el trabajo".

Frida Kahlo.

El año 1939 pasó en la confusión. Diego vivía en la casa de San Ángel y raramente visitaba a Frida. Ésta sufría profundamente, pero trataba de reaccionar: no quería recibir más ayuda material de su marido ni, decía ella, de ningún otro hombre por el resto de sus días.

Un ingeniero norteamericano, Sigmund Firestone, le encargó un retrato, y por intermedio de amigos Frida logró vender varios cuadros más en los Estados Unidos. Varias personas, entre ellas Nickolas Muray, decidieron enviarle algún dinero cada mes para que pudiera atender sus gastos, no sólo médicos. En realidad, estaba acompañada en el sentido de que quienes la querían no la abandonaban. Fieles, la ayudaban hasta donde podían.

Pero Frida se aislaba, se negaba a ver a los amigos que veían a Diego, no porque hubiera querido que tomaran partido sino porque su sola presencia agudizaba simbólicamente la ausencia de su marido. Prudencia inútil, de todos modos, porque aun momentáneamente separada del mundo, el recuerdo de Diego la invadía sin cesar y con él las olas de dolor.

243

Más que el encierro en la casa, su refugio, su tabla de salvación era la pintura.

Las dos Fridas comenzaba a tomar forma. Sobre un fondo de cielo gris con nubes de tormenta, hay dos Fridas sentadas mirando al espectador: una, con su blusa y falda de tehuana, tiene en la mano un medallón con una fotografía de Diego de niño; la segunda, que lleva un vestido blanco de cuello alto con encajes, como una novia de otro siglo, trata de detener con una pinza quirúrgica la hemorragia que brota de su corazón abierto. Pero el mal está hecho, y deja huellas: la pinza no consigue detener la sangre que mana del cuerpo de Frida, el vestido blanco está manchado.

Cuando Nickolas Muray llegó a pasar una temporada en México, el cuadro iba bien adelantado. Que Frida representara escenas de su vida interior no sorprendió a Nick, que conocía su pintura, pero lo impresionó el tamaño de la tela: más de un metro sesenta por otro tanto.

—Lo hice grande porque era necesario —le dijo Frida.

—Es conmovedor.

—Siempre hay un momento de la vida en que un pintor sueña con el formato grande. . . y con un gran taller.

—El taller lo tenías. . .

—Necesitaba el formato grande. . . Esta vez no podía concentrar lo que traía dentro.

Nickolas miraba la tela desde una buena distancia. La luz que inundaba el taller era perfecta, el sol ya no tenía la violencia del verano.

—Ese corazón que has empezado a pintar sobre la Frida tehuana. . .

—Un corazón entero, como el otro está abierto. . . Cuando tengo a Diego en las manos estoy entera. . . La vida de la otra Frida está destrozada, su corazón sangra. . .

Se volvió hacia Nickolas y agregó, riendo:

—¡Es de una simplicidad aterradora! . . . Puedo decirte además que habrá una arteria uniendo los dos corazones y todo a la fotografía de Diego, mi impulso vital. . .

Su mirada se ensombreció con el sol que desaparecía tras de los muros del patio.

—Siempre hay algo de dónde agarrarse. Todo está ligado, todo se sostiene mutuamente, uno y uno mismo, uno y su doble, uno y el otro, uno y la tierra. . . (Rio de nuevo). ¿Y usted, señor, qué ve en este cuadro?

—Una Frida, dos Fridas, Frida de tamaño natural. Veo ese cielo sombrío de tormenta que te atrae pero al que no te precipitas a pesar de su magnetismo. . . En la sangre que corre tu desesperación se define; en el cielo está toda entera, en movimiento, peligrosa, librada a sí misma. . . Ahí no se arriesgan los pájaros de tus cejas.

—¡Más bien, si pudieran, se escaparían del cuadro!

Se acercó a la tela.

—Tengo que trabajar más el encaje del vestido. La quiero más fija, que contraste con el correr de la sangre.

De nuevo, lanzó una gran carcajada:

—¡Va a terminar por parecer un corsé de yeso! . . . ¡A lo mejor es lo que estoy buscando! . . . Diego me lo ha inspirado, ¿te das cuenta, Nick? Mal marido, pero. . .

Nickolas sonreía. Frida se acercó y apoyó un índice en sus labios y otro en los de él, con un aire divertido, casi infantil.

—Vas a ver una cosa —murmuró—, una pequeña alegría que me han dado, una maravilla viviente.

Y arrastró a su amigo afuera, donde, cerca de un árbol, descansaba un venadito.

—Un sueño infantil, Nick. Uno de mis hijos adoptivos. Se llama Granizo.

—La familia Kahlo: un venado, monos, palomas, loros, cotorras, perros. . . My darling y su pequeño zoológico. . .

—Es que la vida es un zoológico, por los animales. . . en poder de almas perdidas. . . Y son mis chiquitos, también.

245

Poco tiempo después Frida escribía a Nickolas, de regreso a Nueva York, que iba de mal en peor y que comprendía que quizá ya no fuera posible salvar nada de la relación con Diego. Él la olvidaba, o bien trataba de separarse de ella; el hecho es que ya no iba a verla. Si ya no la necesitaba, pensaba Frida, más valía aceptar la separación: de nada servía retener a un hombre que simulaba quererla sólo a ella pero que mostraba interés por todas las mujeres menos por ella.

A fines de septiembre, Frida y Diego pidieron el divorcio de común acuerdo. A fines del año 1939 se disolvía el matrimonio Kahlo-Rivera. A la prensa respondieron que la oficialización de su separación no era más que una formalidad; Diego declaró que no se habían divorciado por razones sentimentales ni por razones artísticas; Frida, más reservada, declaró que los motivos del divorcio eran personales y que no pensaba explicarlos en público.

"Mis cuadros están bien pintados, no con ligereza sino con paciencia. Mi pintura lleva en sí el mensaje del dolor. Creo que interesa por lo menos a algunas personas".

Frida Kahlo.

Deshecha por una separación inevitable pero que ella en el fondo no quería, debilitada, Frida estaba demasiado mal para que su salud no resintiera el golpe. La espalda le dolía tanto que se pensó en inmovilizarle la columna por medio de un aparato de veinte kilos de peso.

Pero a pesar de todo, pintaba encarnizadamente. El invierno de 1939-1940 fue un periodo fructífero. En su lucha por exorcizar de alguna manera las heridas, tanto sentimentales como físicas, los cuadros se sucedían: *Las dos Fridas; Autorretrato con mono; Autorretrato de pelona; Autorretrato con collar de espinas y colibrí. . .*

En enero de 1940 se celebró en México, en la Galería

de Arte Mexicano, la "Exposición Internacional del Surrealismo", en que Frida participó con *Las dos Fridas* y otro cuadro, *La mesa herida*. Organizada por André Breton, César Moro y Wolfgang Paalen, la exposición agrupó a muchos nombres célebres, entre ellos Alberto Giacometti, Raoul Ubac, Yves Tanguy, Man Ray, Giorgio de Chirico, Pablo Picasso, Paul Delvaux, Meret Oppenheim, Matta Echaurren, Vassily Kandinsky, Paul Klee, André Masson, Henry Moore, René Magritte, Manuel Álvarez Bravo, Hans Arp, Kurt Seligman, Humphrey Jennings, Salvador Dalí, Denise Bellon, Hans Bellmer, Diego Rivera. . . Quería ser una manifestación ambiciosa, y las obras expuestas daban prueba de eclecticismo, tanto por la diversidad de las técnicas artísticas representadas como por el contenido, pero no satisfizo las esperanzas.

La inauguración, el 17 de enero, parecía una velada burguesa y decente, pese a la muy esperada "aparición de la Gran Esfinge de la Noche", anunciada para las once de la noche.

Los grupos de artistas platicaban y reían amablemente, con el vaso en una mano y un cigarrillo en la otra. Las damas eran hermosas, vestían de colores intensos y arrojaban sobre las obras expuestas el brillo de sus abundantes joyas. Muy lejos habían quedado las grandes locuras surrealistas: el movimiento había sido integrado y ahora formaba parte de la vida de todos.

De vez en cuando se oía algún comentario profundo, pero en general todo tendía a la conversación fácil, a las camaraderías de circunstancias.

—El surrealismo ya no escandaliza a nadie. . .

—Entonces es que está muerto.

—Muerto precisamente quizá no, pero se ha convertido en un abuelito burgués.

—¿Qué piensan ustedes de la Gran Esfinge de la Noche?

—Yo pienso que es una bobería fascinante.

—Y según ustedes, ¿qué hace ahí Picasso?

—Intenta redorar los blasones de personas que no tienen nada que ver con él.

Frida encontró un sillón en donde instalarse, no lejos de *Las dos Fridas*. Había bebido mucho y le brillaban los ojos, era difícil saber si de alegría o de inquietud. Se mostraba exuberante, aunque físicamente parecía desmejorada.

—Con todo, tiene sus sorpresas esta exposición —le dijo alguien—, prácticamente tu cuadro es lo único que se ve. No nos tenías acostumbrados a eso.

—Crecemos con la edad. . . —sentenció Frida, sonriendo—. Es un enfoque filosófico. . . Porque, en el fondo, la edad nos encoge como a una uva.

—¡Y eso lo dice una princesa en pleno florecimiento!

—Frida, usted no sale bastante.

—México no es una ciudad para paseos. . . o muy poco. El país es de gran belleza, pero no estoy en condiciones de recorrerlo. . . Pinto mucho, sin parar: ese es mi viaje. . . hacia las tierras del interior. . .

En un rincón de una de las salas estaba entronizado Diego, rodeado de mujeres, entre las cuales se hallaban sus ex, sus presentes y posiblemente sus futuras. Su cabeza sobresalía del grupo. Respondía a un periodista que lo interrogaba sobre su divorcio.

—¿Piensa volver a casarse?

—Oiga, yo mientras viva espero seguir teniendo noches de bodas.

—¿Y Frida Kahlo?

—La quiero más que a nada en el mundo, pero se enojaba porque yo soy muy desordenado, y a mí me irritaba porque ella siempre estaba ordenando todo.

—¿Y ese es un motivo válido de divorcio?

—Parece bueno, pero son las cosas menos serias las que hacen la vida. . . No se preocupe por Frida. Ella es hermosa, joven, inteligente, y uno de los más grandes pintores contemporáneos. Yo sé lo que digo.

—¿Se considera usted un pintor surrealista?

—Soy un hombre comunista. Firmo y persisto.

Diego se volvió hacia una de las mujeres presentes y se la indicó al periodista con la mandíbula.

—Mire esa mujer —continuó—, qué linda es. Si fuera comunista sería perfecta. . .

—¿Significa eso que usted sí es perfecto?

—¡Perfecto, no! ¡Ja, ja! Inconcluso si usted quiere. pero comunista, lo repito.

—¿Y sus amigos trotskistas?

Diego tanteó la pistola a través del saco.

—Ya no estoy de acuerdo con sus métodos. . . y no pienso echarle un discurso sobre el asunto.

Ya tarde en la noche, en el coche que la llevaba de regreso a su casa, gruesas lágrimas corrían por las mejillas de Frida dejando rastros de color. Había bebido tanto durante toda la noche que ya no sentía angustia, y no hubiera sabido decir por qué lloraba.

Encendió una tras otra todas las luces de la casa azul y se sentó, sola, en medio de su taller. En el caballete, su *Autorretrato con collar de espinas y colibrí* la contemplaba, sin terminar. El cuello sangraba ligeramente debido a las espinas que se clavaban en él, con el colibrí muerto colgado de las ramitas. Frida se sentía sola. Observando la tela, pensó que hacía falta agregarle algún animal vivo, para sentirse acompañada, querida. Un mono, un gato negro, cuyas pieles la abrigarían simbólicamente. Mariposas, para el sueño, una libélula, para significar esa fragilidad extrema de la vida.

Se sentía un poco mareada, el cuerpo le pesaba. Se levantó para voltear los demás cuadros apoyados contra la pared. Los dispuso alrededor del caballete y volvió a sentarse. Otro autorretrato la representaba con el cuello herido por una corona de espinas. A la derecha de éste, sobre una silla, estaba colocado el cuadro *El sueño,* en que ella reposa en su cama de baldaquín, sobre cuyo techo descansa un esqueleto más grande que ella, con los huesos de las piernas partidos en varios pedazos. El autorretrato para Sigmund Firestone estaba casi terminado: en él, Frida lleva el pelo recogido en una redecilla negra, como las viudas españolas antiguas, y un collar que por la forma de las perlas recuerda un candado.

Los ojos de Frida iban de un cuadro a otro. Un sentimiento de malestar la invadía, pesado y extraño. Aquellas eran sus propias obras pero de pronto le daban miedo. En cada pincelada descubría un vestigio de su sufrimiento, en las nubes del fondo, aquí y allá, la opacidad, la densidad de las angustias, presentes incluso cuando pintaba una vegetación exuberante, señal de vida pero también de asfixia. Y la muerte, tan cerca a cada paso, omnipresente. Habría querido liberarse de ese miedo a morir cada día, pero era más fuerte que ella.

Su mundo le resultaba inquietante. Se preguntaba si los demás la percibían en realidad o veían solamente su marco exótico, aun cuando tuviera sangre.

Volvió a colocar los cuadros contra la pared y puso sobre el caballete *El sueño*. En ese conjunto gris y blanco, tuvo deseos de ver una mancha amarilla, verdaderamente amarilla, y se puso a pintar la manta que cubría su cuerpo dormido. Mientras tanto, recordaba versos de un poema de Emily Dickinson que había leído en Estados Unidos:

> *Ample make this Bed*
> *Make this Bed with Awe*
> *In it wait till Judgment break*
> *Excellent and Fair.*
> *Be its Mattress straight*
> *Be its Pillow round*
> *Let no Sunrise' yellow noise*
> *Interrupt this Ground.**

* "Que sea el lecho amplio/ hazlo con reverencia/ espera en él a que llegue el Juicio, excelente y justo./ Sea su colchón recto/ sea su almohada redonda/ y que ningún ruido amarillo de amanecer/ interrumpa este suelo".

En realidad, pronto iba a amanecer, pero Frida no tenía sueño. Quizá se debiera a todo el tequila que había bebido. Mientras se disipaba la sensación de embriaguez, al contacto de la pintura, de la trementina, reapareció un malestar que tenía en la piel de la mano derecha. Se quitó todos los anillos: la piel estaba roja y presentaba varias llagas casi vivas. Le habían diagnosticado una dermatosis, pero hacía meses que se aplicaba cremas sin ningún resultado. Frida pensaba siempre lo peor, y temía que su mano fuese a seguir la lenta disgregación de su pie derecho y le impidiera trabajar. . . Pero no, no era más que una mala fantasía, no había que dejarse ir por ese camino.

Poco tiempo antes Frida había empezado a llevar un diario. Era una manera de estar menos sola, de dirigirse a Diego en silencio, de poner en claro sus ideas, de formular sus sentimientos, de existir con más fuerza.

Limpió sus pinceles, apagó las luces del taller, fue lentamente hasta su recámara, encendió una lámpara, se quitó sus botitas chinas y se sentó sobre la cama, con su diario abierto. Allí escribió:

"El verde: luz tibia y buena.

"Solferino: azteca. Tlapalli. Vieja sangre de tuna, el más vivo y antiguo.

"Café: color de mole, de hoja que se va; tierra.

"Amarillo: locura, enfermedad, miedo. Parte del sol y de la alegría.

"Azul cobalto: electricidad y pureza. Amor.

"Negro: nada es negro, realmente *nada*.

"Verde hoja: hojas, tristeza, ciencia. Alemania entera es de este color.

"Amarillo verdoso: más locura y misterio. Todos los fantasmas usan trajes de este color. . . cuando menos, ropa interior.

"Verde oscuro: color de malos anuncios y de buenos negocios.

"Azul marino: *distancia*. La ternura también puede ser de este azul.

"Magenta: ¿sangre? Pues, ¡quién sabe!".

De repente se preguntó si los cuadros que estaba pintando no llevaban también, además de las huellas de su dolor físico o personal, las de sus raíces europeas heridas por la guerra. Desde la época de la Escuela Nacional Preparatoria, lo que había proyectado eran sus orígenes mexicanos, pero ahora volvían a su memoria sus orígenes judíos y alemanes. Pensaba a menudo en la guerra. Una cuerda vibraba en ella, se sentía interesada y sabía que eso no se debía solamente a su conciencia política, sino a una causa más secreta, que le alcanzaba el corazón de lleno.

Tenía ganas de escribir a Diego para hablarle de eso, de su inquietud, decirle que de esa guerra esperaba lo peor, que no podía dejar de temblar, que pensaba mucho en su padre en esos días, que no sabía cómo actuar, que dudaba de todos sus compromisos, y por otro lado de su talento, que sus propios cuadros terminaban por provocarle cierta incomodidad, que le dolía todo. Borroneó unas líneas para hacerle saber a Diego que lo echaba de menos, pero las tachó y encima escribió que se sentía fuerte. En los márgenes dibujó un corazón apuñalado, su propia cara llorando: en una lágrima más grande esbozó el perfil de Diego. Después arrancó la página y la rompió en pedacitos.

Las pesadillas de Frida habían recomenzado. A menudo soñaba que la arrancaban de Diego, que la atrapaba la tormenta de la guerra, en Europa, y estaba mutilada, luchando entre la vida y la muerte, y se moría de frío en una ciudad sitiada, entre rostros grises. O bien que sus cuadros cobraban vida de pronto, que las Fridas salían tal cual de su marco y la perseguían, que toda la sangre pintada empezaba a gotear por el suelo y abría surcos en el piso, hasta cubrir poco a poco la casa azul.

Que su cama se convertía en un ataúd sobre el cual se inclinaba Diego, con una expresión de infinita tristeza y sin poder pronunciar una palabra. Que su cuerpo todo desmantelado, inútil, era arrojado a un barranco. Que había perdido la vida en el primer accidente y lo que parecía vivir no era sino un fantasma deforme de la primera Frida. Que aullaba en el desierto su dolor y que no había nadie, que el sol la quemaba a muerte y que veía calcinarse, a sus pies, sus animalitos, el venadito, los loros, los monos, los perritos.

En mayo, un atentado de los grupos stalinistas mexicanos encabezado por el muralista David Alfaro Siqueiros, estuvo a punto de acabar con la vida de León y Natalia Trotski. La policía se interesó inmediatamente por Diego, debido a sus frecuentes declaraciones antitrotskistas. Gracias a una serie de circunstancias favorables, gracias a Paulette Goddard, logró esconderse y luego partir hacia San Francisco, en compañía de Irene Bohus.

El 21 de agosto la prensa anunció con grandes titulares el asesinato de Trotski, muerto en su propia casa por un "camarada". Frida quedó atónita al saber que el asesino era Ramón Mercader, que algunos meses antes había logrado ganarse su confianza.

Unos treinta policías se presentaron en su casa y procedieron a realizar un cateo minucioso, dejando la casa azul en total desorden. Frida y Cristina fueron interrogadas y mantenidas bajo vigilancia.

De regreso en su casa, Frida cayó en una cólera negra. Maldecía a Diego por haber hecho venir a Trotski a México, a la tierra entera por sus historias políticas, y a sí misma por haberse dejado engañar por un asesino; además se sentía profundamente triste por la muerte del viejo amigo.

—¡Todo esto es culpa de Diego! —sollozaba—. ¿Qué necesidad había de admitir a Trotski en este país...?

¿Cómo es que nadie pudo evitar esta catástrofe. . . ? Nadie detectó la traición. . . Nadie, Cristina, ¿me oyes? ¡Dios mío! Es culpa mía, es culpa mía también. . .

Caminaba por toda la casa como un león enjaulado, hecha una furia.

—Todas esas historias no valen un cacahuate. . . ¡Qué horror, qué horror! Y ahora el Viejo está muerto por culpa de todos nosotros. . . Esto jamás me lo podré perdonar. . . Pero ahora todo es inútil. Y mi culpabilidad es una comedia al lado de la tragedia de la vida. Eso es lo que hace vivir la historia: ¡los crímenes. . . ! Y todavía no les basta. . . Y cada quien es más demagogo que el otro. . .

Frida se arrojó sobre su cama y siguió llorando, dándose cabezazos contra los cojines. Todo su cuerpo temblaba violentamente, además de los sollozos que lo sacudían. Cristina se le acercó pero ella se desprendió, debatiéndose.

—Tienes que calmarte, Frida.

—¡Oh, cállate, por favor! Somos menos que nada, realmente. Detesto a todo el mundo, detesto a Diego por sus contradicciones, y a mí misma. . . —repetía—. ¡Pero cómo se puede soportar una vida tan salvaje! La matanza permanente. . . La GPU. . . nosotros mismos. . .

"Me encontré en el camión con el pequeño Siova —el nieto de León Trotski. (. . .) Vive en la tumba de Coyoacán con Nathalie. (. . .) Su madre, Zina Lvovna, se suicidó en Berlín; su padre desapareció en la cárcel; él fue herido en el atentado de Siqueiros contra Trotski, en mayo de 1940; vio matar a su abuelo y había conocido al asesino como un «camarada»".

Víctor SERGE (2 de mayo de 1944).

Diego tuvo noticia del estado, psicológico y físico, en que se hallaba Frida, y repentinamente se inquietó. Además, aunque casi nunca se lo confesaba, la echaba de menos. Convencida por el doctor Eloesser de la necesidad de atenderse en los Estados Unidos, Frida partió hacia San Francisco.

—¿La inquietud tiene que ver con el amor? —le preguntó a Diego al desembarcar en el aeropuerto.

Diego la miró y dijo:

—Estás más flaca. No tienes buena cara, dragoncita.

—Te repito la pregunta: la inquietud, ¿es un componente esencial del amor?

—¿Qué quieres decir?

—¿Tu cariño a mí llegará a su apogeo cuando yo esté *in articulo mortis?*

—Cariño y basta. El resto de la frase sale sobrando. Esta separación no es buena ni para ti ni para mí.

—Va usted muy rápido, señor Rivera.

Diego se preguntaba si la ironía de ella era verdadera o si se trataba de ternura mal disimulada.

De pronto ella se irguió sobre las puntas de los pies y lo abrazó.

—Me han dicho que has trabajado mucho en estos últimos tiempos. La separación ha dado sus frutos.

—¡Yo he madurado mis frutos. . . ! Y no trates de cambiar la historia en beneficio tuyo. Todo nos lleva por el camino de la muerte, más o menos violentamente, a cada momento, al mismo tiempo que cada cosa de este cochino mundo nos enriquece. Es una discusión sin salida.

—Juegas con las palabras, Frida.

—Juego con la vida. Con el fuego de la vida. Mi viaje es prueba de ello. En algún sitio entre la vida y la muerte, en la cuerda floja del circo, yo corro todos los riesgos.

Diego la tomó del brazo para guiarla fuera del edificio del aeropuerto. El verano tocaba a su fin.

—Pasé otros tres meses en cama casi continuos. Estoy harta, Diego —dijo deteniéndose—. Preferiría morir.

—Aquí estarás mejor atendida.

—No quiero que me duela. . . Claro que con verte ya me empiezo a aliviar.

—Vamos a celebrar el encuentro.

255

¡Dios mío! Pensar que es en mí donde el dolor echa raíz. En mí donde se posa. Donde aúlla. ¿Hasta qué punto dirige mi cerebro todo este desmantelamiento? Vida mía, ¿cuál es tu responsabilidad? A veces he dudado de que la polio o el accidente hubieran existido en realidad, he pensado que mi cuerpo lo había inventado todo, que no tenía origen más que en él, que se desarregló él mismo por un oscuro deseo de destrucción.

Un cuerpo es un conjunto, ¿verdad? Una armonía. Si se le arranca un elemento —así sea al precio de una cirugía estética— siempre le faltará algo. Una parte del cuerpo transformada, amputada, es el comienzo de una mutilación lenta. Después quitarán otras cosas, hasta que no quede nada. Eso es lo que pienso. Y mi vida ha sido ese proceso.

Algunos ingenuos —¿o serán irónicos?— se atreven todavía a preguntarme por qué me represento tan seria en mis cuadros. Yo los miro impávida y no les contesto. No me voy a representar en una carcajada permanente. No es que me ría con facilidad en la vida de todos los días —aun ahora— pero cuando me quedo a solas enfrentada a mí misma —y eso es lo que sucede cuando pinto, sin alternativa posible—, no, de veras que no tengo ganas de reírme. Mi vida es una historia grave. Y me atrevería a decir que también lo es pintar.

¡Oh, Dios mío! Estirarme. No sé cómo es eso. Tengo la sensación de que mi columna vertebral no es la única que quiere este dolor que se instala en mi espalda. Como si los nervios ligados a ella se erizaran. Como si los músculos que la sostienen, o que tratan de sostenerla, trabajaran tanto que se hacen nudos, se causan dolor ellos mismos para no perder su control. De la nuca a los riñones, un dolor compacto y sordo, y la impresión de una fragilidad extrema. Qué es lo que sostiene qué, quién sabe. Todo se encaja o todo se va a soltar.

¡Oh, Dios mío! Estirarme.

¿Cuántos corsés y demás aparatos ortopédicos he usado en esta vida? Por lo menos, unos treinta. Y los que he decorado: con pintura, pedazos de tela o papeles pegados, plumas multicolores, pedacitos de espejo. . .

Y sin embargo, a pesar de este cuerpo martirizado, realzado por estos antiestéticos aparatos de yeso y de hierro, debo reconocer que he sido "locamente amada", como dice Breton.

Tlazoltéotl, la diosa del amor, debió estar conmigo.

He sido amada, amada, amada —no lo suficiente, todavía, porque nunca se ama lo suficiente, una vida no alcanza. Y yo he amado sin cesar. Amor, amistad. Hombres, mujeres.

Un hombre me dijo una vez que hago el amor como lesbiana. Me eché a reír y le pregunté si eso era un cumplido. Me respondió que sí. Entonces le conté que en mi opinión las mujeres gozan con todo el cuerpo, y que ese es el privilegio del amor entre mujeres. Un conocimiento más profundo del cuerpo de la otra, la semejante, un placer más total. El reconocimiento de una aliada. Pese a la aventura tan superficial a la que fui arrastrada en la adolescencia, si no hubiera sucedido el accidente no estoy segura de que hubiera vuelto a hacer el amor con otra mujer.

El accidente determinó tantas cosas, me parece, desde el elemento pintura hasta mi modo de amar. Tanto deseo de sobrevivir implicaba grandes exigencias de la vida. He esperado mucho, consciente a cada paso de que había estado a punto de perderla. No había cosas a medias, tenía que ser todo o nada. De la vida, del amor, yo he tenido una sed inextinguible. Y además, cuanto más herido estaba mi cuerpo, más sentía la necesidad de confiarlo a mujeres: ellas lo comprenden mejor. Entendimiento tácito, dulzura inmediata. (Y sin embargo, prefiero a los hombres, de veras, aunque Diego se complace en afirmar lo contrario, recordando frente a toda una reunión cómo coqueteaba yo con Georgia O'Keeffe, en Nueva York).

"Tu sexualidad es turbia, eso se ve en tus cuadros", me dijo alguien una vez. Pienso que aludía a los cuadros en que mi cara tiene rasgos más masculinos. O en detalles: fíjate, en tal cuadro hay un caracol, símbolo de hermafroditismo... ¡Ah, y mis eternos bigotes! Sobre esto, confesaré algo: fue un asunto con Diego. Una vez que se me ocurrió depilarme cayó en una furia negra. A Diego le gusta mi bigote, que en el siglo XIX era signo de distinción de las mujeres de la burguesía mexicana, que con él afirmaban su origen español (los indios, como se sabe, son imberbes).

Yo creo que uno es múltiple: que un hombre lleva la marca de la feminidad; que una mujer lleva el elemento hombre; que los dos llevan el niño adentro.

¿Hay erotismo en mi pintura? Se mantiene en el límite. Es precisamente ese límite el que revela, a mi entender, la fuerza del erotismo. Si se descubriera la totalidad, la tensión caería, y con ella la sensualidad contenida en una mirada, en la posición de una mano, en un pliegue de un vestido, en la materia de una planta, una sombra, un color.

¿Hay masoquismo, perversidad, en la representación de este cuerpo desollado? Dejo a quien corresponda la tarea de analizar semejante destino, marcado en la piel.

En cambio no le reconozco a nadie el derecho de juzgar mis heridas, reales o simbólicas. Ahí se inscribió mi vida con un hierro al rojo, mi envoltura era transparente. Se apoderó de mí demasiado, poseyéndome todo el tiempo. En cambio, aun con toda aquella dureza, yo la sentí más de cerca. No hay derecho a juzgar una vida tan densa, ni su fuerza, traducida en pintura.

¿Azar? ¿Fatalidad? No hay respuesta a semejante dolor.

Siempre Diego

Era un hombre adorable que no sabía dar
la cara en su vida personal pero que, en su
vida pública, era un luchador. Era muy capaz de pararse en público y demoler, por
ejemplo, a los Rockefeller en diez minutos.

Louise NEVELSON.

Diego lo había advertido, una premonición: le encantaría la mujer que iba a ver. Cuando Heinz Berggruen,
joven y rico coleccionista de arte, entró al cuarto de hospital de Frida, quedó hechizado. Esa mujer, que le habían
descrito tan enferma y destrozada, era extremadamente
bella. Desde la primera mirada se sintió atraído por ella
en forma indisimulable. Conocía algunos de sus cuadros,
pero Frida era más bella al natural: realmente viva, alegre, cálida.

Aunque el hospital no se prestaba mucho como marco, Heinz y Frida entraron de inmediato por los caminos
del amor. Heinz iba a visitarla todos los días, tratando de
evitar a Diego. Y a pesar del reciente reencuentro con
Diego, Frida no vacilaba en seguir a Heinz.

Después de un mes en el hospital, durante el cual fue
sobrealimentada, privada totalmente de bebidas alcohó-
licas, se le aplicó electroterapia, calcioterapia y punciones
para extraer líquido cefalorraquídeo, Frida partió con
Heinz hacia Nueva York.

260

Se alojaron en el hotel Barbizon-Plaza, el favorito de Frida, que había visto desfilar algunos de sus amores. Los escrúpulos que hubiera podido sentir contaban menos que su placer de volver a un sitio que le era familiar, donde la reconocían y la trataban con deferencia.

Feliz de volver a encontrarse con sus amigos, llevaba a Heinz a las cenas, a las veladas mundanas, a las fiestas, más libres, de los artistas. Como siempre, Frida deslumbraba, alegraba, fascinaba. Heinz estaba hechizado y Frida se divertía. Él estaba francamente enamorado de ella y ella lo esquivaba, jugando al gato y al ratón. Por una vez Frida se tomaba el amor a la ligera, cosa desusada en ella. Pero Diego, aunque a cinco mil kilómetros de distancia, complicaba las cosas: le escribía, le telefoneaba para proponerle volver a casarse.

Frida no sabía qué hacer. Por un lado, al salir de ese largo año de depresión, tenía ganas de divertirse y lo hacía no sin manifestar cierta arrogancia en su alegría. Por otra parte, la idea de volver a vivir con Diego, si por un lado la tranquilizaba, por el otro la angustiaba, por miedo a recaer en las dificultades que ya habían vivido. Sin duda sentía, por una vez que Diego solamente pedía, cierto placer en hacerlo esperar.

Heinz se inquietaba por la situación, pero Frida trataba de tranquilizarlo, y quizá no sabía cuál sería su decisión final. Se había propuesto tomar su tiempo, vivir día por día, con la sensación de habérselo merecido.

Empezaba a hacer frío. En los senderos del Central Park, el viento levantaba montones de hojas secas, que luego volvían a caer y seguían girando sobre el suelo a varios metros. Las personas empezaban a abrigarse y cuando aparecía un rayo de sol, las caras se volvían más sonrientes, casi por obligación. Como trama de fondo, la guerra europea que nadie podía olvidar. Se esperaban ansiosamente las informaciones de radios y periódicos. Nada muy alegre: los comienzos de esa guerra se anunciaban mal, y para más adelante se temía lo peor. Claro que los Estados Unidos estaban lejos del escenario del conflicto, pero, ¿quién no tenía familiares o amigos al otro lado del Atlántico?

Frida había dado cita a Heinz en el Café Figaro, en Greenwich Village. Estaba frente a un *cappuccino* cremoso, cerca de la ventana baja que daba a la calle. Caía la tarde y la sala estaba en penumbra. Apenas se distinguían los cuadros que adornaban las paredes, y sólo se discernían los contornos de las siluetas.

Se besaron.

—Como probablemente nunca iré a Italia, me tomo el *cappuccino* aquí —dijo Frida, riendo—. Y un poco más allá como mis *spaghetti*. . . Y la calle está llena de *mammas*. No faltan más que los Oficios de Florencia y la Villa de los misterios de Pompeya. . .

—Y el Castel Sant'Angelo, con una Tosca de verdad adentro.

—Eso, la verdad, no me inquieta mayormente. Siempre he preferido los mariachis de la plaza Garibaldi de México a la música clásica.

Bebió unos tragos y pidió otro *cappuccino*.

—Heinz, eres el hombre más adorable del mundo. . . Y Diego es un monstruo, lo sé. . . Hoy me habló por teléfono: creo que me voy a casar de nuevo con él.

Heinz reflexionó dos minutos y dijo:

—Después de lo que me has contado, es una locura hacer semejante cosa. . . pero en realidad, no me sorprende.

—Eres joven, y yo estoy demasiado enferma para ti.

—No se trata de eso. Es que yo no alcanzo el peso, siempre lo he sabido. . . pero es que tú realmente me aportas tanto.

Frida le tendió la mano por encima de la mesa, pero Heinz retiró la suya.

—Seremos los mejores amigos del mundo. . .

—Jamás podré. Te amo demasiado.

—Yo también te amo.

—Amas a demasiadas personas, Frida. . . Jamás podré ser tu amigo. Jamás. Pero no es eso lo que quiero.

—¡Pero no quiero que te lo tomes así!

—Me lo tomo como puedo. . . No comprendo esa relación con Diego. Ustedes son los únicos que pueden entender algo ahí.

Frida tenía los ojos llenos de lágrimas. Heinz también.

—Bueno —dijo Frida—, se va a enfriar.

Heinz revolvió su taza con la cucharita pero no bebió.

—Nunca te prometí nada, Heinz. Te dije que nunca te sería fiel.

—Es extraño, en la vida eres tan sensata, tan alegre. . . ¿Por qué volver a una relación que te ponía triste y que es completamente demencial?

—Porque lo necesito, supongo.

—Necesitas las fanfarronadas de Diego, los sufrimientos que te inflige. . . Le perdonarás todo porque es un artista. . .

—No sé. Lo quiero. Estuve muy mal, ya sabes, cuando estábamos separados. No sé, de los dos males, cuál es peor.

—Hasta tienes necesidad de todas sus mujeres. . . Aun con los celos. . .

—O quizás debido a los celos. Es cierto que sus mujeres siempre pasan a ser mis mejores amigas. . . Lupe, Irene, Paulette. . . ¡y las que me esperan! Me hacen sufrir pero yo termino por quererlas, y ellas igual. Es un modo de desviar los celos, de conjurar la suerte. . .

—Y él también tiene celos.

—Pues claro. . .

Frida lanzó una sonora carcajada que, en un instante, hizo que todos bajaran la voz en el café.

—. . . entonces él me empuja a los brazos de mujeres. Lo prefiere, es menos peligroso para nosotros.

Frida continuaba riendo, sola.

—Eres tan hermosa —dijo Heinz—. No, nunca podría yo ser tu amigo, siento que pierdo demasiado con el cambio.

Y se puso de pie, disponiéndose a salir. Llamó al camarero, pagó y se volvió hacia Frida:

—Creo que prefiero regresar solo. Me dolerá menos. . .

—Pero, ¿volveremos a vernos?

—No lo creo. Nunca, probablemente.

Frida lo miró irse. Era terriblemente triste, tenía ganas de correr tras él, de estrecharlo en sus brazos. Pero no hizo nada. Por fin pidió un marsala con huevo. Y mientras lo bebía se repetía: Diego, Diego, Diego. . . Quizás para convencerse, porque al mismo tiempo que la felicidad la invadía ante la idea de volver a encontrarse con él, también la asaltaban dudas, temores.

Al día siguiente, al mediodía, después de pasar la mañana interrogándose, se decidió a enviar un telegrama a Diego anunciándole que llegaría a San Francisco al fin del mes, noviembre. Heinz se había ido del hotel, pagando todo pero sin dejar ninguna nota. Quizá fuera mejor así, pensaba Frida, eso evitaba más remordimientos.

Fue a anunciar la novedad a sus amigos de Greenwich Village, y ninguno se sorprendió. Pero fue buen pretexto para festejos, que nunca sobraban en esos tiempos de inquietud política.

—¿Y cuándo volverán a casarse?

—Todavía no hemos fijado la fecha. Creo que el día del cumpleaños de Diego, el 8 de diciembre, sería una buena fecha. ¿No creen que yo soy un regalito? Coja como el diablo, con la columna vertebral cada vez más estropeada, la mano derecha que se me hincha y se me pone roja misteriosamente, llorona, pero capaz de reír demasiado (hasta las lágrimas), tatuada de cicatrices, enamorada de hombres y de mujeres, con agonías periódicas, hermafrodita, pintora sincera, no hermosa en realidad, como decía mi padre. . . ¿Saben lo que decían mis padres de mi primer matrimonio? Que era el casamiento de un elefante con una paloma... ¡Ja! ¡Ja! ¡Ja! ¡Y lo vamos a repetir! ¿Qué les parece, eh? Escuchen, les voy a cantar la canción de una mujer que se emborracha porque su amante la ha abandonado:

> *Si te cuentan que me vieron muy borracha*
> *Orgullosamente diles que es por ti*
> *Porque yo tendré el valor de no negarlo*
> *Gritaré que por tu amor me estoy matando*
> *Y sabrán que por tus besos me perdí.*

Con un cigarrillo en la mano y los ojos cerrados, Frida cantaba, y se sentía que lo hacía con toda el alma. De pronto se detuvo:

—En realidad, creo que por eso tengo ganas de volver a casarme con Diego: ¡porque cantamos todo el tiempo!

El 8 de diciembre, Frida y Diego se casaron por segunda vez, en la intimidad. Frida impuso ciertas condiciones, que Diego aceptó, la más importante de las cuales era la de no tener relaciones sexuales porque se le hacía insoportable si él andaba con otras mujeres. La complicidad entre ambos debía ayudarlos a encontrar un nuevo modo de vivir lleno de tolerancia recíproca, con una buena dosis de independencia y de amistad.

De vuelta en México, se instalaron los dos en la casa azul, donde Frida preparó cuidadosamente una habitación para Diego.

Y la vida recomenzó alrededor de la pintura, las tareas cotidianas, los amigos, las preocupaciones políticas, los animales de la casa. El pacto en que se basaba el nuevo matrimonio funcionaba muy bien. Apoyo recíproco, respeto mutuo: los Rivera trataban de jugar con esos elementos lo mejor posible para evitar los conflictos.

265

Si bien no podía vivir de su pintura, la reputación de Frida ya era considerable. De México a París, pasando por Filadelfia, San Francisco, Nueva York, Londres —donde habría podido exponer en 1939, si no hubiera habido una guerra en el horizonte— la reconocían hasta aficionados tan célebres como Peggy Guggenheim, que le hizo una exposición y habló maravillas de ella. En cuanto a Diego, llegaba a decir en voz alta lo que otros pensaban y disimulaban: que ella era mejor pintor que él. Y constantemente la alentaba, trataba de darla a conocer, la hacía destacar. La pintura era un campo en que no había rivalidad entre ellos. Cada uno seguía su propio camino y admiraba al otro sin reservas.

Frida trabajaba tanto como se lo permitían la vida con Diego y su cuerpo enfermo. Comparativamente, había producido muchos más cuadros durante el periodo que había pasado sola, más angustiada, pero libre de preocupaciones domésticas, que ahora insistía en atender. A diferencia de Diego, que según Frida tenía "una energía que rompe relojes y calendarios", ella trabajaba pocas horas al día. Pero siempre con el mismo cuidado: no ponía una sola mancha de color a la ligera, peinaba el último pelo de un mono con la misma minuciosidad. Si un cuadro pasaba meses en el caballete, mala suerte: su pintura no era una carrera contra el reloj, y ella la defendía tal como era.

En 1942, se inauguró en México una escuela un poco especial. Era una escuela de arte de pedagogía popular y liberal, en que el Estado se ocupaba de los materiales, y La Esmeralda, por el nombre de la calle en que se encontraba, tuvo desde el principio un gran éxito.

Entre los pintores y escultores que constituían el cuerpo docente se contaban Frida y Diego. Artistas más que profesores, su enseñanza estaba impregnada de su personalidad.

266

La iniciativa era más ambiciosa que la sede, por lo cual se daban clases fuera de ella, lo que por lo demás correspondía a la vocación popular y dinámica que proclamaba la escuela. La salud de Frida la obligó muy pronto a dar lecciones en su casa. Sus alumnos, seducidos por ella desde el primer momento, aceptaron el juego. Los días que debía ir a Coyoacán la pequeña tropa eran de fiesta: Frida se afanaba desde la mañana preparando cosas de comer y aguas frescas. Quería que sus discípulos trabajaran a gusto.

Durante algunas horas, todos circulaban libremente por la casa; Frida los incitaba a pintar lo que veían, a no recurrir a artificios; evitaba la crítica fácil, porque pensaba que, fuera de ciertos rudimentos técnicos, no hay regla para aprender a pintar, fuera de desplegar la propia sensibilidad al máximo de sus posibilidades. Trataba de comprender cada una de las personalidades con que entraba en contacto y estimular el potencial que sentía en ella.

Frida les había advertido que sus métodos podrían sorprenderlos, incluso chocar: ella no era profesora sino pintora, y era esa la experiencia que quería que sus alumnos aprovecharan. Éstos estaban fascinados: entraban libremente al mundo artístico, podían observarlo a su placer, impregnarse de él, y con una maestra de ensueño: bella, humana, cálida, afectuosa con sus pequeños problemas.

"Frida formó discípulos que hoy figuran entre los elementos más notables de la actual generación de artistas mexicanos. En ellos impulsó siempre la preservación y el desarrollo de la personalidad en su trabajo, al mismo tiempo que la preocupación por la claridad de las ideas sociales y políticas".

Diego RIVERA.

"... el sábado, 19 de junio de 1943, a las once de la mañana: Gran Estreno de las Pinturas Decorativas de la Gran Pulquería La Rosita...".

Así rezaba el volante distribuido entre los habitantes de Coyoacán con gran refuerzo de cohetes, confeti, música... Bajo la dirección de Frida, sus alumnos, los "Fridos", habían realizado su primer mural, a pocos pasos de la casa azul. Una iniciativa de arte popular que continuaría cuando, después de las pulquerías —cuya tradición decorativa ya se había perdido en esa época— grupos de pintores decoraron con murales los lavaderos municipales.

Todo el día, el barrio de Frida estuvo de fiesta. Y entre La Rosita y la casa se asistió a un desfile en que se codeaban las personas del barrio con los grandes personajes del arte y la política. El pulque corrió en abundancia, mientras un grupo de mariachis que Frida había llevado de la plaza Garibaldi entonaba canciones conocidas que todo el mundo bailaba.

Frida estaba feliz. Uno de sus alumnos, Guillermo Monroy, cantó un corrido que había compuesto para la ocasión:

¡Pintar La Rosita
costó mucho esfuerzo!
La gente ya había olvidado
el arte de la pulquería.

Doña Frida de Rivera
nuestra querida maestra
nos dijo: Vengan, muchachos,
les mostraré la vida.

Pintaremos pulquerías
y las fachadas de escuelas;
el arte empieza a morir
cuando se queda en la academia.

"Amigos vecinos
quiero darles el consejo

de no tomar tanto pulque
pues pueden abotagarse".

Todos aplaudieron y repitieron los versos a coro. Alguien invitó a Frida a bailar. La tarde caía por detrás de las casas bajas de Coyoacán.

—No puedo —dijo ella—, ahorita.

Unos minutos después desaparecía en la casa azul. "Estoy harta de este pinche corsé", se decía al entrar en su recámara. "Peor para el dolor, pero no lo soporto más. . .".

Con ayuda de una amiga, se lo quitó y lo empujó debajo de un armario.

—Yo voy a bailar, también. Tengo derecho, ¿no?

Y bailó sin cesar con los vecinos, los amigos, los alumnos.

A un hombre que estaba sentado en un rincón le dijo:

—Recítame un poema, me dará mucho gusto.

El hombre, intimidado, se puso de pie diciendo:

—Será en francés. . .

—¡Como quieras!

—*Mon avion en flammes mon chateau inondé de vin*
[du Rhin
mon ghetto d'iris noirs mon oreille de cristal
mon rocher dévalant la falaise por écraser
[le garde-champêtre
mon escargot d'opale mon moustique d'air
mon édredon de paradisiers ma chevelure d'écume noire
mon tombeau éclaté ma pluie de sauterelles rouges
*mon île volante mon raisin de tourquoise. . .**

* "Mi avión en llamas mi castillo inundado de vino del Rin/ mi ghetto de iris negros mi oreja de cristal/ mi roca baja de la rompiente para aplastar al guardia rural/ mi caracol de ópalo mi mosquito de aire/ mi edredón de plumas de ave del paraíso/ mi cabellera de espuma negra/ mi tumba estallada/ mi lluvia de langostas rojas/ mi isla volante mi uva de turquesa. . .

—No me gustan mucho los poemas recitados. . . y además no lo sé todo de memoria. . .

—¡En México, todo está permitido!

—Y los franceses, ¿saben de dónde viene el nombre "mariachi"?

—No —respondió el interesado.

—¡Pues del francés! De *"mariage"*, por los músicos que solían tocar en los casamientos.

La música había recomenzado. Diego se acercó al hombre y lo invitó, entre risas, a bailar "un zapateado".

—Oye, viejo, yo no sé bailar zapateado.

—Excelente razón para aprenderlo.

—No, no puedo.

—¿Ah, no?

Diego sacó la pistola, las risas redoblaron.

El hombre se puso de pie inclinando la cabeza, sonriente, Diego le dio una palmadita en el hombro, y el baile comenzó; el francés mantenía los ojos fijos en los pies de su compañera, tratando de seguir sus pasos.

—¿Quién es?

—Benjamin Péret, profesor de La Esmeralda.

La sangre. Sí, mucha.

Sangre-vida.

Sangre-mujer.

Sangre-dolor.

Sangre-pasión.

Sangre-corazón.

"Gotas de sangre gotas de agua de la joya más antigua de las mujeres", ha escrito Péret.

Sangre-sacrificio azteca, ofrenda a Chac, el dios que reclama su porción de sangre para que la tierra, el sol, el universo continúen existiendo.

En mi pintura hay sangre, está la muerte, ¿estoy yo, mujer herida? Sí.

¿Está casi siempre mi firma rojo sangre, listones rojos, cordoncillos en mi peinado que parecen venas purpúreas? Sí.

Hay todo eso. ¿Pero de qué se asustan, en realidad?, de lo que no se puede mirar cara a cara sin entristecerse, sin desvanecerse. De lo que forma parte de la vida pero nos esforzamos por ocultar vergonzosamente, horror y tabú. Pero lo que así tratamos de evitar es la representación viva de nuestra vida misma: la sangre que fluye en nuestras venas, que nos riega como el agua a la planta; la muerte, que quizás no sea la antítesis de la vida, puesto que otra vida se adueña de ella: la vida de la tierra, y nosotros mezclados en ella, llenos de ella, de sus raíces, de su savia, de su hierro, de su calcio, de sus granos de arena, del desmoronamiento de las piedras, del humus de las hojas muertas, de la lluvia que se filtra por los estratos. Y las flores crecen sobre nuestras cabezas, naciendo de nuestros cabellos... Ahí también está la vida: sólo falta nuestra conciencia. Y por lo demás, de eso tampoco sabemos nada, no sabemos cómo es.

¡Cuánta sangre! ¡Cuánta sangre!, exclaman. ¡Ah! Los veo a los que vuelven la cabeza al ver mis cuadros, con una mueca de disgusto en los labios, tragándose las palabras como implorando el olvido, o por el contrario lanzando sus palabras como escupiendo, como un arma o una liberación.

La sangre derramada en las guerras, esas corrientes de injusticia, el rojo de la vergüenza para la humanidad, es curioso, pero de esa sangre no apartan los ojos, y no la evitan. Uno se siente "superado". Pero el dibujo de un feto, de un corazón abierto, es de lo que estamos hechos, es de nuestro propio conocimiento de lo que se trata, eso apela a nuestra representación inconsciente, a nuestra realidad, al fondo, a un recuerdo de nosotros mismos del que huimos, pues sí, le tenemos miedo, nuestras debilidades humanas, nuestra incapacidad para la coherencia del cuerpo se revelan a la vista de lo que somos.

Es que quisiéramos tener de nosotros mismos una imagen idealizada, permanentemente idealizada. Es que quisiéramos ser dioses. ¡Pero no lo somos! Somos simplemente esta amalgama de carne y de sangre. ¿Nada más que eso? Somos esa maravilla. Un cuerpo asombroso donde se inscriben todas las heridas, pero donde sólo las morales nos parecen dignas de interés, magnificadas por ser sondeables, imaginables, pero impalpables. Sublimamos lo que no se puede percibir a ojo desnudo. Es que quisiéramos tanto ser dioses, ser lo que no conocemos, es decir, la inmortalidad.

Al pintar *La lección de anatomía*, Rembrandt nos redujo a lo que somos, y no lo soportamos. Semejante veracidad hiere la mirada. La ultraja.

Yo digo que Frida Kahlo, ser humano, tuvo que tomar conciencia, por los hechos de la vida, de la plena existencia de su cuerpo. Digo que Frida Kahlo, mujer, abrió su cuerpo y expresó lo que sentía en él. Lo que sentía era tan violento que si no hubiera tratado inmediatamente de identificarlo, de clasificarlo y luego de ordenarlo, digo que hubiera podido volverse loca, abrumada por cosas y dolores que no habría comprendido, mucho menos dominado. Yo digo que emparedar el propio sufrimiento es correr el riesgo de dejarse devorar por él, desde adentro, por caminos vagos e insensatos. Que la fuerza de lo que no se expresa es implosiva, arrasadora, autodestructiva. Que expresar es empezar a liberarse.

Frida, por Diego

". . . es la primera vez en la historia del arte que una mujer expresa con total sinceridad, descarnada y, podríamos decir, tranquilamente feroz, los hechos generales y particulares que conciernen exclusivamente a la mujer. Su sinceridad, que podría calificarse a la vez de muy tierna y cruel, la llevó a dar de ciertos hechos el testimonio más indiscutible y seguro; es por eso que pintó su propio nacimiento, su amamantamiento, su crecimiento dentro de su familia y sus sufrimientos terribles y de todo orden, sin permitirse nunca la más mínima exageración ni divergencia de los hechos precisos, manteniéndose realista y profunda, como lo es siempre el pueblo mexicano en su arte, incluso en los casos en que generaliza hechos y sentimientos, llegando a su expresión cosmogónica. (. . .)

"Frida Kahlo fue en verdad un ser maravilloso, dotado de una fuerza vital y de un poder de resistencia al dolor muy superiores a lo normal. A ese poder se sumaba naturalmente una sensibilidad superior, de una finura y una susceptibilidad increíbles. De acuerdo con ese temperamento nervioso, también sus ojos tenían una retina excepcional. La microfotografía de esa retina muestra una carencia de papilas que hace que los ojos de Frida vean como la lente de un microscopio. Ella ve mucho más lejos, en lo infinitamente pequeño, de lo que vemos nosotros, y eso se suma a su capacidad implacable de penetración en las ideas, las intenciones y los sentimientos de los demás. Si sus ojos tienen el poder de un microscopio, su cerebro tiene la potencia de un aparato de rayos X que le mostrara en transparencia la criatura del ser sensitivo-intelectual que observa. (...)

"Aun cuando su pintura no se extiende sobre las grandes superficies de nuestros murales, por su contenido tanto en intensidad como en profundidad, Frida Kahlo es el más grande de los pintores mexicanos. (...) Es uno de los documentos plásticos mejores y mayores y uno de los documentos humanos auténticos más intensos de nuestro tiempo. Será de valor inestimable para el mundo del futuro.

"Un contenido semejante no podía sino, al menos, influir en el continente, y recibir a su vez la influencia de las características de éste. Es por eso que Frida Kahlò es una mujer extraordinariamente bella, no de una belleza común y corriente, sino tan excepcional y característica como lo que produce. (...)".

Árbol de la esperanza,
mantente firme

Frida estaba en el hospital. (. . .) Era extraordinaria: creo que sabía que iba a morir pero al parecer eso no le preocupaba; se mostraba dulce y alegre, reía y hacía locuras. Murió poco después.

Louise NEVELSON.

Frida estaba pintando en su taller cuando apareció Diego, furioso, con una hoja de dibujo descolorida en una mano y un hacha en la otra.

—Frida, cuida a tu perro, si lo agarro lo descuartizo.

—¡Pero cálmate! —dijo Frida, riendo. (Diego enfurecido siempre le había parecido cómico).

—Se orinó encima de mis acuarelas.

Frida estalló en una carcajada incontenible. Se tapó la boca con la mano, tratando de moderarse, pero se le llenaban los ojos de lágrimas, y una risa loca la agitaba de pies a cabeza.

El perrito entró rápidamente en la habitación, vio a Diego y bajó la cabeza, corriendo hacia los pies de Frida. Ella dejó el pincel que sostenía en la mano derecha y alzó al animalito colocándolo sobre sus rodillas.

—Señor Xólotl. . . —empezó.

Diego dejó la hoja y el hacha y se aproximó, repentinamente suavizado, tomó al perrito en sus manos y lo levantó por encima de su cabeza:

276

—Señor Xólotl —dijo—, es usted el mejor crítico de arte que conozco. . .

—. . . Que se atreve a levantar la patita contra la obra del gran maestro Rivera. . . —interrumpió Frida—. Pues sí, toda obra tiene sus deficiencias y el señor Xólotl es un verdadero conocedor.

Y se echó a reír de nuevo, tan fuerte que el perrito se asustó y escapó de las manos de Diego. . . Tan fuerte que de nuevo sintió dolores a lo largo de la espalda. Hizo una mueca, trató de levantarse y se volvió a sentar.

La salud de Frida se deterioraba con los años. Después de los corsés de yeso y de cuero, en 1944 usó su primer corsé de acero. Sentía que le sostenía la espalda, pero no le aliviaba en absoluto los dolores. Y enflaquecía a ojos vistas, lo que provocaba regularmente periodos de sobrealimentación forzada, y a veces hasta transfusiones de sangre.

En 1945 por primera vez le fabricaron para el pie derecho un zapato ortopédico con suela compensada. Y otra vez le pusieron un corsé de yeso, tan ajustado que no pudo soportarlo: le causaba dolores espantosos no sólo en la espalda, sino también en la cabeza, la nuca, el tórax. . . Tuvieron que quitárselo. Radiografías, punciones lumbares, inyecciones diversas, analgésicos, tónicos. . . largos y repetidos periodos de cama: era la suerte de Frida.

En 1946 los médicos resolvieron que era indispensable una operación a la columna. Después de informarse, se decidió realizarla en Nueva York, en el Hospital for Special Surgery.

En mayo Frida, acompañada por Cristina, partió hacia Nueva York. La operación tuvo lugar en junio. Se trataba de soldar cuatro vértebras lumbares por medio de un trozo de hueso de la pelvis y una placa metálica de quince centímetros.

Poco después de la operación le escribió a Alejandro, el amigo de siempre:

"... ya pasé *the big* trago operatorio. Hace tres *weeks* que procedieron al corte y corte de huesos. Y es tan maravilloso este medicamento y tan lleno de vitalidad mi *body,* que hoy ya procedieron al paren en mis «puper» *feet* por dos minutillos, pero yo misma no lo *belivo.* Las dos *firsts* semanas fueron de gran sufrimiento y lágrimas, pues mis dolores no se los deseo a *nobody.* Son buten de estridentes y malignos, pero esta semana aminoró el alarido y con ayuda de pastillas he sobrevivido más o menos bien. Tengo dos enormes cicatrices en la espaldilla *in this* forma... (aquí hizo un dibujo).

Pasó la convalescencia en Nueva York, con prohibición de pintar, que transgredió cuando todavía estaba en el hospital.

En el otoño regresó a México y le pusieron un corsé de acero que tuvo que usar durante unos ocho meses. Después de una mejora pasajera, los dolores en la espalda recomenzaron peor que antes, y no se aliviaban más que con grandes dosis de morfina —que toleraba muy mal. Los médicos mexicanos llegaron a preguntarse si no habría habido un error en la soldadura de vértebras hecha en los Estados Unidos. Un año después, en una operación similar, se confirmaron los temores sobre la operación anterior.

A esa altura, Frida tenía cada vez menos esperanzas de librarse de su mala salud. Los médicos hacían promesas, un corsé sucedía a otro, la atrofia de la pierna derecha empeoraba, la dermatosis de la mano derecha, que había desaparecido por un tiempo, volvía. La moral, pese a las ficticias ayudas de los medicamentos y el alcohol, rozaba la desesperación. La única tabla de salvación frente a tantos males parecía ser una vez más la pintura, a la que se entregaba durante largas horas de cada día.

Los cuadros se suceden hasta los años cincuenta, bellos, dolorosos.

Así *Pensando en la muerte,* autorretrato en que la imagen de la muerte está inscrita en la frente de Frida; *Autorretrato con Diego en mi pensamiento,* cuadro de una extraordinaria finura pictórica, donde es la imagen de Diego lo que está inscrito en su frente, ese Diego nunca bastante presente, siempre demasiado lejos, pero en quien piensa hasta la obsesión.

En 1944, es *La columna rota,* en que Frida llora, con el torso desnudo y los cabellos sueltos; envuelto en un corsé, su cuerpo se abre, mostrando entre el rojo de la carne una columna griega hecha pedazos; y sobre todo el cuerpo visible hay clavos, puntos de dolor.

1944 es también el año de *Diego y Frida 1929-1944,* cuadro miniatura que conmemora quince años de unión entre ellos, formando un rostro completo con la mitad del rostro de cada uno, dentro de una raíz-corazón. O también *La novia que se asusta al ver la vida abierta,* naturaleza muerta con frutas tropicales abiertas, mostrando su corazón igual que Frida.

El año de un cuadro aterrador es 1945: *Sin esperanza,* donde Frida en la cama, llorando, está vomitando todo: un puerquito, un pescado, una cabeza de muerto, la vida misma. . .

Poco antes de ser operada en Nueva York pintó *La venadita,* autorretrato en que su cuerpo ha tomado la forma de un cervato, herido por flechas en el lomo y en pleno corazón, eternos lugares de las heridas reales y simbólicas de Frida.

Destinada a sus amigos Lina y Arcady Boitler, *La venadita* les fue enviada con los siguientes versos:

> *Les dejo mi retrato*
> *para que me tengan presente*

todos los días y sus noches
cuando yo ya esté lejos de ustedes.

La tristeza se refleja
en toda mi pintura
pero tal es mi condición.

Como revancha, mi corazón
se llena de alegría
con la idea de que Arcady y Lina
me aman tal y como soy.

Acepten este pequeño cuadro
pintado con mi ternura
a cambio de su afecto
y de su inmensa dulzura.

Poco después de la intervención quirúrgica, pintó *Árbol de la esperanza,* en que una Frida acostada sobre una camilla muestra las heridas que acaban de infligirle en la espalda, mientras que otra Frida vestida de rojo, muy seria y muy bella, está sentada más adelante, teniendo en una mano un corsé y en la otra una banderita que dice: "Árbol de la esperanza, mantente firme". El sol ilumina a la Frida operada, mientras que la otra está en la noche; a los pies se abre un barranco.

Cristina se había sentado un momento antes en el cuarto de su hermana, pero no decía una palabra.

—¿Por qué callas? —le preguntó Frida.

—Estaba pensando que tu cuarto parece la cueva de los tesoros. ¡Tantos objetos, tantos juguetes, tanto fetichismo!

—Es mi mundo. Mis recuerdos, mis colores, México, mi presente. No tengo otra cosa.

—Podríamos ordenar todas esas medicinas; los frascos, las jeringas. . .

—Eso también es mi mundo, Cristi. Los necesito a cada momento.

—Te he traído el periódico. Dice que Diego y tú se van a divorciar porque él se va a casar con María Félix.

—No puedo impedirle que ande con mujeres.

—Pero lloras cada vez como si fuera la primera.

—No puedo evitarlo. Me duele.

—Dice también el periódico que tú le propusiste a María Félix regalarle a Diego.

—¡Por desesperación! Hay que tener generosidad, y buen humor. . . Lo único que lamento es no haber tenido un hijo. . . Curiosa familia; hasta ahora, de las cuatro hermanas, tú eres la única que ha podido tenerlos. . .

—¿Se te ofrece algo? Voy a salir.

—Quiero pintar.

Antes de salir del cuarto, Cristina echó una ojeada a la parte alta de una pared, donde estaba escrito, en letras rojas: "Casa de Irene Bohus, Cuarto de María Félix, Frida Kahlo y Diego Rivera, Elena [Vázquez Gómez] y Teresita [Proenza], Coyoacán 1953, Casa de Machila Armida". Después volvió atrás, besó a Frida y salió sonriendo.

Frida abrió su cuaderno-diario. Al hojearlo, la angustia le apretaba la garganta. Al diario le confiaba sus tormentos en forma más brutal que a sus cuadros, sin el filtro plástico, al desnudo: retazos de frases o largas prosas, poemas, todo entrecortado por dibujos que mostraban su pierna atrofiada, o amputada, reminiscencias del accidente, la lenta desintegración, según la expresión de la propia Frida, de su cuerpo, relámpagos de vida. Y todos los llamados a Diego, y su amor a él.

Tenía ganas de tirar ese cuaderno: ¿sería saludable conservar esos fragmentos de vida que contenía, y sobre todo, todas esas heridas?

Después del accidente había tenido miedo de morir. Luego había esperado, con todas sus fuerzas, había luchado. Vivía sus cuarenta años como una carga; ya no tenía ni ganas de amar, ni esperanzas.

En varias ocasiones los médicos le habían insinuado que una parte de sus sufrimientos eran sobre todo psicosomáticos. Las secuelas de la poliomielitis eran reales, igual que las del accidente, pero encontraban en Frida un eco anormal. Ella trataba de comprender. ¿Qué era lo que había amplificado? ¿Por qué? Sentía, indistintamente, que su estado podía ser un medio de presión afectiva hacia los demás. Al principio lo había vivido en forma sumamente alarmante, hasta llegar a convencerse de una fatalidad de la que después no había podido deshacerse. Esos dolores, esa angustia permanente habían contribuido, extrañamente, a que se sintiera viva siempre. No sentir nada después de haber rozado la muerte, habría sido como morir.

El proceso continuó hasta 1950, lentamente. Siempre la misma degradación de la salud y la moral, sin fracturas espectaculares, pero sin ninguna mejoría.

La alegría aparente, la tristeza profunda y la pintura tratando de penetrar el sentido de las cosas y de subsanar sus fallas: eso era la vida de Frida la víspera del comienzo de la segunda mitad del siglo. Agotada, tenía los días contados.

282

Conversación imaginaria
de testigos reales

—A épocas agitadas, protagonistas agitados.

—Pensar que se pasaron años haciendo asambleas para pelearse entre ellos: Orozco, Siqueiros, Rivera.

—No dejaba de tener su chiste, pero era una payasada.

—¡Y vivían como príncipes, sin un centavo!

—Eran demasiado solemnes.

—Terminaban por estar completamente fuera del México real, aferrados a las ideas del comunismo. . .

—Casi a las del fascismo. . .

—¡Eso es exagerar un poco!

—Estaban convencidos de que tenían la razón porque estaban unidos a "lo indígena", a lo natural.

—Igual que en la época victoriana, donde de repente se ponía de moda la Edad Media.

—Ellos inventaron el "rosa mexicano", el "azul mexicano". . .

—¡Frida, por ejemplo, parecía un personaje de la época de Napoleón III!

—Era muy hermosa. La recuerdo en su cama, muy maquillada. Se hacía la india, ¡era una composición maravillosa! Pero no se parecía en nada a una india de verdad, de las que vienen de un pueblo zapoteco, o mixteco.

—No le hacía falta ese traje. . .

—En su manera de hablar, era muy exagerada...
Todo lo contrario del carácter indígena.

—En realidad era muy mexicana, en el sentido "mestizo urbano".

—Sí, muy mexicana.

—Con Diego, formaban una pareja muy especial. Sólo Dios sabe lo que pasaba entre ellos. Las reglas de su vida en común eran absolutamente incomprensibles vistas de afuera.

—Diego era muy importante para Frida.

—Aunque ella en el fondo no debía querer a nadie; igual que él, por lo demás.

—Diego era una protección moral. Ciertamente, no material. Él tiraba el dinero a manos llenas.

—No era simpático en el plano humano.

—No podía ayudar a Frida. Se desaparecía durante meses.

—Hubiera perseguido a todas las mujeres que se cruzaran en su camino.

—Las norteamericanas, además, lo perseguían.

—Era un viejo patriarcal.

—Y siempre armado.

—Frida, en cambio, era muy simpática.

—¡Oh, sí!

—Una persona absolutamente adorable.

—Todo el mundo la quería, y ella prestaba mucha atención a las personas.

—La gente del barrio iba a verla cuando tenía algún problema.

—Cuando salía de paseo, siempre daba a los mendigos todo lo que llevaba.

—Es cierto.

—Y siempre tenía tiempo para hablar con los demás.

—Con todos: príncipes o mendigos. Era una mujer muy humana, muy afable.

—¡Aun en lo más profundo de su desesperación, era capaz de animar a otros!

—Intelectualmente, ella era más honrada que Diego.

—Y tenía más talento que él.

—Absolutamente.

—Quiero decir que él, él desde luego tenía talento, ¡un talento loco! Pero jugaba demasiado al artista, y ahí perdía. . .

—La pintura de Frida es mucho más personal.

—Es como si ella hubiera escrito poemas.

—Ella debía vivir un narcisismo muy doloroso.

—Descuartizada, estaba.

—Es indescriptible.

—Su vida fue un largo calvario. Pero también una vida de verdad.

—Es que las ganas de vivir se exacerbaban con todos esos sufrimientos. Por eso ella vivió mucho más plenamente que otros.

—La verdad es que tenía una presencia indudable.

—Sí. Y eso no tiene nada que ver con los trajes.

—Pero estaba mal rodeada.

—Tenía una corte a su alrededor. Pero era de personas inferiores, que no hacían nada en todo el día, parásitos. Las gentes verdaderamente bien trabajaban y tenían poco tiempo.

—En realidad, los que la rodeaban no la ayudaban mucho.

—Estaba siempre pegada al teléfono. . . Era muy cariñosa, la verdad.

—De todos modos, fue muy querida.

—En el fondo, a los dos se les quería mucho.

—Era una pareja terrible. Difícil encontrar otra igual.

—Terrible, es decir poco.

—¡Las tormentas que debía haber entre esos dos! ¡Oh, Dios!

—¡Oh, Dios, en verdad!

Sueños. Extraños sueños. Inventores de lo imposible, lo desvían a uno de la vida a la que se aferra. Se me escapan, vuelven a mí, se me pegan a la piel, algunos días. Fragmentos de mi memoria perdida, entre alcohol, morfina y el tiempo que pasa, entre mil pensamientos concretos, pero los reconozco: forman parte de mí en lo más profundo.

La última noche, ellos la poblaron.

Mi padre, muerto, apoyaba la mano en mi hombro y me decía, con una gran sonrisa: "No morí de un ataque al corazón. Eso fue lo que ustedes creyeron. Me fui a visitar a tu mamá. Tú me entiendes, tanto tiempo solo...". Le dije que su ausencia había sido larga, de veras. Y suspiré tan fuerte que tuve la impresión de que de mi cuerpo salía un peso enorme, exhalado. Él tomó mi pincel, lo mojó en amarillo canario e hizo sobre la tela una cuenta, con trazos torpes: "1954 — 1941 = 13 años". Yo miraba los números, sin entender nada. Me reí. Reía, pero no era risa, era miedo: no entendía nada. Los números no me decían nada, me parecían absurdos y ridículos. Pero tenía miedo. ¿Qué significaban? No reconocía nada. Después, él me dijo: "Quería verte. Vas muy mal. Estás demasiado sola". Yo me daba cuenta de que sus cabellos no estaban blancos, como yo los recordaba. Era joven. Después me habló en alemán, palabras incomprensibles, antes de cantar, con voz grave, una melodía muy lenta:

Der Tod, das ist die kühle Nacht
das Leben ist der schwüle Tag.
Es dunkelt schon, mich schläfert,
der Tag hat mich müdgemacht.
Uber mein Bett erhebt sich ein Baum,
drin singt die junge Nachtigall;
sie singt von lauter Liebe, von lauter Liebe,
*Ich höres, ich höres sogar im Traum...**

Entonces yo me echaba a llorar con la cara entre las manos, como una niñita.

Lo veía a través de mis lágrimas. Los ojos de él se convirtieron en grandes lágrimas, espesas, redondas y transparentes como canicas. Sacudió la cabeza: "Ataque al corazón para ustedes, ataque a la cabeza para mí". Todo se me escapaba: ¿de qué estaba hablando? "Creo que te voy a llevar conmigo. Muy pronto. Donde estoy se está bien. Es azul ultramar todo el tiempo. Uno se deja llevar. Te voy a llevar conmigo. Pronto. Cae la noche sobre ti, hijita. Una noche con alas grandes. Voy a averiguar".

Dijo esas curiosas palabras: "Voy a averiguar".

Murió en la primavera de 1941, mi padre. Mis hermanas me lo anunciaron. Fue brutal, inadmisible. ¡Yo lo quería tanto! Él me había enseñado tanto: el sufrimiento físico, la observación, la lectura, la honradez.

Demasiado dolor. Nunca he podido hablar de eso.

Frágil y fuerte, lo guardo en mí, con sus valses, su epilepsia, Schopenhauer, la Alemania que él había conocido, esta otra Alemania nazi y sus heridas. Él leía los periódicos en silencio. Sentía que lo mataban. Quizá de eso se haya muerto, de esa Alemania enloquecida.

* "La muerte es la fresca noche/ la vida es el día aplastante./ Ya cae la tarde, tengo sueño/ Estoy cansado de mi jornada./ Mi cama está a la sombra de un árbol/ donde canta un joven ruiseñor;/ canta al amor, perdidamente/ lo oigo hasta en mis sueños". (Poema de Heinrich Heine, al que puso música Johannes Brahms).

Mi padre y sus acuarelas, su tristeza legendaria, sus aparatos de fotografía con estuches de vieja piel gastada, sus archivos de fotografías, sus tesoros. Su acento, sus dominós, sus separaciones amarillentas en ediciones alemanas, su Baden-Baden obsoleta. Mi padre que tanto creyó en mí. Le debo ese bien precioso para ir adelante: su confianza.

Papá. Padre. Señor Wilhelm Kahlo. No te traicioné. Hice todo lo que pude. El retrato tuyo que hice está a mi lado. Esperé mucho para hacerlo. Y ahora está ahí.

Te quiero, pienso en ti.

Y otro sueño. Yo estaba en mis cuadros. Uno tenía un gran marco nacarado con un borde que iba invadiendo la superficie pintada, ya muy pequeña, aniquilándome. Lamentaba haberlo hecho tan pequeño, pero era demasiado tarde. En otra tela, mi cara estaba en el centro de una flor, amarilla y morada. De repente, los pétalos abiertos empezaban a cerrarse sobre mí, ahogándome. Pero como yo estaba en el cuadro era muda y no podía gritar. Entonces empezaban a caer de mis ojos unas gotitas de colores. Y el cuadro poco a poco perdió los suyos. Yo me repetía: "Cayó en su propia trampa".

He leído libros de Sigmund Freud. Incluso pinté un cuadro basado en su libro sobre Moisés. Pero no sé interpretar mis sueños. Sé solamente lo que sentí en esos sueños: que mi vida se iba.

Quizá sea muy pronto.

Claro, eso es: "Muy pronto", decía mi padre. "Voy a averiguar".

Averigua rápido, papá, la noche cae sobre mí.

Averigua rápido, para que me deje llevar por el azul ultramar.

Te daré la mano.

La noche cae sobre mí.

288

Al borde del abismo

Sentí sobre mi cuerpo antes de dormirme
el peso de mis puños en el extremo de mis
brazos tan livianos.

Franz KAFKA.

Tenía un rostro hermoso, animalesco, ojos que lo decían todo. Y brazos más bien fuertes para una mujer, y en sus extremos unas manos sorprendentes, manos de trabajadora manual, musculosas, un poco pesadas, sin nada que ver con las manos que pintaba en sus telas, manos finas, lisas como porcelana. La parte inferior de su cuerpo era menor que la superior. La espalda llena de cicatrices y de marcas dejadas por los corsés. La pierna derecha cada vez más atrofiada. La punta del pie: negra. ¿Mala circulación? ¿Flebitis? ¿Principio de gangrena? Los médicos consideraron una solución radical: amputación.

Pero esperarían un poco. Había algo más grave: la columna vertebral.

En el año 1950, el estado de Frida era desastroso.

"He estado enferma todo un año: 1950-1951. Siete operaciones a la columna vertebral".

Frida Kahlo.

289

Fue hospitalizada en el Hospital Inglés, y operada poco después: otra vez se trataba de soldar vértebras.

Pero después la herida en la espalda se infectó bajo el corsé. Por más que trataron de curarle ese primer absceso, la herida no cicatrizaba y la infección siempre reaparecía. ¿Y si fuera una infección más profunda? La operaron de nuevo. Y la herida aún no quería cerrarse. . . Además, las defensas de Frida estaban agotadas. A menudo la alimentaban a la fuerza, la atiborraban de vitaminas y le hacían transfusiones de sangre.

Y los resultados seguían siendo negativos.

Pabasan los meses. El cuarto de Frida en el hospital empezó a llenarse de libros, de objetos, de fotografías, de dibujos y de instrumentos de pintura.

Diego decidió tomar también un cuarto en el hospital para poder quedarse junto a su mujer algunas noches. Fuera de los momentos realmente críticos, acaso no fuera realmente necesario estar siempre acompañando a Frida en el hospital. Acaso fuera conveniente para Diego, también: una solución fácil, para él, que además le permitía tener más libertad de acción en su vida de todos los días. Especialmente porque Frida, enferma, inmovilizada, multiplicaba sus sospechas de Diego, los celos.

El cuarto de hospital de Frida no estaba solo nunca. Una de las hermanas solía llevar comida para todos y había risas fuertes, y también discusiones, a veces. Las hermanas Kahlo, los amigos y hasta el personal del hospital, que tenía atenciones especiales con Frida —que ella les devolvía—, mucha gente rodeaba a la enferma; sin embargo, para ella los meses se hacían siglos. No soportaba la inactividad de ese descanso forzado, el verdadero apoyo para ella era la pintura, y por fin los médicos la autorizaron a pintar. Se sintió ya medio salvada. Aunque fuera en una cama de hospital.

De regreso en su casa, un año después, debilitada por tantas operaciones, escribía, con una especie de optimismo demencial:

290

"...El doctor Farill me salvó. Me volvió a dar alegría de vivir. Todavía estoy en la silla de ruedas, y no sé si pronto volveré a andar. Tengo el corsé de yeso que a pesar de ser una lata pavorosa, me ayuda a sentirme mejor de la espina. No tengo dolores. Solamente cansancio... y como es natural, muchas veces desesperación. Una desesperación que ninguna palabra puede describir. Sin embargo, tengo ganas de vivir. Ya comencé a pintar. El cuadrito que voy a regalarle al doctor Farill y que estoy haciendo con todo mi cariño para él...".

Pese a las palabras pronunciadas o escritas, pese al aparente buen humor que Frida mostraba, no era sincera. Se sentía condenada a corto plazo, veía que los años no la habían ayudado. Estaba resentida contra la vida, resentida a veces contra los demás por sus propios sufrimientos; en sus relaciones daba muestras de un agresividad que nunca antes había mostrado.

Una enfermera la cuidaba permanentemente, Cristina iba a visitarla todos los días. Frida se quejaba:

—Me he vuelto torpe. Lo tiro todo. Siempre estoy cubierta de manchas de pintura... como si ya no supiera pintar.

—Es que te enervas, simplemente.

—Pero no es normal que esté tan irascible.

—Necesitas descansar.

—¡Según ustedes, si descansara todo el día, todavía me haría falta descansar!

—Hay momentos en que la vida es así, Frida, en que uno siempre necesita descansar.

—No me puedo soportar más... No puedo soportar más nada. Ni siquiera a los niños. ¡Oh, Cristina! Ya no tengo ganas de nada.

—Hay tiempo para todo, hasta para reponerse.

—Es verdad... y también hay un tiempo de morir.

—Vamos, Frida...

—Y nunca hubo tiempo para estar bien, bien, ni

tiempo para ver los templos mayas de Yucatán, ni tiempo para ver las maravillas de Florencia. Mi cuerpo se me atravesó siempre en el camino.

—No tienes derecho a hablar así.

—Ni siquiera hay tiempo para amar. ¡Ya no hay cuerpo para amar!

Sentada en su silla de ruedas, Frida pintó el retrato que había prometido al doctor Farill: lejos de la explosión de colores de otros cuadros, es una tela sobria, en que representa el retrato del doctor Farill colocado sobre el caballete y a ella, Frida, delante, en su silla de ruedas, teniendo en la mano su paleta, que tiene forma de corazón, y en la otra mano varios pinceles que gotean sangre. El *Autorretrato con el doctor Farill* es un cuadro austero que inspira un sentimiento de profunda soledad, irremediable.

"No saben hasta qué punto soy yo, pensaba Frida mirando el cuadro sin terminar, esa única imagen en blanco y negro con un corazón demasiado grande, tan rojo de vida, todavía palpitante".

Varias veces la encontraron casi inanimada. "Un tiempo para morir": a eso tendía Frida. Para escapar de sus sufrimientos, del dolor, de Diego, de la vida, de sí misma. Bebía demasiado, coñac, brandy, tequila, kahlúa, o todo mezclado. Sabía que se hacía daño, pero su desesperación era demasiado grande y ya no quería detener su engranaje. A las mezclas de alcoholes fuertes sumaba las pastillas, todas las medicinas de que podía disponer. Y no lo hacía inocentemente: prefería terminar antes que continuar así.

Los intentos de suicidio la dejaban exánime, acabada, incapaz de articular una sola palabra, el cuerpo pesado por todo lo que había tomado. Pero cuál era la dosis fatal, lo ignoraba. Una vez estuvo a punto de quemarse viva. Sobrevivió. Vivió.

Los momentos en que todavía intentaba creer en la

vida eran luminosos, reaparecía la Frida que tantas veces había expresado su pasión:

"Quisiera ser lo que tengo ganas de ser —detrás de la cortina de la locura—: me ocuparía de las flores el día entero; pintaría el dolor, el amor y la ternura, me reiría de todo corazón de la estupidez de los demás y todos dirían: pobre, está loca. (Sobre todo, me reiría de mí misma). Construiría un mundo que mientras yo viviera estaría —de acuerdo— con todos los mundos. El día o la hora o el minuto que yo viviera sería mío y de todos. (...)
"La revolución es la armonía de la forma y del color y todo existe y se mueve de acuerdo con una sola ley: la vida. Nadie se aleja de nadie. Nadie lucha por sí mismo. Todo es todo y uno. La angustia y el dolor y el placer y la muerte no son otra cosa que un proceso para existir. La lucha revolucionaria es en ese proceso la puerta abierta a la inteligencia.
"Niño amor. Ciencia exacta. Voluntad de resistir viviendo, alegría sana. Infinita gratitud. Ojos en las manos y el tacto en la mirada. Limpieza y suavidad del fruto. Enorme columna vertebral que es la base de toda la estructura humana. Veremos, aprenderemos. Siempre hay cosas nuevas. Y al lado de mi Diego, mi amor de miles de años".

Frida Kahlo.

Siempre Diego. Diego el ausente, que desaparecía, según afirmaba, porque no podía soportar el sufrimiento de su mujer. Que decía, además, que si tuviera la fuerza suficiente la mataría él mismo, para contener esa larga agonía que ella no quería ya vivir.

Y de repente, Frida lanzaba una gran carcajada y exclamaba:

—¿Cuarenta y cinco años? Pero si no es nada. ¡Vamos! ¡Tengo toda la vida por delante...! Les agradezco tanta compasión. No, no lloren. Algún día los voy a sorprender. Me voy a convertir en una abuelita de largas trenzas blancas, y ya habré mandado al diablo todos los corsés y esta condenada silla de ruedas: no usaré más que un elegante bastón de caña, y me voy a tener que ocupar de ustedes, porque van a estar mucho peor que yo, ¡ya verán!

Sus ojos se agrandaban, pero todo su rostro mostraba claramente el malestar. Sus cejas ya nunca volarían como las alas de una golondrina: al verlas, recordaban el colibrí muerto que había pintado alrededor de su propio cuello, el mismo que había dibujado en una hoja con lápiz negro, este último sí, varado entre sus ojos.

El otro día llegó a mi casa una mujer joven, que venía de parte de una de mis ex alumnas. Vestida muy sobriamente, con su largo cabello castaño echado hacia atrás, su rostro reflejaba una enorme dulzura, cierta serenidad. Los ojos se parecían a los de mi padre, grandes, transparentes.

Le pregunté, irónicamente, si había que ver en su cara el reflejo de una búsqueda mística. Sonrió y me contestó, con un hilo de voz:

—Me llamo Carmen.

—¿La Virgen del Carmen, o la gitana?

No respondió. Yo estallé en una carcajada.

—Las caras de ángel pueden ocultar talentos de bruja. Las caras de diablito pueden esconder un corazón de ángel.

—Es verdad.

—¿Entonces?

—Es usted muy intuitiva, señora Kahlo. No puedo enseñarle nada.

—¿Eres un diablito, entonces, o una adivinadora?

—Me intereso por las estrellas. . . si es en eso que ve usted en mí un potencial de magia negra o un don de adivinación. . . Interpretación suya.

No vacilaba, yo estaba un poco sorprendida. Me reí de nuevo.

—¡Fábulas! —exclamé.

—¿Por qué? ¿Por qué negarse a creer en las estrellas?

—Mi vida no necesita referencias de ese tipo. ¡Gracias a Dios! Soy marxista.

—Los astros no son una referencia. Nunca. Señales, apenas. Usted es marxista pero no ha rechazado, incluso ha recomendado un regreso a las fuentes. . . a fuentes cargadas de una relación permanente con los astros. . . No quiero hablar de las contradicciones, porque la vida es rica justamente por sus paradojas.

—¿Adónde quiere llegar?

—A ninguna parte, señora Kahlo. No soy yo quien quiere encerrarla en dogmas. Aporto mi granito de arena, como todos. Permítame.

Se levantó para recoger sus cosas, colocadas en un rincón de la sala. Volvió a su asiento y sacó de una cartera una serie de folletos.

Creí estar soñando. Parecía escapada de un sueño. Uno de esos personajes extraños, intemporales, surgidos no se sabe de dónde, con que una tropieza en el mundo onírico sin haberlos visto llegar. Pero es posible que, después de todo, yo dé la misma impresión.

—He establecido su tema astral. Es posible que esto la haga reír, o la consuele, o la deje indiferente. No importa. Le aseguro que ignoraba todo de usted hasta hoy. Mi medio es muy distinto del suyo y yo no soy una artista. Fue por amistad con G., que me lo pidió (incluso convinimos en que no me daría nada de usted, salvo la fecha y hora de su nacimiento) por lo que hice este trabajo sobre usted. Me pareció que era mi deber traérselo, y además me gusta. Me he esforzado por ser clara. He escrito los datos y los resultados de mi estudio. Usted es la única que puede juzgar la exactitud del procedimiento. No tengo pretensiones. No me dilato, usted no me necesita para leer estas páginas y encontrar en ellas lo que quiera. La dejo.

—¿Dice su estudio que me tenían que cortar esa maldita pierna? ¿Que posiblemente me voy a morir, porque no puedo más?

—No. Lo que he hecho es un ejercicio de aproximación a una personalidad, con los medios que tengo. No es un ejercicio de videncia.

—¿No quiere tomar algo? —le pregunté.

—No, gracias. Me alegro de haberla conocido. . . La admiro, usted ha sufrido mucho y tiene una fuerza fantástica. No todos los días se encuentra uno con personas como usted.

Y se fue como había venido. En puntas de pies. Sin ningún rumor de alas, de modo que no era un ángel. Ni un diablo. Una aparición.

Esto es lo que me dio:

"Sujeto femenino, nacido el 6 de julio de 1907 a las 8:30 horas, en México, México.

"Sujeto de Cáncer, con Leo en ascenso (el Sol en Cáncer, la primera Casa en el signo de Leo).

"*Primera Casa:* Los planetas están en lo alto del cielo: una persona vuelta hacia el mundo psíquico, poco materialista, casi separada de los problemas materiales, salvo en amor, pasión.

"*Casa V:* Anclaje en Capricornio, Marte y Urano en conjunción.

"Seducción, pasión, pero posible distancia en amor debido a Capricornio.

"*Luna en Casa X en Tauro:* Persona llevada al conocimiento público, mujer que ha alcanzado una posición social (feminista).

"*Plutón cúspide Casa XI en Géminis:* Persona que conoce a mucha gente, con muchos amigos y vive con ellos todo o nada (individuo entero, total).

297

"*Neptuno Sol en conjunción en Cáncer en Casa XI:* Muy intuitiva. Todos sus poderes de percepción orientados hacia la gente, no hacia una sola persona.

"*Casa IV en Escorpión:* Todos sus poderes de interiorización de la energía los debe a su madre. Su poder creador —Luna y Venus en Casa X— traduce el papel de su padre en su carrera.

"*Saturno en Piscis en la Casa VIII:* Vida sexual reducida, o al menos limitada.

"*Regente de la Casa V en la casa VIII (Saturno):* Posesividad, celos.
"Tendencia a la fuga; efecto de sublimación (lo que esta persona no vive físicamente, lo vive en la pasión).

"*Mercurio en Leo en la Casa XII:* Persona con dificultad para escribir, pero que posiblemente ha escrito cartas, por ejemplo, si ha estado en el hospital.

"Problemas nerviosos, ya sea en la columna vertebral o en el corazón.

"*Júpiter en Cáncer en la Casa XI:* Los amigos de esta persona la han ayudado socialmente.

"*Regente de la casa IX en Capricornio:* No ha hecho muchos viajes. Si es que los ha hecho, ha sido en un impulso.

"*Regente de la Casa VII en la Casa V:* Si no está casada, esta persona hará un matrimonio de amor, pero tarde, debido a la oposición Urano-Sol-Neptuno.

"*Regente de la Casa II en la Casa XII:* Financieramente, gastadora, aunque bastante pobre.
"Necesidad de aislarse para reflexionar.

"*Regente de la Casa V en la Casa VIII:* Acción violenta sufrida (¿accidente?, ¿herida?, ¿cortes?) que afectó los huesos (¿pelvis?, ¿columna vertebral? —si es ésta la afectada y no el corazón, como ya dije).

"Grandes dificultades para tener hijos.

"Debido a la relación que existe entre los Regentes de la Casa IV, esa misma imposibilidad de tener hijos (debida a una acción violenta, repito) lleva a esa persona a ser conocida socialmente. Una persona cuyo trabajo, la creación, han derivado de sus problemas de salud (en el vientre y la pelvis. . .).

"*Sextil Plutón Júpiter (Casas X y XI):* Cierta dificultad para aceptar las normas morales, sociales.

"Rebelión.

"*En la espiral evolutiva de su vida, los momentos importantes:*

"Una historia de amor muy fuerte a los 16 años.

"Periodo muy difícil entre los 18 y los 19 años (segunda parte de la Casa III en Escorpión). Matrimonio posible inmediatamente después.

"Entre los 27 y los 28 años, la vida comienza realmente para ella.

"A los 31 años: toma de conciencia importante de sí misma.

"A los 34 años empieza a ser conocida.

"Entre los 47 y los 48 años, depresión importante (cuadratura Plutón Saturno en Casa VIII).

"*Sus colores:* Amarillo, naranja, azul, rojo oscuro, negro. Colores vibratorios.

"Diría de la personalidad de fondo de esta persona que los dos puntos que se destacan son el calor interior, la calidad del trabajo.

"Importancia del Yo en cuanto centro de un sistema.

"Tres elementos muy importantes, en el siguiente orden:

* la muerte;
* el sexo;
* el amor.

"Una persona que trabaja mucho (o lo ha hecho) y cuyo trabajo es impulsado por sus fuerzas inconscientes, subterráneas. Ella juega con esas fuerzas".

"Esperaré un tiempo"

> Pero me parece que es la representación
> de la Muerte lo que mejor y más extraña-
> mente ha marcado el arte azteca. No es la
> Muerte juvenil y delicada de los vasos etrus-
> cos, sino una muerte colosal, la que los in-
> dios de México nombran todavía: la Doma-
> dora.
>
> Paul MORAND.

Era lo que se llama "un homenaje": una exposición
retrospectiva de la obra de Frida Kahlo. Se presentó en la
hermosa galería de la fotógrafa Lola Álvarez Bravo y se
inauguró el 13 de abril de 1953.

La invitación la había escrito Frida:

> *Con amistad y cariño*
> *nacidos del corazón*
> *tengo el placer de invitarlo*
> *a mi humilde exposición.*
>
> *A las ocho del avemaría,*
> *pues, después de todo, tiene reloj,*
> *lo esperaré en la galería*
> *de la Lola Álvarez Bravo.*
>
> *Queda en Amberes doce*
> *y las puertas abren a la calle*

para que no se extravíe
es todo lo que diré antes que calle.

Sólo quiero que me diga
su buena y sincera opinión.
Usted es persona instruida
su saber, de primera gradación.

Estas pinturas
las pinté con mis propias manos
y esperan en los muros
dar placer a mis hermanos.

Bueno, mi querido cuatacho,
con amistad verdadera
de todo corazón se lo agradece mucho
Frida Kahlo de Rivera.

Se esperaba a la artista. ¿Llegaría? ¿No llegaría? Las noticias sobre su salud eran alarmantes. Había una multitud que se daba codazos, se apretujaba. La gente parecía febril, muchos esperaban en la banqueta la llegada de cualquier vehículo. Había casi más interés por ver a Frida moribunda que por sus cuadros.

Lola Álvarez Bravo, sintiendo que el fin de Frida estaba cerca, había decidido ofrecerle esa exposición mientras era tiempo. La atmósfera estaba cargada. Alguno llamaba por teléfono a la casa azul, llegaban llamadas telefónicas de otros países, corrían rumores: Frida estaba inmovilizada en su casa; Frida no podía caminar; Frida venía en camino. . .

Y de repente, cuando menos se esperaba, la sirena de una ambulancia anunció su llegada. En previsión de su asistencia, ya en la mañana habían transportado a la galería la cama de baldaquín que tantos años había dominado la recámara de Frida y del que colgaban objetos de toda clase.

Bajaron a Frida de la ambulancia en una camilla y la llevaron hasta su cama lo mejor que se pudo, abriendo paso entre la gente. Y hubo un momento extraño. Frida, muy bien vestida y peinada, estaba completamente acostada en su cama. Sus rasgos parecían tensos, se sentía que el más mínimo movimiento le exigía un esfuerzo insoportable. Sus ojos parecían no mirar, sino aferrarse a la gente con toda su fuerza, con toda su intensidad, únicos elementos móviles en ese cuerpo deshecho. Pegados en un improvisado desfile, todos pasaron junto a su cama para felicitarla, animarla, besarla.

—Ya vas a salir de ésta.

—Te vas a mejorar.

—Ten confianza, te vas a curar.

—¡Curar! —exclamó Frida—. ¡Pero si no estoy enferma! Estoy destrozada, que no es lo mismo, ¿me entiendes?

No sonreía, y sus ojos llamaban, desesperados.

Varias veces fue preciso transportarla a la parte posterior de la galería: le dolía mucho, necesitaba una inyección. El público esperaba hablando en voz baja, como en una ceremonia religiosa.

—Es como si la estuvieran enterrando —murmuró alguien.

—La verdad, este es un espectáculo macabro.

—Es insoportable. Yo me voy.

—Podría morirse aquí mismo, y a todo el mundo le parecería normal. Sería parte del juego.

—A lo mejor es lo que vinieron a ver. . . La atracción del sufrimiento. . . La atracción de la muerte. . .

—Yo no sé si Frida realmente necesitaba este suplicio.

—Sí, eso es. Es un suplicio lo que estamos viendo.

Hacía calor, con tanta gente.

A un amigo que la saludaba, Frida le preguntó:

—¿Te gustaron las naturalezas muertas? Dime, ¿y tú, estás trabajando como es debido?

Hacía esfuerzo para hablar, daba la impresión de que las palabras se le pegaban a la lengua y le costaba trabajo soltarlas.

El amigo se sentó al borde de la cama. No podía hablar.

—Frida. . .

Frida apoyó una mano sobre el brazo de Juan.

—Lo único que todavía sé es que quiero pintar, pintar. Todavía y siempre: pintar.

Apretó el brazo con la mano, con todas sus fuerzas; le estaba clavando las uñas, pero no se daba cuenta. Le brillaban los ojos, sentía la presión de la gente contra las columnas de la cama, que temblaban, pero retenía a su amigo. Sus uñas se le clavaban en el brazo dejando las marcas de su desesperación, de su ternura.

Pero no se daba cuenta.

Suplicó a una enfermera que le aplicara otra inyección. Después pidió que se la llevaran de ahí: estaba exhausta.

Volvieron a pasarla a la camilla, y desapareció en la ambulancia que la llevó de regreso a Coyoacán.

Saturada de medicamentos, poco después se dormía en una cama que no era la suya, la cual había quedado en la galería.

La primavera pasó sin traer mejoría alguna. Diego tenía una amiga nueva de la que Frida no quería oír hablar: ya no la divertían para nada las aventuras de Diego. Se obligaba a pintar, pero le temblaba la mano y su trazo se volvía incierto, tosco. El dolor la había agotado, y lo que le quedaba de vida lo estaba destruyendo con el alcohol y otras medicinas. No hacía caso de recomendaciones, ya no tenía ganas de pelear.

A comienzos del verano, los médicos dieron la alerta. Las operaciones a la espalda no habían dado ningún resultado convincente y la pierna iba peor: esa pierna ya no parecía una pierna, no era más que una cosilla flaca, deforme, con la piel marchita y descolorida y tan sólo tres dedos, morados. La sangre ya no circulaba, la pierna estaba casi muerta. Esa vez, el diagnóstico fue grave, definitivo: amputación.

—¡No! ¡No, jamás! —gritó Frida—. No podré soportarlo.

—Es necesario, Frida —dijo el doctor Farill—. No se puede hacer otra cosa.

—¿No se puede hacer otra cosa?

—No. No se puede dejar un miembro en ese estado. Va a pudrir todo el cuerpo.

—Ya no hay más cuerpo, de todos modos.

Frida estaba sombría. A su alrededor todos callaban.

—Muy bien, ¡entonces hagan lo que quieran! Pero déjenme sola. . . ¡Vamos, lárguense! ¡Afuera todo el mundo!

La enfermera esperó ahí cerca, ansiosa, vigilando a Frida.

Acostada, Frida lloraba en silencio. Después, con una voz apenas perceptible, entrecortada por los sollozos, se puso a canturrear, marcando el ritmo con los dedos sobre la almohada.

> *Por una mujer ladina*
> *perdí la tranquilidad. . .*

Diego entró en el cuarto y fue hacia la cama. Frida le hizo seña de que no con la cabeza, y él retrocedió, sentándose en un taburete junto a la cómoda. Ella lo miró en silencio y recomenzó la canción:

> *Por una mujer ladina*
> *perdí la tranquilidad.*
> *Ella me clavó una espina*
> *que no me puedo arrancar. . .*

La voz le temblaba, pero se esforzaba por modularla. Se interrumpió otra vez, sin apartar los ojos de Diego. Él estaba totalmente abatido: estaba despeinado, con la ropa arrugada, con la espalda curvada y las manos cruzadas sobre las rodillas. Qué podía decirle si creía que esta vez sí era el final. No creía que Frida sobreviviera a semejante operación.

De pronto ella exclamó, en tono de desafío:

—¡Y bueno, que me corten la pata! ¿Para qué diablos me sirve esta pinche pata, después de todo? . . . Maldita pierna, nunca ha hecho otra cosa que envenenarme. ¡Pues mejor, al fin me voy a librar de ella! ¡Al fin!

Diego seguía sin decir nada.

—¿Me oyes, Diego? ¡Por fin, por fin, por fin! ¡Por qué no se les ocurrió antes! ¡Pensar que he sufrido todo este calvario para nada! ¡Para nada! ¡Tenían que haberse dado cuenta de que de esta pierna no iban a sacar nada! ¡Nada más que sufrimientos! ¡Ah, eso sí! Jamás sirvió para hacerme caminar como es debido, pero para hacerme sufrir. . .

Cerró los ojos y suspiró profundamente. Con una de las manos aferraba la sábana. Después volvió a hablar, pero ahora muy bajito, como para ella sola:

—"¡Frida pata de palo!". Por fin me voy a merecer el nombrecito. . . Los niños dicen siempre la verdad. . . Los niños lo saben todo. "¡Frida pata de palo!". . .

Frida cumplió cuarenta y seis años un mes antes de la última operación, en la que le amputaron la pierna. Ese día trató de bromear, pero con frecuencia se mostraba agresiva. No era alegría lo que manifestaba: su desesperación se expresaba en un humor cáustico. Por la noche, toda la casa azul resonaba con sus sollozos, sus gritos. Diego no podía soportarlo y se ocultaba en San Ángel. Hablaba poco, se negaba a hacer comentarios. Se sentía impotente, incapaz de reaccionar en alguna forma benéfica para Frida. Envejeció de repente.

Hacía mucho calor esa mañana, pero los ventiladores refrescaban la atmósfera del Hospital Inglés.

Frida estaba tranquila.

—¡Qué liberación va a ser! —exclamó poco antes de entrar a la sala de operaciones—. ¡No se preocupen por mí!

Una larga anestesia.

Lentamente recuperó el conocimiento. Miró a su alrededor: a su cabecera estaba la familia, amigos, esperando. Volvió a cerrar los ojos.

Un momento después dijo, con un hilo de voz:

—Váyanse. . . todos.

Frida no hablaba. El cuarto de hospital estaba claro y vacío. No había nada: parecía el fin del mundo. Frida no quería saber de nada. Para ella era el fin de todo.

La enfermera vigilaba su respiración: todo iba bien. Frida callaba. O respondía con monosílabos. Nada parecía interesarle, quizás hubiera preferido no despertar.

—No quiero —farfulló.

—¿Qué dice? —dijo la enfermera, acercándose.

—Nada.

Pasaban los días. Frida estaba postrada. Inmóvil. Muda.

A veces, pronunciaba algunas palabras, que más bien parecían escapársele.

—El desierto.

—¿Cómo dice?

—Este cuarto. . . yo. . . el desierto. . . ¿Para qué quiero los pies, si tengo alas para volar. . . ?

Pasó bastante tiempo antes que recobrara una apariencia de gusto por la vida. De vuelta en la casa azul, pasaba días enteros silenciosa, inactiva, llorando interminablemente. Después, poco a poco, empezó a hablar con los demás, a manifestar deseos, voluntad, a dar su opinión. Pero estaba muy lejos de la Frida exuberante, hermosa, llena de ingenio, coqueta y viva que había sido. Todo su ser reflejaba la angustia, el miedo, el desgarramiento.

Una vez más, trataba de aferrarse a la vida.

Algunos meses después de su operación, la famosa pata de palo se hizo realidad. Al principio Frida había rechazado la idea de una prótesis, pero después se dejó convencer. Podría volver a caminar un poco.

"Me amputaron la pierna hace seis meses; me han hecho sufrir siglos de tortura y en momentos casi perdí la «razón». Sigo queriendo matarme. Diego es el que me detiene, por mi vanidad que me hace pensar que le hago falta. Me lo ha dicho, y le creo, pero nunca en la vida he sufrido más. . . esperaré un tiempo. . .".

Frida Kahlo (11 de febrero de 1954).

Pero no podía trabajar, y eso aumentaba sus males. De tanto en tanto, alguien la sacaba a pasear en coche; el resto del tiempo se quedaba encerrada en su cuarto viendo los rayos del sol que se desplazaban por las paredes, la lluvia que caía detrás de las ventanas. No soportaba muchas visitas, no tenía apetito, era evidente que ya no esperaba nada. Con una complicación: neumonía.

Una vez más, era verano.

—¿Te acuerdas de las tormentas de verano, cuando éramos niñas? —le preguntó Cristina.

—Sí, me acuerdo. . . era lindo.

—Escucha, Frida, el trueno.

—Ayúdame, salgamos al patio. ¡Que la lluvia absuelva mis dolores, todos mis dolores!

—No en el estado en que estás.

—Su Majestad la cojita pata de palo puede caminar cojeando, mi querida.

—Pero todavía no estás bien curada de la neumonía. Hay que ser prudentes.

Frida ocultó el rostro entre las manos.

—¡Entonces abre todas las ventanas!

Cristina abrió las ventanas. El olor fuerte de la tierra y la piedra mojadas invadió la habitación.

—Qué importa. . . Dime, ¿qué importa en el fondo si pierdo los pulmones también? Ya he perdido el amor, una pierna, varias vértebras y casi la vida. . .

Permaneció pensativa un momento. La lluvia entraba en el cuarto, por ráfagas.

—Quisiera que la lluvia me llevara hasta un río, que el río me llevara hasta un estuario y de ahí. . . mar adentro. No he viajado bastante, Cristina.

—Todavía tienes tiempo.

—Quizá. Quizá no. . . Y tampoco he bailado bastante. . . ¡Ni amado bastante! ¡Ni pintado bastante! ¡Oh, Dios mío!

—No llores, Frida.

—No, porque si lloro me ahogo.

Pero nada pudo detenerla cuando quiso participar en una manifestación comunista, el 2 de julio. Estaba lloviendo. Diego empujaba la silla de ruedas. De Frida no quedaba más que un fantasma triste, agotado. Ya no era más que dos inmensos ojos negros en un rostro deshecho.

Era una imprudencia por la neumonía, desde luego, pero eso no le importaba. ¿Qué podía temer? ¿La muerte? Ya no. Lo único que quedaba, como una señal a lo lejos, era ese Diego al que no quería perder y del que repetía, después de veinticinco años de matrimonio:

"Diego, principio
Diego, constructor
Diego, mi niño
Diego, mi novio
Diego, pintor
Diego, mi amante
Diego, «mi esposo»
Diego, mi amigo
Diego, mi padre

Diego, mi madre
Diego, mi hijo
Diego, yo
Diego, Universo".

Por primera vez en mi vida me he anudado un pañuelo en la cabeza sin fijarme que estaba arrugado.

Podía sentir con precisión mi cara hundida por el dolor, la lluvia de este día gris insinuándose en los surcos. Sin nada de maquillaje. ¿Para qué? No tengo ánimos para coquetear, y de todos modos no hubiera engañado a nadie sobre mi estado. No tengo más ánimo para nada, ni siquiera para sufrir.

Diego empujaba mi silla de ruedas.

Quise creer todavía que hay causas más importantes que mi invalidez y mis tormentos. Causas superiores al lado de las cuales mis males no son gran cosa. De todos modos, mirando bien, en tal estado de descalabro mi cuerpo ya no es digno de interés.

Es necesario sacrificar lo individual a la grandeza de las causas más universales. Dudarlo sería un crimen contra la humanidad. Así lo creo.

Miro lo fotografía que me tomaron durante la manifestación.

¿Qué parezco? El desorden ambulante. Mi cara no traduce sino tristeza.

Ya no hay más que sombras en el cuadro.

Dramatis personae.

Voy a romper esta fotografía. No, no tengo fuerza.

La última palabra

Ya no tenía fuerza.

Cumplir cuarenta y siete años no significó otra cosa que un día menos en esa vida que se acababa. Frida lo comprendía.

Ya no tenía fuerza. Ya no tenía más fuerza.

"Embolia pulmonar", fue el último diagnóstico de los médicos cuando, al amanecer el 13 de julio de 1954, la encontraron muerta en su cama.

¿Su último cuadro? Unas hermosas sandías abiertas, apetitosas: una naturaleza muerta titulada: *¡VIVA LA VIDA!*

¿Sus últimas palabras? Una frase de su diario:

"Espero alegre la salida. . . y espero no volver jamás".

Lo repito, lo aúllo, te llamo: viejo Mictlantecuhtli, dios, libérame.

Sí, bebo mucho. Para que mi cabeza flote un poco, y los pensamientos por encima de ella. El resto de mi cuerpo se impregna de todos los medicamentos posibles para sentirse menos dolorido.

No dejan de recordarme que este tipo de coctel es terriblemente peligroso. También me dicen con el tono más didáctico del mundo que mi cabeza y mi cuerpo forman una unidad. Demasiado lo sé, la experiencia me obliga. Pero al mismo tiempo, insisto: me atrevo a creer en una dicotomía. Si mi cabeza estuviera en el mismo estado que mi cuerpo, hace tiempo que en lugar de estar acostada en una cama estaría amarrada a ella con correas, como una loca.

Por casualidad, mi cabeza —insisto— se libró de la lenta y total fragmentación de mis demás miembros. Si no hubiera sido así, hace mucho tiempo que habría rodado por el suelo. Siempre ha estado perfectamente sobre mis hombros. Sé lo que digo. No tengo nada de la Medusa Gorgona. Mi cabeza jamás ha sido invadida por serpientes. Algunas veces planearon sobre ella aves de mal agüero, pero eso fue todo.

Pocas personas saben hasta qué punto un cuerpo que se va disgregando día a día es algo devastador para una existencia. Ninguno de los que me rodean, con seguridad, es capaz de comprenderlo.

Ya no me interesa la vida, ahora, sólo porque el hilo de mi pensamiento me ata a ella todavía. Apta solamente para el sufrimiento físico —el que escapa, desdichadamente, de todo análisis—, el resto ya no me sigue.

Entonces, ¿qué importa, a esta altura, una copa, una pastilla, o que la mezcla de ambas cosas sea demasiado? ¿La gota de agua que desborda el vaso? Por lo menos, les dejaré el beneficio de la duda. Desafío a cualquiera, si me muero en esas condiciones, a que sepa si la cicuta fue voluntaria o no.

Tengo derecho a tener un último secreto.

¡Buenas noches, sol, luna, tierra, Diego y amor! ¡Buenas noches, Frida!

Post-scriptum

La muerte de Frida Kahlo mereció una ceremonia oficial. Alrededor del ataúd abierto se congregaron las personalidades del mundo artístico, responsables políticos de alto nivel, representantes de la alta burguesía, una multitud de amigos, la familia. Y hasta el ex presidente Lázaro Cárdenas.

El cadáver estaba arreglado, tenía los cabellos bien peinados y sabiamente trenzados con cintas, las manos cruzadas estaban cubiertas de anillos y el cuerpo estaba envuelto en telas finas. Por última vez. En cierto momento, Diego arrojó sobre el féretro una gran bandera del Partido Comunista Mexicano, roja con la hoz y el martillo. Se armó un escándalo, surgieron intensas discusiones. El director del Palacio de Bellas Artes, donde se había celebrado la ceremonia, Andrés Iduarte, tuvo que renunciar por haber permitido semejante cosa.

En el crematorio civil de Dolores, el cuerpo de Frida fue incinerado.

Diego sacó del bolsillo un cuaderno y un lápiz y ahí mismo, con la cabeza baja, llorando, los párpados entrecerrados, fijó en el papel esos últimos instantes: Frida la llameante devorada por las llamas.

Apéndice

Frida Kahlo
vista por André Breton

Donde se abre el corazón del mundo, liberado de la
opresiva sensación de que la naturaleza, la misma en todas partes, carece de impetuosidad, de que pese a cualquier consideración de razas el ser humano, hecho en
molde, está condenado a no realizar más que lo que le
permiten realizar las grandes leyes económicas de las so-
ciedades modernas; donde la creación se ha prodigado en
accidentes del terreno, en esencias vegetales, se ha superado en gama de estaciones y en arquitectura de nubes;
donde desde hace un siglo no deja de crepitar bajo un
gigantesco fuelle de forja la palabra INDEPENDENCIA
que como ningún otro lanza estrellas a lo lejos, fue allí
donde esperé mucho para ir a *probar* la concepción que
me he hecho del arte tal como debe ser en nuestra época:
sacrificando deliberadamente el modelo exterior al modelo interior, dando resueltamente precedencia a la representación sobre la percepción.

Esa concepción, ¿era lo bastante fuerte para resistir
al clima mental de México? Allá, todos los ojos de los
niños de Europa, entre ellos el que yo fui, me precedían
con mil fuegos embrujadores. Veía, con la misma mirada
con que me paseo por los lugares imaginarios, desplegarse

a la velocidad de un caballo al galope la prodigiosa sierra que estalla al lado de los rubios palmares, las haciendas feudales arder en el perfume de cabelleras y jazmín de China de una noche del sur, perfilarse más alta, más imperiosa que en ninguna otra parte, bajo los pesados ornamentos de fieltro, de metal y de cuero, la silueta específica del aventurero, que es el hermano del poeta. Y sin esos retazos de imágenes, arrancados al tesoro de la infancia, cualquiera que fuese su poder mágico, no dejaban de hacerme sensibles ciertas lagunas. No había oído los cantos inalterables de los músicos zapotecos, mis ojos seguían cerrados a la extrema nobleza, a la extrema destreza del pueblo indio tal como se inmoviliza en el suelo de los mercados, no me imaginaba que el mundo de las frutas pudiera extenderse a una maravilla como la pitahaya de pulpa gris y sabor de beso de amor y de deseo, nunca había tenido en la mano un bloque de esta tierra roja de la que salieron, idealmente maquilladas, las figurillas de Colima que combinan la mujer y la cigarra, no se me había aparecido finalmente, tan parecida a estas últimas por su porte y además adornada como una princesa de leyenda, con hechizos en las puntas de los dedos, en el trazo de luz del quetzal que al volar deja ópalos sobre las piedras, Frida Kahlo de Rivera.

Estaba allí ese 20 de abril de 1938, dentro de uno de los dos cubos —no sé si era el azul o el rosa— de su casa transparente cuyo jardín lleno de ídolos y de cactos de cabellera blanca como otros tantos bustos de Heráclito no se rodea más que de una hilera de "cirios" verdes, entre los cuales se deslizan por la mañana las miradas de curiosos venidos de toda América y se insinúan las cámaras fotográficas que esperan sorprender el pensamiento revolucionario como a un águila, al descalzarse, en su nido. Es que en efecto, se supone que Diego Rivera anda todos los días de cuarto en cuarto, pasea por el jardín deteniéndose para acariciar a los monos-araña, por la terraza donde asciende por una escalera lanzada sobre el vacío sin protección alguna, con su hermoso andar balanceándose y su estatura física y moral de gran luchador —él encarna, a los ojos de todo un continente, la lucha intensamente llevada contra todas las potencias del esclavizamiento, y para los míos, por lo tanto, lo que puede haber de más valioso en el mundo— y sin embargo, no conozco nada que valga en calidad humana tanto como su domesticación al pensamiento y las maneras de su mujer, así como en prestigio, lo que rodea para él la personalidad hechicera de Frida.

En la pared del gabinete de trabajo de Trotski admiré largamente un retrato de Frida Kahlo de Rivera por ella misma. Con un vestido de alas doradas de mariposa, es muy realmente bajo ese aspecto como entreabre la cortina mental. Se nos permite asistir, como en los mejores días del romanticismo alemán, a la entrada de una mujer joven, provista de todos los dones de seducción y acostumbrada a evolucionar entre hombres de genio. En ese caso, se podría esperar que su espíritu fuera un lugar geométrico: en él se hacen para encontrar su solución vital una serie de conflictos del orden de los que afectaron en su tiempo a Bettina Brentano o a Caroline Schlegel. Frida Kahlo de Rivera se encuentra justamente en ese punto de intersección de la línea política (filosófica) y la línea artística, a partir del cual *deseamos que se unifiquen en una misma conciencia revolucionaria sin que por eso se vean llevados a confundirse los móviles de esencia diferente que los recorren.* Como esa resolución se busca aquí en el plano plástico, la contribución de Frida Kahlo al arte de nuestra época está llamada a adquirir, entre las diversas tendencias pictóricas que se abren camino, un valor divisorio muy particular.

Cuáles no serían mi sorpresa y mi alegría al descubrir, en cuanto llegué a México, que su obra, concebida con total ignorancia de las razones que pudieron impulsarnos a actuar a mis amigos y a mí, en sus últimas telas

318

florecía como surrealismo. En la etapa actual del desarrollo de la pintura mexicana, que desde comienzos del siglo XIX es la que mejor se ha sustraído de toda influencia extranjera, la más profundamente amante de sus propios recursos, encontraba en el otro extremo de la tierra esa misma interrogación, espontáneamente brotada: ¿a qué leyes irracionales obedecemos, qué signos subjetivos nos permiten en todo momento dirigirnos, qué símbolos, qué mitos están en potencia en una amalgama de objetos, en una trama de acontecimientos, qué sentido dar a ese dispositivo del ojo que permite pasar del poder visual al poder visionario? El cuadro que Frida Kahlo estaba terminando entonces —"Lo que me dio el agua"— ilustraba, sin que ella lo supiera, la frase recogida por mí de labios de Nadja: "Soy el pensamiento en el baño en la pieza sin espejos".

Ni siquiera le falta a este arte la gota de crueldad y de humorismo que es lo único capaz de ligar las raras potencias afectivas que entran en composición para formar el filtro del que México tiene el secreto. Los vértigos de la pubertad, los misterios de la generación alimentan aquí la inspiración que, lejos de tenerlos como en otras latitudes por lugares reservados del espíritu, se pavonea por el contrario en ellos, con una mezcla de candor e impertinencia.

Llegué a decir, en México, que no había, en el tiempo ni en el espacio, pintura que me pareciera mejor *situada* que ésta. Añadiré que no hay otra más exclusivamente femenina en el sentido de que, por ser la más tentadora, acepta de buen grado ser alternativamente la más pura y la más perniciosa.

El arte de Frida Kahlo de Rivera es una cinta alrededor de una bomba.

1938.

(Tomado de *Le surréalisme et la peinture,* París, Gallimard).

319

PRINCIPALES OBRAS CONSULTADAS

André BRETON, *Le surréalisme et la peinture*, Gallimard, París, 1965.

Jean VAN HEIJENOORT, *Sept ans aupres de León Trotski*, Les Lettres nouvelles/Maurice Nadeau, París, 1978.

Hayden HERRERA, *Una biografía de Frida Kahlo*, Editorial Diana, México, 1985.

Jack LONDON, *Le Mexique puni*, 10/18, París, 1984.

Louise NEVELSON, *Aubes et crépuscules* (conversations avec Diana McKown), Des Femmes, París, 1984.

José Clemente OROZCO, *Autobiografía*, Era, México, 1970.

Elena PONIATOWSKA, *Cher Diego, Quiela t'embrasse*, Actes Sud, Arles, 1984.

John REED, *Le Mexique insurgé*, François Maspero, París, 1975.

Raquel TIBOL, *Frida Kahlo, crónica, testimonios y aproximaciones*, ECP, México, 1977.

Raquel TIBOL, *Frida Kahlo, una vida abierta*, Biblioteca de las decisiones, México, 1983.

León TROTSKI, *Ma vie*, Gallimard, París, 1965.

León et Natalia TROTSKI, *Correspondance, 1933-1938*, Gallimard, París, 1980.

Bertram D. WOLFE, *La fabulosa vida de Diego Rivera*, Editorial Diana, México.

ÍNDICE